Beltz Taschenbuch 914

Zu diesem Buch:
»Psychologie lernen« führt in Grundkategorien psychologischen Denkens ein, die sich durch die Vielfalt der Themen, Gebiete und Theorierichtungen hindurchziehen. Wenngleich das Buch ein reiches Spektrum von Inhalten anspricht, betont es doch mehr die Ordnung und die Zusammenhänge als die Fülle der Einzelaspekte. Überdies leitet es zum selbständigen Verwenden des Gelernten sowie zum Umgang mit psychologischer Literatur und Lehrveranstaltungen an.

Ein klarer Aufbau, übersichtliche Darstellungen und anschauliche Beispiele sind weitere Markenzeichen, denen das Buch seinen Erfolg verdankt. So eignet es sich für Studierende der Psychologie im ersten Studienabschnitt ebenso wie für Studierende mit dem Nebenfach Psychologie und für interessierte Laien.

Die Autoren:
Dr. Hans-Peter Nolting und *Professor Dr. Peter Paulus* sind Diplom-Psychologen und lehren an der Georg-August-Universität Göttingen bzw. der Leuphana-Universität Lüneburg.

Hans-Peter Nolting | Peter Paulus

PSYCHOLOGIE LERNEN

EINE EINFÜHRUNG UND ANLEITUNG

10., vollständig überarbeitete und erweiterte Auflage

BELTZ

Beltz Taschenbuch 914
10., vollständig überarbeitete Auflage

Umschlaggestaltung: Büro Hamburg
Umschlagabbildung: © Getty Images/Peter Augustin
Satz: Druckhaus »Thomas Müntzer«, Bad Langensalza
Druck und Bindung: Beltz Druckpartner, Hemsbach
Printed in Germany

ISBN 978-3-407-22914-4

Inhaltsverzeichnis

VORWORT: **Wozu dieses Buch zu gebrauchen ist**

Dieses Buch ist eine Einführung und eine Anleitung. Eine *Einführung* in die Psychologie ist es insofern, als es über grundlegende Phänomene psychischen Geschehens sowie über wesentliche Gebiete und theoretische Richtungen der wissenschaftlichen Psychologie informiert. Es führt dabei allerdings auf eine andere Weise ein, als es sonst üblich ist. Denn es möchte Psychologie so vermitteln, dass sich die Wissensinhalte im Kopf der Lernenden zu einem »System« zusammenschließen und sich nicht einfach in Wissen zu Themenbereich A, zu Themenbereich B usw. aufteilen. Dies ist unseres Erachtens eine wesentliche Voraussetzung, um psychologische Kenntnisse auch auf neuartige Fragestellungen anwenden zu können.

Das Buch ist daher »integrativ« und »hierarchisch« aufgebaut: Wissensinhalte von großer Reichweite, die den Zusammenhalt des Ganzen sichern können, werden deutlich von speziellen Inhalten abgehoben und nicht wie gleichrangige »Themenbereiche« neben sie gestellt. Zu den Inhalten mit großer Reichweite gehören:

- grundlegende Aspekte des psychischen Systems (Kapitel 3),
- grundlegende »Tätigkeiten« im Umgang mit psychologischen Fragen (Kapitel 7).

Die »Gebiete« und »Richtungen« der Psychologie betrachten das psychische System aus speziellen Blickwinkeln und werden daher erst nach den »grundlegenden Aspekten« behandelt (Kapitel 4 bis 6).

Das Buch ist aber auch eine *Anleitung* zum selbstständigen Lernen. Es zeigt Wege auf, wie man psychologische Literatur und Seminare verarbeiten sollte, damit mehr als eine Summierung von Einzelkenntnissen herauskommt. Es will helfen, angesichts der Fülle der Informationen zu Themen, Theorien, Untersuchungsergebnissen und Methoden jene allgemein bedeutsamen Aspekte im Blick zu behalten, die immer zu beachten sind, wenn man an psychologische Sachverhalte herangeht.

Viele Menschen, die bei sich selbst »mangelnde« Kenntnisse feststellen, gehen wie selbstverständlich davon aus, dass sie *zu wenig* Kenntnisse besäßen und folglich die »weißen Flecken« in der Wissenslandkarte durch weitere Vermehrung des Wissens auszufüllen hätten. Wenngleich auch dies zutreffen kann, liegt doch das Hauptproblem vielfach darin, dass die Kenntnisse *unzureichend geordnet* sind, dass die grundlegenden Strukturen, die die Inhalte miteinander verbinden, nicht klar genug sind. Ordnung ist das halbe Lernen!

Man kann nicht »alles« lernen. Aber man kann so lernen, dass das Gelernte vielfältig zu verwenden ist. Wer Psychologie sinnvoll gelernt hat, muss auch dann beispielsweise zur Psychologie der Hilfeleistung, der Aggression oder der Lernstörungen etwas sagen können, wenn er diese »Themen« noch nicht »gehabt« hat. Es kommt darauf an, grundlegende Kategorien psychologischen Denkens, die sozusagen quer durch die Themen hindurchgehen, zu erwerben und ihre Übertragung auf neue Inhalte zu üben. Dies gilt auch für das Ziel, Fertigkeiten zur selbstständigen Analyse von Praxisproblemen in Beruf und Alltag zu entwickeln. Es ist das Anliegen des Buches, eine flexiblere Wissensverwendung in beiderlei Hinsicht – bei neuen »Themen« und bei »Praxisproblemen« – zu fördern. Es kann dazu jedoch lediglich einige Wegweiser setzen. Der Besuch geeigneter Seminare, eigenständiges Erproben im Alltag und weiteres Literaturstudium müssen hinzukommen.

Da das Buch in erster Linie eine Ausgangsbasis für das selbstständige Lernen schaffen will, versteht es sich nicht als Lehrbuch im üblichen Sinne. Die Darstellung von Theorien und Untersuchungsergebnissen nimmt daher einen vergleichsweise geringen Raum ein, wenngleich diese einen Hintergrund bilden, an dem wir, die Autoren, uns orientiert haben. Einen wichtigen Platz nehmen hingegen Begriffe ein, mit denen die meisten Lernenden in Lehrbüchern und Seminaren konfrontiert werden. Doch geschieht dies nicht in einem lexikonartigen Stil, nicht in einem Nebeneinander von Stichwörtern, sondern mit der Zielrichtung, die Begriffe in eine Ordnung zu bringen, ihr Verhältnis zueinander deutlich zu machen.

Ein typisches Problem aller Psychologie-Lernenden war dabei auch unser Problem: die verwirrende Begriffsverwendung in der Psychologie – nicht nur die Vielzahl von Fachtermini, sondern auch die Tatsache, dass dieselben Termini bei verschiedenen Autoren zuweilen unterschiedliche Bedeutungen haben. Auch unser Wortgebrauch kann folglich keine Allgemeingültigkeit beanspruchen. Doch haben wir uns bemüht, uns an (unserer Einschätzung nach) häufig vorkommenden Termini und ihre jeweils typische Bedeutung zu halten und überdies auf Begriffsverwandtschaften hinzuweisen.

Aus der Absicht des Buches, Einzelinhalte immer wieder zusammenzuführen und unter ein Dach von übergreifenden Aspekten zu stellen, ergibt sich ein *»spiraliger« Aufbau*: Grundlegende Inhalte werden schon frühzeitig vorgestellt und tauchen dann später auf anderen Ebenen wieder auf – in differenzierterer Form oder in neuem Kontext. Wer also trotz vieler neuer Inhalte immer noch die »roten Fäden« sieht, die sich durch alles hindurchziehen, hat so gelesen, wie wir es uns vorstellen.

Das Buch ist unseres Erachtens geeignet

- als eine Einführung für Interessenten, die sich selbstständig mit Psychologie beschäftigen wollen;
- als Studienbegleitung, die man nutzt, um Inhalte aus verschiedenen Büchern und Seminaren unter übergreifenden Gesichtspunkten zu ordnen und zu integrieren;
- als Seminarlektüre, die abschnittsweise durchgearbeitet wird.

Weiterführende Werke zu einzelnen Inhalten und Lehrbücher zu größeren Themenbereichen nennen wir an passenden Textstellen.

Der Kreis der Psychologie-Lernenden ist recht groß. Er reicht über Studierende der Psychologie-Studiengänge weit hinaus. Für viele Lernende an Hochschulen, Fachschulen, Fachoberschulen etc. ist Psychologie Teil ihres Lehrplans; andere Interessierte besuchen Kurse in der Volkshochschule oder der gymnasialen Oberstufe. Das Buch ist so abgefasst, dass es für all diese Personenkreise verständlich ist und im Sinne der genannten Zielsetzungen verwendet werden kann. Die Literaturhinweise nennen ebenfalls häufig Werke, die auch für Anfänger geeignet sind. Des Weiteren versuchen wir, zwischen vorwissenschaftlicher (»naiver«) und wissenschaftlicher Psychologie Verbindungen herzustellen, indem wir an vielen Stellen typisches Alltagsdenken aufgreifen und wissenschaftlich orientierten Denkweisen gegenüberstellen.

Lesehinweise

Über grundlegende Inhalte informieren:

- Kapitel 1: Was sind »psychologische« Fragen?
- Kapitel 3: Grundlegende Aspekte des psychischen Systems
  Dieses Kapitel ist zugleich eine Basis für die Kapitel 4 bis 6
- Kapitel 7: Grundlegende »Tätigkeiten« im Umgang mit psychologischen Fragen

Orientierung zu einzelnen Schwerpunkten geben:

- Kapitel 4: Systembezogene Blickwinkel (Grundlagengebiete)
- Kapitel 5: Praxisbezogene Blickwinkel (Anwendungsgebiete)
- Kapitel 6: Theoriegeleitete Betrachtungsweisen (Richtungen)

Diese drei Kapitel sind nicht dafür gedacht, sie nacheinander durchzulesen. Sinnvoller ist eine gezielte Auswahl. Sie könnte durchaus mit den Theorierichtungen (Kapitel 6) statt mit Gebieten (Kapitel 4 und 5) beginnen.

Zum Lernen und Verwenden von Psychologie-Kenntnissen leiten an:

- Kapitel 2: Ordnung in der Vielfalt
- Kapitel 8: Zielkompetenz I: Neue Themen strukturieren können
- Kapitel 9: Zielkompetenz II: Praxisfälle analysieren können
- Kapitel 10: Rückschau: Psychologie vernetzend lernen

Für die vorliegende 10. Auflage wurden alle Kapitel überarbeitet und aktualisiert. In dem großen Kapitel 3 über die grundlegenden Aspekte des psychischen Systems wurde der Aufbau verändert und die interpersonalen Bezüge erhielten als zusätzlicher Grundaspekt mehr Gewicht. Vor allem aber wurde die Anleitung zum Transferieren von Grundwissen wesentlich ausgeweitet: Sie erstreckt sich jetzt auf die beiden »Kompetenz-Kapitel« 8 und 9, die neben einer allgemeinen Wegweisung jeweils drei Demonstrationsbeispiele enthalten.

Im Mai 2009

Hans-Peter Nolting
Peter Paulus

ERSTER TEIL:
Einleitung

Kapitel 1 gibt erste Informationen über Psychologie,
Kapitel 2 über das didaktische Anliegen dieses Buches.

KAPITEL 1
Was sind »psychologische« Fragen?

Was sind Fragen, mit denen sich die Psychologie beschäftigt? Wann und wodurch ergeben sie sich? Worin unterscheiden sie sich von denen anderer Wissenschaften?

1. Psychisch – psychologisch – Psychologie

»Psychologie« ist kein Fremdwort mehr, und Psychologen werden kaum noch wie Exemplare einer exotischen Gattung betrachtet, denn viele Menschen begegnen ihnen in Beratungsstellen, sozialen Diensten, Kliniken, Volkshochschulen usw. Auch ist die Verwendung des Wortes »psychologisch« durchaus geläufig (z. B. »das psychologisch wichtige Tor vor Ende der ersten Halbzeit«). Dennoch würde es den meisten Menschen schwerfallen, zu sagen, was »psychisch«, »psychologisch« oder »Psychologie« bedeutet.

Geht man vom Wort »Psychologie« aus, dann bezeichnet es die Lehre von der »Seele« oder »Psyche«. Beide Begriffe werden in der Psychologie kaum noch verwendet. Einmal, weil sie traditionell durch andere Wissenschaften begrifflich vorbelastet sind (Philosophie, Theologie). Vor allem aber deshalb, weil durch diese Begriffe suggeriert wird, es gebe eine Substanz, eine Art »seelisches Organ«, eben die »Seele«. Ob dies so ist, lässt sich wissenschaftlich nicht überprüfen. Was man dagegen beobachten und damit der wissenschaftlichen Analyse unterziehen kann, sind menschliches »Erleben« und »Verhalten«.

Vom *Erleben,* verstanden als unmittelbare innere Erfahrung, können Menschen berichten; sie können z. B. ihre Gefühle, Vorstellungen, Wünsche mitteilen. Außenstehende können das Erleben anderer Menschen nicht direkt beobachten. Sie sehen nur körperliche Reaktionen, die man mit dem Erleben in Zusammenhang bringen kann: Weint jemand, könnte man schließen, er sei traurig; denkbar wären aber auch Schmerz oder Freude. Man sieht hier schon eine grundsätzliche Schwierigkeit: Eindeutige Schlüsse vom Verhalten auf das Erleben anderer Personen sind nicht möglich.

Das *Verhalten* ist der Selbstbeobachtung *und* der Fremdbeobachtung zugänglich. Es umfasst zuerst einmal die für jedermann sichtbaren körperlichen Bewegungen (z. B. ein Kind wirft sich auf den Boden; ein Junge lächelt ein Mädchen an; ein Mann tanzt mit einer Frau). In der Regel sind es relativ komplexe körperliche Äußerungen wie Sprechen, Mimik, manuelle Tätigkeiten etc., doch können auch einzelne Reaktionen Gegenstand psychologischer Forschung sein (Atmung, Herzschlag, Reflexe etc.). Stoffwechselvorgänge in der Zelle zählen hingegen nicht mehr zum »Verhalten«.

Je nach wissenschaftlichem Standort werden in der psychologischen Analyse eher Erlebnisaspekte oder Verhaltensaspekte oder auch beide untersucht (*s. Tafel 1*). Von manchen Autoren wird der Verhaltensbegriff als Oberbegriff für alle psychischen Vorgänge benutzt, der dann das Erleben mit einschließt. Wir halten einen solchen Wortgebrauch aber für verwirrend und wenig sinnvoll.

Kommt man aber mit den Begriffen »Verhalten« und »Erleben« überhaupt aus, um den Gegenstand der Psychologie zu benennen? Gehören zum psychischen Geschehen nicht auch »unbewusste« Vorgänge, die nicht eigentlich »erlebt« werden? Zweifellos: Die Sinnesorgane nehmen manche Informationen »unbemerkt« auf; viele alltägliche Aktivitäten laufen als Routine ab, d. h. ohne bewusste Kontrolle, und das Handeln kann von Motiven bestimmt werden, die dem Menschen selbst nicht klar sind. Einige Psychologen, vor allem psychoanalytisch orientierte, nehmen sogar eine eigene, abgegrenzte Region psychischer Vorgänge an, die als »das Unbewusste« bezeichnet wird. Andere sehen zwischen »bewusst« und »unbewusst« fließende Übergänge, ein Mehr oder Weniger an »Bewusstheit«. Wie dem auch sei: Da nicht bewusste psychische Vorgänge für die Psychologie nur insoweit von Interesse sind, als sie das Erleben und Verhalten bestimmen, kann man es bei diesen beiden Begriffen belassen, um ihren Gegenstand zu benennen; denn als erklärender »Hintergrund« sind die nicht bewussten Prozesse indirekt mit einbezogen. Vorsichtshalber werden wir allerdings in diesem Buch oftmals von »inneren psychischen Prozessen« statt von »Erleben« sprechen, um dem Missverständnis vorzubeugen, dass mit der »Innenwelt« nur klar bewusste Vorgänge gemeint seien.

Da Menschen sich nicht *nicht* verhalten können und ständig innere psychische Prozesse ablaufen, haben alle Sachverhalte, an denen Menschen beteiligt sind, immer auch einen *psychischen Aspekt.* Ob der psychische Aspekt allerdings bei der Betrachtung und Analyse des Sachverhaltes berücksichtigt wird, ist eine andere Frage. So können physiologische Vorgänge im Körper (z. B. Herzschlag, Blutdruck, Muskelanspannung) einerseits vollkommen unabhängig vom psychischen Geschehen betrachtet werden, andererseits in Zusammenhang mit ihm, wie in der Biologischen Psychologie (s. S. 140).

Manche Sachverhalte werden durch die *Art der Blickrichtung* zu Sachverhalten mit psychischem Aspekt. Das Haus, das in sich zusammenstürzt, der Apfel, der vom Baum fällt – diese Sachverhalte sind zunächst materieller Art. Aber: Der Hausbesitzer, der weinend vorm

Wie man Psychologie verstehen kann

Ebbinghaus (1919; zit. nach Laucken, Schick & Höge 1996, S. 8) definiert Psychologie vom *Erleben* her: »*Die Psychologie ist die Wissenschaft von den Inhalten und Vorgängen des geistigen Leben*s oder, wie man sagt, ›Die Wissenschaft von den Bewusstseinszuständen und den Bewusstseinsvorgängen‹. (…) Wir haben Empfindungen von Farben, Tönen oder Temperaturen, haben Gedanken, Erinnerungen und Phantasiebilder, Erkenntnisse, Zweifel und Irrtümer, Gefühle der Lust und Unlust, Stimmungen wie Verdrießlichkeit und Heiterkeit und Affekte, wie Furcht und Zorn, dazu Begehrungen, Wünsche, Vorsätze, Ideale usw. Wir erleben ferner an diesen Gebilden ein unablässiges Kommen und Gehen, ein Hervortreten und Zurücktreten, wechselseitige Störungen und Förderungen. Mit alledem befasst sich die Psychologie. (…) Die Psychologie hat es, wenn man dies kurz ausdrückt, mit den Gegenständen der Innenwelt zu tun, im Gegensatz zur Physik im weitesten Sinne als der Wissenschaft von den Gegenständen der räumlichen und materiellen Außenwelt.«

Ruch & Zimbardo (1975) der angloamerikanischen Tradition des Behaviorismus folgend (s. S. 182 ff.), stellten in ihrem Standardwerk der Psychologie (»Psychology and Life«) das *Verhalten* in den Vordergrund: »*Psychologie ist die Wissenschaft vom Verhalten der Lebewesen.*«

Zimbardo & Gerrig (2008, S. 2) berücksichtigen mehr als 30 Jahre später sowohl *Erleben* als auch *Verhalten* in ihrer Gegenstandsbestimmung. Sie definieren Psychologie »formal als die wissenschaftliche Untersuchung des Verhaltens von Individuen und ihren mentalen Prozessen«.

Ulich & Bösel (2005, S. 42) verstehen Psychologie als eine »*Einrichtung*«: »Die Psychologie ist eine Einrichtung zur systematischen und kontrollierten Gewinnung, Vermittlung und Anwendung von Kenntnissen über Erlebnis- und Verhaltensweisen, psychische Vorgänge und Zustände, *deren Zusammenhänge, Bedingungen und Folgen,* sowie (eine Einrichtung) zur Entwicklung und Anwendung von Verfahren zur Erfassung und Veränderung der genannten Sachverhalte.«

Tafel 1: Beispiele für Definitionen der Psychologie

zusammengestürzten Haus steht, das Kind, das den Apfel vom Baum fallen sieht – diese Sachverhalte enthalten psychisches Geschehen. Rückt dieses psychische Geschehen ins Blickfeld eines Beobachters, nimmt er eine *psychologische Perspektive* ein. Ihn interessiert, was die beobachteten Personen erleben und wie sie sich verhalten. Welche Sachverhalte in psychologischer Perspektive betrachtet werden, hängt offensichtlich zum Teil auch mit dem theoretischen Vorverständnis des Beobachtenden zusammen. So werden nicht alle Menschen auf die Idee kommen – wie in der Astrologie –, Sternbewegungen mit psychischem Geschehen in Verbindung zu bringen!

Zusammenfassend können wir also feststellen: Haben Sachverhalte Erlebens- und Verhaltensaspekte, können sie immer unter psychologischer Perspektive betrachtet, also mithilfe psychologischer Begriffe und Theorien analysiert werden. Sobald Menschen über psychisches Geschehen nachdenken, tun sie etwas Psychologisches – Laien wie Psychologen.

Verhalten aus unterschiedlichen Perspektiven betrachtet

Beispiel: Ein Vater schlägt sein Kind

Perspektive	**Mögliche Fragen**
Psychologisch:	Aus welcher Motivation schlägt der Vater? Hat das Schlagen Auswirkungen auf das Selbstwertgefühl des Kindes? Übt der Vater eine Vorbildfunktion aus?
Pädagogisch:	Mit welchen Werten, Normen und Zielen lässt sich dieses Verhalten als pädagogisches Handeln begründen?
Medizinisch:	Trägt das Kind äußere und/oder innere Verletzungen davon?
Juristisch:	Hat der Vater ein Recht, sein Kind zu schlagen? Wann handelt es sich um eine strafbare Handlung?
Theologisch:	Ist es mit den Vorstellungen von einer christlichen Erziehung zu vereinbaren, dass der Vater sein Kind züchtigt?
Soziologisch:	Ist das Verhalten des Vaters typisch für Erziehungs- bzw. Bestrafungspraktiken bestimmter gesellschaftlicher Milieus, Schichten etc.?

Tafel 2: Ein psychischer Sachverhalt (Verhalten) kann unter psychologischen, aber auch unter anderen Perspektiven betrachtet werden.

Die psychologische Perspektive ist aber nicht die einzige. Psychische Sachverhalte können *auch* unter anderen Perspektiven betrachtet werden, so wie sich umgekehrt wirtschaftliche, juristische und andere Sachverhalte psychologisch, also hinsichtlich der psychischen Aspekte, betrachten lassen (*s. Tafel 2*).

2. Warum stellen Menschen psychologische Fragen?

Wie kommen nun aber Menschen überhaupt dazu, sich psychologische Fragen zu stellen oder psychologische Aussagen zu machen? Nach Traxel (1974) deshalb, weil wir Menschen in unserem Erleben *Diskrepanzerfahrungen* machen: Wir erkennen, dass unsere Eindrücke der erlebten Wirklichkeit keine getreuen Abbilder sind. Es muss eine subjektive »Verarbeitung« bzw. »Konstruktion« der Wirklichkeit stattgefunden haben. Offenkundig ist dies z. B. bei den sogenannten optischen Täuschungen. Wir sehen etwas, was real so nicht gegeben ist (*s. Tafel 47,* S. 186). Auch stellen wir manchmal fest, wie unterschiedlich objektiv gleiche Situationen wahrgenommen werden; Zeugenaussagen vor Gericht belegen dies immer wieder. Oder: Kinder werden sich im Laufe der Entwicklung des eigenen Sehens bewusst; sie lernen,

Menschen denken psychologisch:

z. B. in einer Wohngemeinschaft (»Anke würde gut zu uns passen, weil ...«),
z. B. in der Kindererziehung (»Unser Moritz braucht viel Zuwendung«),
z. B. in der Wirtschaft (»Wie können wir unser Image verbessern?«)
und vielleicht auch in psychologischen Experimenten: »Der Gegenstand der Psychologie unterscheidet sich in einer Beziehung ganz fundamental von demjenigen der sog. klassischen Naturwissenschaft. Als Galilei durch empirische Studien die Fallgesetze aufstellte, brauchte er sich nicht darum zu kümmern, was andere Leute über das Fallen von Steinen denken, und er brauchte auch nicht zu befürchten, dass die Steine über sich selbst und ihr Fallen nachdenken, um je nach Ausgang ihrer Überlegungen mal so und mal so zu fallen. Aber genau dies muss der Psychologe im Hinblick auf seinen Gegenstand, den lebendigen Menschen, tun. Sein Gegenstand hat Theorien über sich und andere Menschen, und er leitet aus diesen Theorien Erwartungen ab, die in seine Verhaltenssteuerung einfließen« (Laucken, 1974, S. 231).

Tafel 3: Ob »naiv« oder wissenschaftlich – Menschen können kaum vermeiden, sich psychologische Gedanken zu machen.

»Wachsein« und »Träumen« zu unterscheiden. In diesen Erfahrungen, die uns Menschen darüber belehren, dass wir selbst die Eindrücke der Wirklichkeit wesentlich mitgestalten, liegt wahrscheinlich die Wurzel aller psychologischen Überlegungen und Fragen.

Darüber hinaus geben *Veränderungen* im Erleben und Verhalten, sei es bei uns selbst oder anderen Menschen, Anlass zum Nachdenken: »Was ist nur mit ihm los?«, »Wieso kann ich mich neuerdings so schlecht konzentrieren?«. Dies sind Fragen, die sich dann stellen, wenn die Alltagsroutine unterbrochen ist, wenn sich andere Entwicklungen oder Ereignisse als die erwarteten einstellen, wenn also etwas »auffällig« wird. Ansonsten hinterfragen wir den Alltag selten psychologisch. Dazu besteht auch kein Anlass, solange das Leben funktioniert und keine Störungen oder Probleme auftreten. Da wir aber alle in unserem alltäglichen Leben mit Diskrepanzerfahrungen und erklärungsbedürftigen Auffälligkeiten konfrontiert werden, werden wir auch angeregt, »psychologisch zu denken«. Wir denken dabei »naiv-psychologisch«, denn wir greifen auf unsere alltagspsychologischen Erfahrungen zurück.

Diese Wissensbestände sind unsystematisch, sehr individuell und nicht gezielt überprüft. Sie sind überdies oft so »in Fleisch und Blut« übergegangen, dass sie kaum bewusst reflektiert werden können. Der Laie kann deshalb über dieses »Wissen« in der Regel nur selten Rechenschaft geben. Erst wenn ein »Problem« entsteht, beginnt möglicherweise ein bewusstes Nachdenken über psychologische Zusammenhänge. Und wenn die Fragen aus dem alltagspsychologischen Fundus nicht beantwortet werden können, wird vielfach die wissenschaftlich fundierte Psychologie um Rat gefragt.

In der wissenschaftlichen Psychologie werden psychologische Fragen immer im Licht bestimmter theoretischer Betrachtungsweisen formuliert. Sie liefern erst den Bezugsrahmen, die jeweilige psychologische »Sprache«, in der die psychischen Phänomene analysiert werden können. Solche theoriebezogenen Betrachtungsweisen werden in Kapitel 6 vorgestellt. Die Annahmen und Begriffe, die solche Betrachtungsweisen charakterisieren, sind der Kritik und der Überprüfung durch wissenschaftlich akzeptierte Methoden ausgesetzt. Sie ermöglichen dadurch eine Diskussion und Weiterentwicklung der bisherigen Kenntnisse auf rationaler Grundlage.

Welcher theoretischen Betrachtungsweise ein forschender oder praktisch tätiger Psychologe den Vorzug gibt, hängt von seiner persönlichen Neigung, von seiner Ausbildung und von den augenblicklichen wissenschaftlichen Trends und Moden ab. Da Psychologie als Wissenschaft und ausgeübte Berufstätigkeit in gesellschaftlich-politische Zusammenhänge eingebettet ist, werden psychologische Fragen und ihre Bearbeitung auch von gesellschaftlichen Entwicklungen, dem Wandel von Interessen und Anschauungen mitbestimmt. So regt etwa die öffentliche Diskussion über Drogenmissbrauch oder Gewalt von Jugendlichen psychologische Forschungen über das Jugendalter an. Auch aus gesellschaftlichen Praxisfeldern wie Erziehung, Arbeit oder Gesundheitswesen ergeben sich psychologische Fragestellungen und praktische Anforderungen, die von den Gebieten der »Angewandten Psychologie« aufgenommen werden (s. Kapitel 5).

Vielfältig sind also die Aufgaben und damit auch die Erwartungen, die mit der Psychologie verbunden sind. Was Psychologie für den Einzelnen bedeuten kann, fasst David Myers (2005, S. 14) wie folgt zusammen: »Vergessen Sie (…) nicht, dass die Psychologie ihre Grenzen hat. Erwarten Sie nicht, dass die Psychologie die ultimative Frage beantwortet, die der russische Schriftsteller Leo Tolstoi (1904) gestellt hat: ›Warum sollte ich leben? Warum sollte ich irgendetwas tun? Gibt es irgendeinen Lebenszweck, den der unausweichliche Tod, der uns alle erwartet, nicht (…) zerstört?‹ Stellen Sie sich stattdessen lieber darauf ein, dass die Psychologie Ihnen hilft zu verstehen, warum Menschen so denken, fühlen und handeln, wie sie es tun. Unter dieser Prämisse werden Sie das Studium der Psychologie faszinierend und hilfreich finden.«

KAPITEL 2
Ordnung in der Vielfalt

In diesem Kapitel möchten wir das Motto »Ordnung ist das halbe Lernen« ein wenig erläutern. Die Erläuterungen betreffen die Frage: Wie geht man mit der Fülle psychologischer Lehrinhalte um, wenn man das Ziel hat, über Kernpunkte den Überblick zu behalten? Zugleich geben wir inhaltliche Erläuterungen, die eben diesem didaktischen Anliegen dienlich sind: Wir stellen in Kurzform die roten Fäden vor, die sich durch alle Inhalte hindurchziehen und daher die Organisierung des Wissens erleichtern können.

1. Ist Psychologie unübersichtlich? Zur Fülle der Themen, Gebiete, Theorien

Wer sich mit Psychologie befasst, kann angesichts der Vielfalt von Buch- und Seminartiteln leicht den Eindruck gewinnen, dieses Fach sei wohl uferlos. Und in gewisser Weise stimmt das natürlich. Man sieht dies unter anderem daran, dass – wie bei anderen Wissenschaften – kaum ein Psychologe sich als Experte für die »ganze« Psychologie versteht; alle spezialisieren sich in gewissem Grade auf bestimmte Problemfelder. Das ist normal und unvermeidlich.

Aber es geht nicht nur um die *Menge* der Inhalte, es geht auch um mangelnde *Übersichtlichkeit.* Vielen Studierenden erscheint es schwierig, die Themen der Seminare und Bücher in einen sinnvollen *Zusammenhang* zu bringen. Von wenigen Querverbindungen abgesehen, scheint jedes Seminar und jedes Buch für sich zu stehen, sodass daraus eine lockere Sammlung aus diesen und jenen Kenntnissen entsteht, das Gesamtwissen aber keine klare Ordnung erhält.

Die kann auch kaum entstehen, wenn man sich lediglich an behandelten *Themen* orientiert. »Themen« gibt es in beliebiger Zahl, in beliebiger Form und mit beliebigen Inhalten. Sie können sich auf ein Riesengebiet beziehen (»Die psychische Entwicklung des Menschen«) oder auf eine ganz spezifische Frage (»Der Einfluss von Alkohol auf die Rechenleistung«). Jedes einzelne Thema kann in sich klar geord-

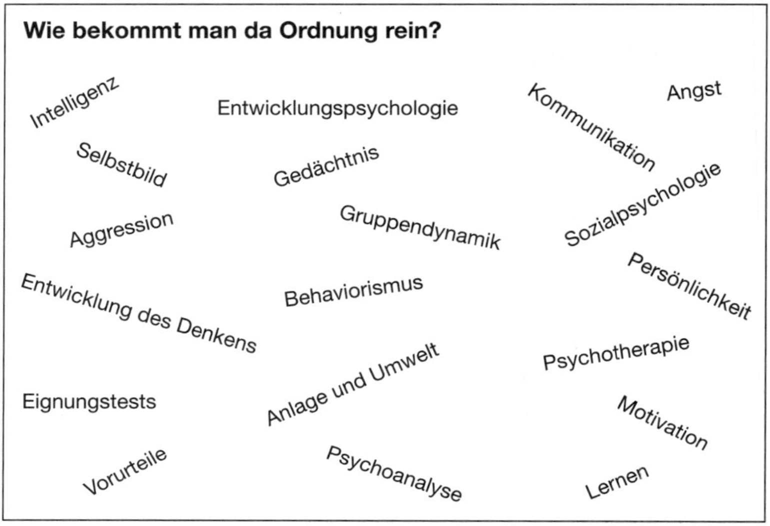

Tafel 4: Einige Stichwörter aus Buch- oder Seminartiteln – eine unübersichtliche Sammlung, wenn man kein »Zueinander« erkennt.

net sein. Doch mehrere Themen scheinen in zufälligen Relationen, sozusagen »kreuz und quer« zueinander zu stehen.

Anders ist es schon, wenn es um »*Gebiete*« geht. Zwar kann der Ausdruck »Gebiet« ähnlich unbestimmt verwendet werden wie »Thema«. Aber es gibt durchaus Standardgebiete, die auf Einteilungskonventionen beruhen. Solche Gebiete (oder Teildisziplinen) beziehen sich auf umfassende Schwerpunkte. Zu nennen sind insbesondere:

- Allgemeine Psychologie, Entwicklungs-, Persönlichkeits- und Sozialpsychologie als Grundlagengebiete;
- Klinische Psychologie, Pädagogische Psychologie, Arbeits- und Organisationspsychologie u. a. als Anwendungsgebiete.

In beiden Fällen gibt es ein Ordnungskriterium: Die Grundlagengebiete ergeben sich aus fundamentalen Aspekten des »psychischen Systems«. Anwendungsgebiete hingegen ergeben sich aus Praxisbezügen, in denen Psychologie zur Geltung kommt. Gemeinsamer Kern sind Grundprozesse wie Denken, Emotion, Motivation und Verhalten, wenngleich unter wechselnden Blickwinkeln.

Manchmal kann man Aufzählungen wie diese lesen: »... Persönlichkeitspsychologie – Entwicklungspsychologie – Tiefenpsychologie ...« Für Laien ist auf den ersten Blick kaum zu erkennen, dass hier unversehens das Kriterium gewechselt wird, wenn man die »Tiefenpsychologie« unter die »Gebiete« einreiht. Denn bei ihr handelt es sich um eine theoretische Strömung innerhalb der Psychologie, nicht eigentlich um einen anderen Gegenstandsbereich. Es ist etwa so, als würde man Autos einteilen in: Pkw, Lkw und Mercedes.

Bei solchen *Theorierichtungen* ist das Kriterium nicht der Gegenstand, sondern die Auffassung der Forscher, die Theorie zu diesem Gegenstand. Man kann z. B. die Persönlichkeit und die Entwicklung tiefenpsychologisch *deuten* – allerdings auch ganz anders. Diese Konkurrenz verschiedener Richtungen ist vielen Laien weniger bekannt. Manche setzen sogar die Tiefenpsychologie mit Psychologie schlechthin gleich und wissen nicht, dass in der Psychologie, wie sie heute an den Hochschulen gewöhnlich gelehrt wird, andere Richtungen wie der Kognitivismus meist eine viele bedeutendere Rolle spielen. (Alle Richtungen sind allerdings breite Strömungen mit verschiedenen Spielarten; hierzu mehr in Kap. 6.) Darüber hinaus gibt es zahllose »kleine« Theorien zu einzelnen Fragestellungen (z. B. Wahrnehmungstheorien, Lerntheorien). Oftmals sind sie »Ableger« der Grundgedanken einer theoretischen Strömung.

Kennt man Standardgebiete und Theorierichtungen, so kann man Themen und psychologische Ansichten mehr oder minder gut »einordnen« und hat damit eine gewisse Orientierung in der Fülle der Inhalte. Möglich wird hierdurch ein »sortierendes« Ordnen, ein Lokalisieren in der Landkarte der Psychologie (»A gehört hierhin, B gehört dorthin«).

Ungelöst bleibt damit aber ein ganz anderes Ordnungsproblem, das man »*Zusammenhaltsproblem*« nennen könnte. Es betrifft die Frage, in welcher Weise zwei Themen A und B miteinander zu tun haben. Dazu einige Beispiele:

- Sind Aggression und Hilfeleistung »ganz verschiedene« Themen (wie es auf den ersten Blick scheinen mag) oder haben sie auch Gemeinsamkeiten?
- Gehören Gruppenprozesse und Lernen einfach nur in verschiedene »Gebiete« der Psychologie oder haben Gruppenprozesse vielleicht auch mit Lernen zu tun?

– Oder: Hat Lernen nicht auch mit Kommunikation zu tun? Und Kommunikation mit Denken? Und Denken mit Motivation? Und Motivation wiederum mit Aggression und mit Hilfeleistung? usw. usw.

Wenn Themen miteinander »zu tun« haben – in welcher Weise? Sind es verwandte Phänomene? Bedingt das eine das andere? Sind es zwei Seiten desselben Sachverhaltes? Ist das eine ein Teil des anderen? Oder wie? Dies zu erkennen, gehört zum »Zusammenhalt«.

Häufig haben Lernende das Gefühl, mit einem neuen Thema beginne gewissermaßen eine »neue« Psychologie. Dieser Eindruck wird durch das (tatsächlich oder vermeintlich) beziehungslose Nebeneinander von Buch- und Seminarthemen zweifellos vielfach bestätigt – mit dem Ergebnis, dass das nach Gebieten und Themen vorgetragene Wissen auch im Kopf von Lernenden aufgeteilt bleibt und zu wenig gesehen wird, wie die Dinge zusammengehören: hier »Aggression« – dort »Hilfeleistung«, hier Lernprozesse – dort Gruppenprozesse, hier Begriffsbildung – dort Vorurteile, usw. usw. Wenn man diese Inhalte jeweils als separate »Themen« kennengelernt hat oder wenn das eine zum Gebiet der »Allgemeinen Psychologie«, das andere zum Gebiet der »Sozialpsychologie« zu gehören scheint, so passiert es leicht, dass sich viele kleine Psychologien (»Lernpsychologie«, »Gruppenpsychologie« usw.) wie Stücke auf der Wäscheleine nebeneinander aufreihen und der innere Zusammenhalt verloren geht.

Den *muss* es aber geben, denn schließlich sind es dieselben Menschen, die ganz unterschiedliche Dinge tun, und ist es dasselbe »psychische System«, das aggressives wie helfendes Verhalten, Arbeiten wie Spielen, individuelles wie kollektives Handeln ermöglicht. Kann man also mit der Psychologie der Aggression nicht auch etwas für die Psychologie der Hilfeleistung lernen oder umgekehrt? Schließlich geht es in beiden Fällen um Sozialverhalten. Kann man nicht sogar über das eine wie das andere Thema Wissen erwerben, das generell nützlich ist, wenn man menschliches Verhalten betrachtet?

In der Tat gibt es einige *übergeordnete Aspekte*, die sich als rote Fäden durch alle denkbaren Inhalte hindurchziehen. Sie betreffen

(1) den Gegenstand der Psychologie: das psychische System, und
(2) den »Umgang« mit diesem Gegenstand: die psychologischen »Tätigkeiten«.

Indem wir mit den roten Fäden beginnen (statt mit Themen wie Wahrnehmung oder Lernen), begründen wir keine neuartige Psychologie, wohl aber eine von den allermeisten Einführungen abweichende didaktische Aufbereitung – und zwar mit der Absicht, den Lernenden das Organisieren des Wissens auf Zusammenhalt und Übertragbarkeit hin zu erleichtern.

2. Erster roter Faden: Grundlegende Aspekte des psychischen Systems

Der Gegenstand der Psychologie ist, allgemein formuliert, das »Verhalten und Erleben« bzw. das »Verhalten und innere psychische Prozesse« wie Wahrnehmen, Denken, Fühlen und Streben (s. Kapitel 1). Dies ist das Kerngeschehen, um das es bei jeder psychologischen Aussage geht.

Psychisches Geschehen spielt sich jedoch nicht im luftleeren Raum ab, sondern in konkreten Menschen und konkreten Situationen. Das heißt: Das Verhalten und die inneren Prozesse sind immer auch unterschiedlich je nach Person und Kontext, und diese sind daher als integrale Bestandteile des psychischen Systems zu betrachten. Wenn wir außerdem berücksichtigen, dass Personen selbst nicht statisch sind, sondern sich im Laufe des Lebens weiterentwickeln, kommen wir zunächst zu vier grundlegenden Aspekten des psychischen Systems:

- aktuelle Prozesse (innere Prozesse und Verhalten),
- die jeweilige Situation (externer Kontext),
- die jeweilige Person,
- Entwicklung der Person.

Der Begriff »System« impliziert unter anderem, dass alle Aspekte »zusammengehören«. Die einzelnen Systemaspekte sowie ihre Beziehung zueinander – die Struktur – werden von Kapitel 3 an ausführlicher erörtert.

Wenn es nicht nur um *einen* Menschen geht, sondern *zwei* oder mehr Menschen zusammentreffen, sind zusätzlich

- interpersonale Bezüge

zu betrachten. Mit interpersonalen Bezügen sind Interaktions- und Kommunikationsprozesse oder die Beziehung der Personen zueinander gemeint, also solche Phänomene, die sich keinem Einzelnen der beteiligten Menschen zuordnen lassen, sondern »zwischen« ihnen existieren.

Für Lernende ist es nun hilfreich, zu wissen, dass sich die genannten Aspekte wie ein roter Faden »im Prinzip« durch alle Gebiete der Psychologie hindurchziehen, wenngleich dies nicht immer explizit so dargelegt wird und nicht jedes Thema alle diese Grundaspekte gleichermaßen berührt.

Auch die genannten aktuellen psychischen Prozesse – Wahrnehmen, Denken, Emotionen, Motivation und das äußere Verhalten – sind »im Prinzip« alle universell. Ob es beispielsweise um das Verhalten eines Patienten, eines Käufers oder einer Lehrerin geht, ob es um Schuleschwänzen, Bergsteigen oder Gewalttätigkeiten geht – in allen Fällen ist das Verhalten irgendwie »motiviert«, in allen Fällen nimmt der betreffende Mensch eine Situation wahr usw. Auf solche Prozesse hat man daher stets zu achten, wenn man menschliches Verhalten erklären oder auch verändern will. Dass bestimmte Erscheinungen in bestimmten Kontexten zusätzlich *spezielle* Fragen aufwerfen – z. B. *welche* Motivation typischerweise zu Schuleschwänzen, Gewaltanwendung oder Bergsteigen führt oder mit *welchen* Theorien man Motivationsphänomene am besten erklären kann –, das alles wird dabei nicht übersehen. Doch stehen diese speziellen »Themen« nicht gleichrangig neben den allgemeinen Aspekten, sondern gewissermaßen »unter« ihnen.

Eine wichtige Eigenschaft der genannten grundlegenden Systemaspekte ist weiterhin, das sie *theorieneutral* sind: Es gibt in der Psychologie keine Richtung, die behauptet, dass der eine oder andere Aspekt bedeutungslos sei, dass es z. B. keine personalen Unterschiede gebe oder der situative und der interpersonale Kontext keine Beachtung verdienten. Allerdings: Über die Gewichtung und inhaltliche Ausfüllung dieser Systemaspekte gibt es durchaus Kontroversen (hierzu s. S. 40).

Nun könnte man fragen, was man mit so allgemeinen Gesichtspunkten überhaupt anfangen kann. Wie noch ausführlich gezeigt wird, können sie als gemeinsames Dach für alle möglichen Inhalte, Fragestellungen und Theorien dienen und somit für Ordnung und Zusammenhalt in der Wissensvielfalt sorgen. Außerdem geben sie Hinweise für die Aufschlüsselung eines beliebigen Themas oder Praxisbeispiels. Selbst wenn man mit einem Thema gar nicht vertraut ist, kann man stets fragen: Um welches Verhalten und welche inneren Prozesse geht es hier? Welche Rolle spielen dabei individuelle Personmerkmale und auf welchen Entwicklungsbedingungen beruhen sie? Welche Rolle spielen Situationsfaktoren und interpersonale Bezüge?

Solche Fragen können sehr ergiebig sein: Sie geben *Suchbereiche* an für das, was man vielleicht noch erkunden müsste. Und sie geben Anhaltspunkte für die *Strukturierung* eines Themas, das sich mit menschlichem Verhalten und Erleben beschäftigt.

Es gibt in der Psychologie allerdings auch Themen, die sich weniger mit inhaltlichen Fragen des psychischen Systems befassen, sondern mit eher formalen oder prozeduralen Fragen. Damit kommen wir zum zweiten roten Faden.

3. Zweiter roter Faden: Grundlegende Aufgaben/Tätigkeiten

Kenntnisse über psychisches Geschehen sind die eine Sache. Doch wie man solche Kenntnisse *gewinnt* und *benutzt*, darüber braucht man ebenfalls Kenntnisse. Hier geht es also darum, was Forscher wie auch Laien im Umgang mit psychologischen Fragen *tun*.

Es lassen sich mehrere grundlegende Tätigkeiten unterscheiden, die in Lehrbüchern manchmal unter »Aufgaben der Psychologie« zu finden sind, nämlich:

- *Beschreiben* (Wie verhält sich Kind X gegenüber seinen Mitschülern? Welches sind die Leistungsstärken und -schwächen von Bewerberin Y?)
- *Erklären* (Welchen Einfluss hat hier die elterliche Erziehung? Sind die Leistungsschwächen ein Zeichen mangelnder Fähigkeiten?)
- *Vorhersagen* (Wird Herr X es schaffen, sich das Rauchen abzugewöhnen? Wird Bewerberin Y eine gute Büroleiterin sein?)
- *Beeinflussen/Verändern* (Wie lässt sich die soziale Kompetenz des Kindes fördern? Welche Fortbildungen sollte der neue Kollege mitmachen?)

- *Bewerten* (Ist das Verhalten von X »unangemessen«? Welche Trainingsziele sind die wichtigsten? Soll Tüchtigkeit oder Zufriedenheit das vorrangige Erziehungsziel sein?)

Diese Aktivitäten haben gewissermaßen universellen Charakter. Sie liegen jenseits aller Themen, Gebiete und Theorierichtungen, und es ist unmöglich, mit psychologischen Fragen umzugehen, ohne eine dieser Tätigkeiten auszuüben. Allerdings müssen nicht alle gleichzeitig zum Zuge kommen. Beschreiben und Erklären sind aber fast immer dabei und bilden auch die Basis für die anderen Aktivitäten.

Einschränkend ist zu sagen, dass das Bewerten nicht eigentlich als wissenschaftliches Tun gilt. Wir fügen es aber hinzu, weil es unvermeidlich ausgeübt wird, z. B. schon dann, wenn man einen wissenschaftlichen Erklärungsversuch für »angemessen« oder eine Therapiemethode für »ungeeignet« hält. Bewertet wird also gewöhnlich im Zusammenhang mit den übrigen Tätigkeiten.

Andere Aktivitäten lassen sich den genannten Grundtätigkeiten zuordnen oder als Kombination aus mehreren von ihnen verstehen. So fällt pädagogische Förderung ebenso wie Therapie unter die Rubrik »Beeinflussen/Verändern«. Das Diagnostizieren ist meist eine Verbindung aus dem Beschreiben (»Kollege X äußert sich in Sitzungen fast nie«) und dem Erklären (»X hat Angst vor Kritik«). Das Forschen schließlich kann sich aus allen Aktivitäten zusammensetzen, wobei das Wählen von Forschungsmethoden, die wissenschaftlichen Gütekriterien genügen, meist eine zentrale Rolle spielt.

Ebenso wie die grundlegenden Aspekte des psychischen Systems können die fünf Grundtätigkeiten eine *Leitlinie* für den Umgang mit Fallbeispielen oder unbekannten Themen bieten. So wird es bei einem Problemfall in der Praxis meist sinnvoll sein, von einer Beschreibung des Problems auszugehen, dann nach Erklärungen zu suchen und daraus eventuell Veränderungsmaßnahmen abzuleiten. Eine ähnliche Abfolge findet man häufig bei der Behandlung eines Themas in Büchern oder Vorträgen: Begonnen wird etwa mit einer Beschreibung des Sachverhalts in Form von Definitionen, es folgen häufig Erklärungen bzw. Theorien und dann ggf. Möglichkeiten der Veränderung.

In Kapitel 7 werden diese Tätigkeiten ausführlicher besprochen. Sie stecken aber auch schon unvermeidlich in den »inhaltlichen« Kapiteln über das psychische System, über die Gebiete und die Richtungen.

4. Das Wissen für Zusammenhalt und Übertragbarkeit organisieren

Verständlicherweise organisiert man sein Fachwissen gerne so, wie man es vorfindet. Und was allen Lernenden auf Schritt und Tritt begegnet, sind eben »Gebiete«, »Themen«, »Themenbereiche«. Daran orientieren sich Seminare und Lehrbücher, Prüfungsanforderungen, Lehrstuhlbezeichnungen und die Ordnung in Bibliotheksregalen. Da derartige Aufgliederungen völlig selbstverständlich und in gewissem Grade auch unvermeidlich und zweckmäßig sind, ist nicht leicht zu erkennen, welcher Pferdefuß in ihnen steckt: Sie sind wenig geeignet für die Organisation des Wissens über psychisches Geschehen! Und dies aus zwei Gründen:

Erstens: Nach Gebieten und Themen organisiertes Wissen ist *dem Gegenstand »psychisches System« nicht angemessen*, denn dieses gliedert sich natürlich nicht in Themen und Gebiete! Zwar lassen sich verschiedene Funktionsbereiche (»Subsysteme«) unterscheiden, doch muss man zugleich ihre Vernetztheit und damit »das Ganze« im Blick behalten. Das gilt besonders, wenn man es mit Praxisproblemen, also mit »ganzen Menschen« zu tun hat. Dann muss man vielfältige Aspekte miteinander verbinden, die in Forschung und Lehre gewöhnlich separat erörtert werden. Ausdrücke wie »Gebiet« und »Themenbereich« suggerieren schon vom Wort her eine Flächenvorstellung, ein Nebeneinander von Arealen (*s. Tafel 5*, S. 30) und bilden kognitive Muster für die Einordnung psychologischer Sachverhalte (»In welches Gebiet gehört dieses Problem?«). Die Relationen der Gebiete untereinander sowie die gemeinsamen Aspekte, die sich durch alle Gebiete hindurchziehen, gehen dabei allzu leicht verloren. Es ist etwa so, wie wenn ein Mediziner sich mit der Niere, der Atmung, der Leber usw. beschäftigt, aber nicht mit dem Stoffwechsel als übergreifendem System.

Zweitens: Nach Gebieten und Themen organisiertes Wissen *ist nicht flexibel übertragbar.* Wenn das Verbindende fehlt, passiert es leicht, dass man Wissen zu einem bestimmten »Thema« nicht auf ein anderes »Thema« übertragen kann, obwohl beide gemeinsame Aspekte enthalten. Durch die thematische Einbettung gerät nämlich aus dem Blick, welche Aspekte »über-thematisch« und damit an sich übertragbar sind. Das Wissen wird aktiviert, wenn das vertraute Thema dran ist, nicht aber, wenn es anders lautet – ein typischer Fall von »trägem Wissen« (vgl. Renkl 1996).

Was ist nun die Konsequenz? Wie kann man beim Wissenserwerb dafür sorgen, dass Zusammengehöriges zusammengehalten und Übertragbares als übertragbar erkannt wird? Die Antwort lautet: Man sollte sich bei der Organisierung des Wissens *nicht* vorrangig an der Strukturierung des *Wissenschaftsfeldes* (Psychologie) orientieren, sondern an der – angenommenen – Struktur des *Gegenstandes,* also des psychischen Systems!

Tut man dies, so wird man zwar auf Gebiete und Themen auch weiterhin nicht verzichten können, aber sie gewinnen einen anderen Charakter: Statt eines Areals sind sie dann Betrachtungsweisen bzw. *Blickwinkel* (s. Tafel 5). Vor allem die folgenden kommen häufig vor:

- Man betrachtet vertiefend bestimmte Ausschnitte des Systems (Subsysteme), z. B. die Wahrnehmung oder die Emotionen.
- Man betrachtet grundlegende Systemaspekte wie »Entwicklung« oder »personale Unterschiede«.
- Man betrachtet das Gesamtsystem aus bestimmten Praxisperspektiven: Was ist besonders relevant für Erziehung, Psychotherapie, Fahrtüchtigkeit usw.?
- Man betrachtet es aus bestimmten theoretischen Perspektiven, z. B. aus psychoanalytischer oder kognitivistischer Sicht.

Gebiete als Areale
Dem Gegenstand der Psychologie *nicht angemessen*: Themen und Gebiete werden gedacht als ein Nebeneinander (evtl. mit Überschneidungen) von Sachbereichen:

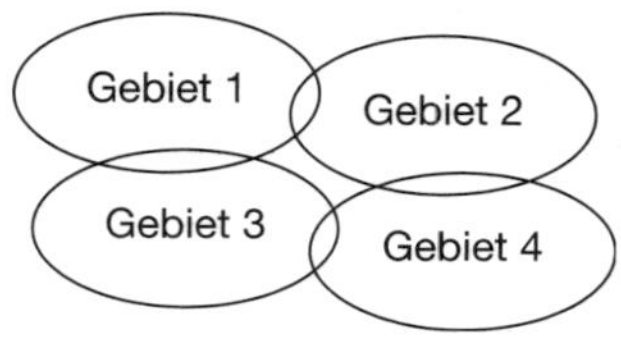

Gebiete als Blickwinkel
Angemessen: Gebiete werden verstanden als Betrachtung des psychischen Systems aus unterschiedlichen Blickwinkeln. Ein Gefüge aus grundlegenden Aspekten bildet den gemeinsamen Kern.

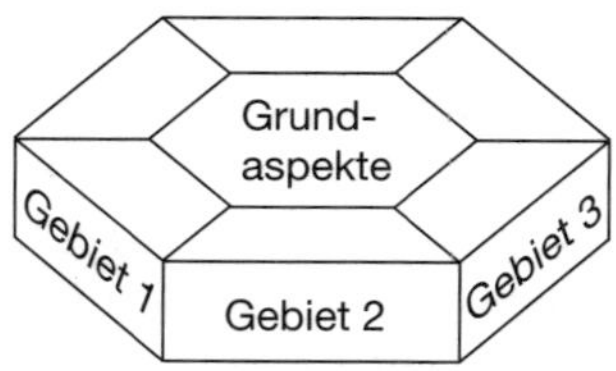

Tafel 5: Formen der Organisation psychologischen Wissens. Die Zielrichtung des vorliegenden Buches ist es, ein Wissensgefüge um eine Struktur aus grundlegenden Aspekten (»roten Fäden«) herum aufzubauen.

Was man als »Thema« bezeichnet, ist meist eine Problemstellung unter einem dieser Blickwinkel oder aus mehreren gleichzeitig (z. B. Emotionsentwicklung aus kognitivistischer Sicht). Sofern man nicht primär Subsysteme sozusagen mikroskopieren will, beleuchtet ein Thema in der Regel das Gesamtsystem (»ganze Menschen«) *in Hinblick* auf einen bestimmten Tatbestand, z. B. dass Menschen schlecht lernen (Thema: Lernstörungen) oder dass sie andere Menschen angreifen (Thema: Aggression).

Auch wenn man Gebiete und Themen als unterschiedliche Betrachtungsweisen des Systems statt als Areale versteht, könnte es dennoch passieren, dass man sie in erster Linie in ihrem Unterschied zu anderen Gebieten und Themen wahrnimmt, der gemeinsame Kern hingegen verblasst. Deshalb sollte man sie umgekehrt auch *vom gemeinsamen Kern aus* betrachten. Mehr noch: Um beim Lernen von Psychologie für Übertragbarkeit und Zusammenhalt zu sorgen, sollte der gemeinsame Kern eine hierarchisch höhere Stellung erhalten.

Der zuvor skizzierte erste rote Faden (S. 25 ff.) zu den grundlegenden Aspekten des psychischen Systems, eignet sich als solch ein übergeordneter Bezugspunkt,

- weil er eben aus Inhalten besteht, die *grundlegende* Bedeutung haben, die also immer zu beachtende Aspekte psychischen Geschehens betreffen;
- weil diese Inhalte keine additive Sammlung bilden, sondern ein *integriertes Gefüge.*

Der zweite rote Faden betrifft ebenfalls Grundlegendes, nämlich elementare Tätigkeiten, aber sie bilden kein integriertes Gefüge.

Solche Grundgerüste zu komplexen Wissensbereichen werden häufig als »Makrostrukturen« bezeichnet und gelten als wesentlich für das Verstehen, Behalten und Übertragen (vgl. etwa Ballstaedt 1997). *Ein entscheidendes Lernprinzip ist es nun, das Wissen um diese Makrostruktur herum anzusiedeln*, das heißt, neue Inhalte stets auf sie zu beziehen – etwa indem man diese Inhalte als Vertiefung eines Systemaspektes oder als neuen Blickwinkel zum Gesamtsystem versteht (zur theoretischen Begründung s. Bruner 1970, Ausubel et al. 1980, Nolting 1985).

Der Aufbau des Buches folgt diesem Prinzip. Nach Art einer Spirale kehrt bereits Bekanntes auf anderen Ebenen wieder – differenzierter oder in neuem Zusammenhang. Systematisch geschieht dies von Kapitel 3 bis Kapitel 6.

ZWEITER TEIL:

Psychologie im systematischen Überblick

Kapitel 3 und 7 informieren über jene grundlegenden Inhalte, die als rote Fäden quer durch die Psychologie dienen können. Die Kapitel 4, 5 und 6 behandeln Gebiete und Theorien, die als unterschiedliche Blickwinkel auf den Gegenstand von Kapitel 3 (das psychische System) zu verstehen sind.

KAPITEL 3
Grundlegende Aspekte des psychischen Systems

Dieses Kapitel befasst sich mit dem ersten roten Faden: mit jenen grundlegenden Aspekten des psychischen Systems, die als gemeinsamer Kern der vielfältigen Themen, Gebiete und Theorien gesehen werden können.

1. Ein Blick aufs Ganze

Als Einstieg in das »System« wählen wir zwei konkrete Verhaltensbeispiele. Die Frage, wie das Verhalten zustande kommt, führt zu verschiedenen Antworttypen, die sich universellen Aspekten des psychischen Systems zuordnen lassen.

a) 4 + 1 Grundaspekte

Das erste Ausgangsbeispiel ist ein Fall von aggressivem Verhalten: Ein Schüler stößt einen anderen zu Boden. Das zweite Beispiel gilt eher als hilfreiches Verhalten: Eine Schülerin nimmt eine Mitschülerin gegen eine Anschuldigung des Lehrers in Schutz. In beiden Fällen könnte man zur Erklärung des Verhaltens folgende Arten von Aussagen machen:

- Aussagen über *aktuelle innere Prozesse* »hinter« dem Verhalten, also Aussagen darüber, was sich in einem Menschen abspielt, wenn er das Verhalten zeigt. Im ersten Fall könnten die Aussagen z. B. lauten: »Der Schüler möchte dem anderen etwas heimzahlen«, »Es macht ihm Spaß, den anderen fallen zu sehen«, »Er erwartet, dass seine Clique darüber lacht«. Im zweiten Fall wären hier Aussagen wie diese denkbar: »Sie ist empört über den Vorwurf des Lehrers«, »Die Mitschülerin tut ihr leid«, »Sie denkt an ihre Verantwortung als Klassensprecherin«.

- Aussagen über die *Person*, die das Verhalten zeigt, also Aussagen über ihre Eigenschaften, typischen Merkmale oder *Dispositionen*. Beispiele für solche Aussagen wären im ersten Fall: »Der Olaf ist reizbar und impulsiv«, »Er hat ein starkes Machtbedürfnis«, »Er kann nicht gut reden, er kennt nur Gewalt«. Im zweiten Fall wären es Aussagen wie: »Die Iris hat einen ausgeprägten Gerechtigkeitssinn«, »Sie ist ein rebellischer Typ«, »Sie ist hilfsbereit, ... einfühlsam, ... selbstbewusst, ... furchtlos« usw.
- Aussagen darüber, wie diese Personmerkmale entstanden sind, also Aussagen über die *Entwicklungsbedingungen*, insbesondere über die vergangenen Erfahrungen, eventuell auch über die Erbanlagen. Im ersten Fall würde man beispielsweise sagen: »Kein Wunder bei so lieblosen Eltern«, »Der hat wohl zu viel vorm Fernseher gesessen«, »Die Aggressivität hat er bestimmt von seinem Vater geerbt«. In zweiten Fall könnte man sich vorstellen: »Mit solchem Widerspruch hat sie schon mehrfach Bewunderung von ihrer Klasse erfahren«, »Ihre Eltern ermuntern sie, sich gegen Ungerechtigkeiten zu engagieren«, »Die Furchtlosigkeit hat sie von ihrer Mutter geerbt«.
- Aussagen über *Situationsfaktoren*, über das aktuelle Umfeld beim Auftreten des Verhaltens, beispielsweise über unmittelbare Anlässe und Aufgaben, über anwesende Personen, über Ort und Zeit und andere Aspekte des externen Kontextes. Mögliche Aussagen wären im ersten Fall: »Olaf wurde kurz vorher von dem anderen beschimpft«, »Es war gerade kein Lehrer in der Nähe«, »Es geschah nach der Schule an der Bushaltestelle«. Beispiele für den zweiten Fall wären: »Der Lehrer hat etwas Falsches behauptet«, »Die Zeugnisse waren schon geschrieben und es war die letzte Woche mit diesem Lehrer«, »Der Vorfall geschah im Sportunterricht während eines Wettkampfes«.
- Aussagen über *interpersonale Bezüge*, über Prozesse und Konstellationen *zwischen* mehreren Personen. Im ersten Fall könnten sie etwa lauten: »Die beiden Schüler sind verfeindet«, »Olafs Stoß war Teil eines eskalierenden Streits«, »Er ließ sich von seiner eigenen Clique mitreißen«. Im zweiten Fall könnte beispielsweise gesagt werden: »Die Beschuldigte ist ihre beste Freundin«, »Iris hat die Äußerung des Lehrers missverstanden«, »Sie verspürt Rückendeckung durch die Mitschüler«.
  Anmerkung: Der Übergang zwischen anderen Anwesenden als *Situations*faktor und *interpersonalen* Bezügen ist fließend. Den-

noch ist der Unterschied bedeutsam: Bei den interpersonalen Bezügen geht es um Sachverhalte, die sich weder der Person X noch der »situativen« Person Y hinreichend zuordnen lassen, sondern nur beiden gemeinsam: Interaktion, Kommunikation, Beziehung. Der situative Einfluss enthält also noch nicht die wechselseitige Bezogenheit und Beeinflussung, die mit dem »Inter« gemeint ist und die oft unerlässlich ist, um das Verhalten zu verstehen.

In gleicher Weise wie in den beiden vorangehenden Beispielen lassen sich bei beliebigen anderen Verhaltensweisen (z. B. einen Vortrag halten, etwas schenken, ein Buch lesen) erklärende Aussagen aufgliedern. Dabei sind die ersten vier Grundaspekte *immer* relevant. Der interpersonale Aspekt kommt hinzu, wenn es um das Verhalten zwischen zwei oder mehr Personen geht. Er entfällt also in »Alleinsituationen«, in denen das Verhalten eines Menschen nur auf Dinge gerichtet ist (z. B. auf Texte, auf Laborgeräte usw.). Aus diesem Grunde sprechen wir nicht von 5, sondern von 4 + 1 Grundaspekten, und

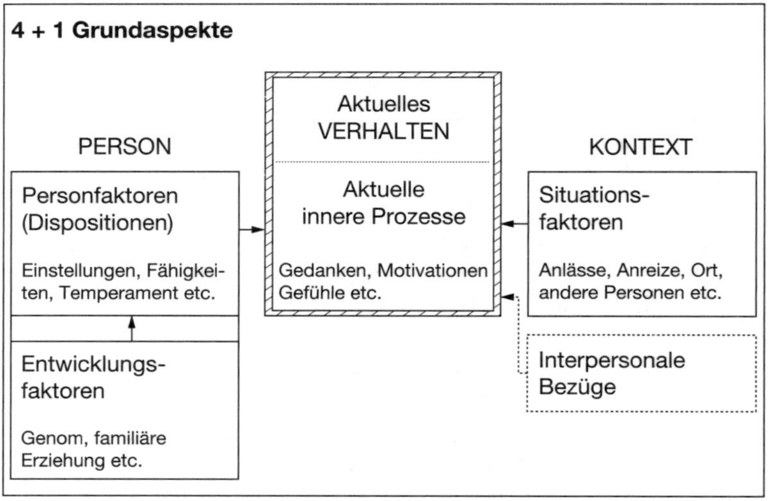

Tafel 6: Das aktuelle psychische Geschehen (= Grundaspekt 1) umfasst das Verhalten und die inneren Prozesse »dahinter«. Sie sind einerseits abhängig von personalen Faktoren (Grundaspekt 2), die selber das Ergebnis von Entwicklungsbedingungen sind (Grundaspekt 3). Sie sind andererseits abhängig vom jeweiligen Kontext, zu dem in jedem Fall situative Faktoren gehören (Grundaspekt 4), in vielen Fällen auch interpersonale Bezüge (Grundaspekt »+1«)

deuten das Interpersonale in der *Tafel 6* nur schwach an. (Seine korrekte Darstellung erfordert im Übrigen eine Verdopplung des Schemas auf zwei Personen; Näheres hierzu in Kapitel 3.6 bzw. *Tafel 23* auf S. 103.)

Die verschiedenen Erklärungsaspekte stehen nicht additiv *neben*einander, sondern in einer bestimmten Relation *zu*einander (s. Tafel 6). Im Zentrum steht das »eigentliche« psychische Geschehen: das aktuelle Verhalten mit den inneren Prozessen »dahinter«. Dieses Geschehen wird einerseits bestimmt von Personfaktoren bzw. Dispositionen und andererseits von Kontextfaktoren, wozu Situationsfaktoren und eventuell auch interpersonale Bezüge gehören. Die Personfaktoren sind ihrerseits das Ergebnis von Entwicklungsfaktoren. Somit besteht das Strukturbild aus einer horizontalen Achse für alles Aktuelle (Dispositionen → Prozesse ← Kontext) und einer vertikalen Achse für die personale Veränderung über die Zeit (Entwicklung ↑).

Aktuelle Prozesse

Die unmittelbarste Verhaltenserklärung liegt in den *inneren Prozessen* »hinter« dem Verhalten: in den Wahrnehmungen, Gedanken, Gefühlen, Absichten u. dgl. Diese Prozesse werden oft als »Erleben« zusammengefasst. Da wir offen lassen möchten, ob sie alle bewusst erlebbar oder zum Teil auch unbewusst sind, bevorzugen wir den Ausdruck »innere Prozesse«.

Die Gesamtheit der aktuellen Prozesse kann man in verschiedener Weise unterteilen. Ein bedeutsamer Gesichtspunkt ist die Unterscheidung von zwei Funktionsrichtungen: einerseits aus der umgebenden Situation etwas »aufzunehmen«, andererseits darauf »einzuwirken«. (Im Nervensystem entspricht dies den »afferenten« Prozessen von den

Verhalten als Teil eines Prozessflusses

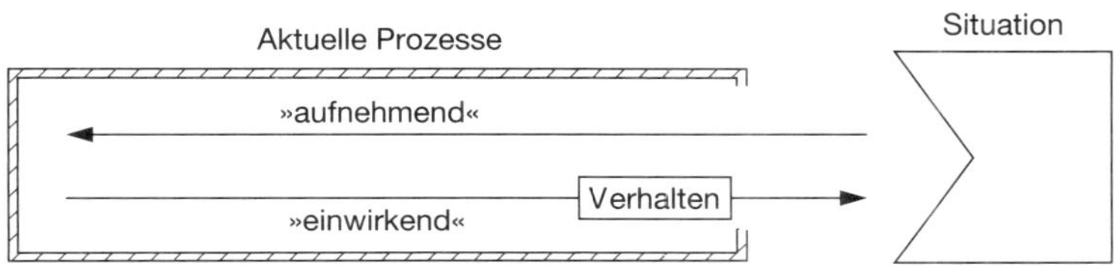

Tafel 7: Darstellung von Verhalten nicht nur als Produkt (wie in Tafel 6), sondern zugleich als Prozess, der auf die Situation einwirkt

Sinnesorganen zum Gehirn bzw. den »efferenten« vom Gehirn zu den Muskeln.) *Tafel 7* stellt diese beiden Funktionen durch zwei Stränge dar, und zwar mit dem Verhalten an der »Ausgangsseite« der einwirkenden Prozesse (mehr auf S. 42 ff.).

Dies widerspricht nicht der Abbildung in *Tafel 6*. Dort steht das Verhalten lediglich deshalb am oberen Ende, weil es das zu erklärende »Produkt« ist. Denn die Frage lautete ja: Wie kommt dieses (aggressive bzw. hilfreiche) *Verhalten* zustande? Insofern bildet das Verhalten dort den Startpunkt für Suche nach Erklärungen. Tafel 7 hingegen berücksichtigt, dass es nach dem Verhalten irgendwie weitergeht. Das jeweils betrachtete Verhalten ist selber nur Teil eines endlosen Flusses und erzeugt Wirkungen auf die Situation, auf andere Menschen oder auch zurück auf innere Prozesse! (Beispiele für die innere Rückwirkung: Spielen »macht« Spaß, Reden »verschafft« Erleichterung etc.) Die »statische« Darstellung von Tafel 6 ist zunächst nützlich, um an Verhaltensbeispielen die Grundaspekte zu entfalten; die »dynamische« Darstellung von Abbildung 7 ist dagegen besser geeignet, das fortlaufende Geschehen anzudeuten.

Bevor wir zu den anderen Grundaspekten weitergehen, sei angemerkt, dass man sich in der Praxis manchmal mit einer Verhaltenserklärung allein durch innere Prozessen zufrieden gibt, beispielsweise wenn ein Mensch sein eigenes Verhalten damit erklärt, dass er etwas »falsch verstanden« habe oder »verärgert« gewesen sei. In anderen Fällen hingegen – insbesondere bei auffälligem und wiederkehrendem Verhalten – will man auch wissen, warum sich gerade diese Gedanken, Gefühle, Absichten usw. in dem Menschen abspielen. Damit kommt man dann zu den beiden Seiten »Person« und »Kontext«.

Die Bedingungsbereiche Person und Kontext

Die aktuellen Prozesse (innere Prozesse und Verhalten) ergeben sich, wie dargelegt, aus dem Einfluss von Kontextfaktoren (situativ, evtl. auch interpersonal) und den personalen Faktoren, die ein Mensch in den Kontext mitbringt. Die beiden Faktorenbereiche geben Antworten auf unterschiedliche Fragen:

– Aussagen zur »Person« geben Antworten auf die Frage: *Wer* verhält sich so? Was wissen wir über den Menschen, der so denkt, so fühlt, so motiviert ist, so handelt?
– Aussagen zum »Kontext« geben Antworten auf die Frage: *Wo und wann* tritt das Verhalten auf? Was wissen wir z. B. über die An-

forderungen, die Umgebung, die interpersonalen Konstellationen etc., in denen dieser Mensch sich so verhält, in denen er von solchen Gedanken, Emotionen und Motivationen geleitet wird?

Man braucht immer beide Seiten. Denn einerseits verhalten sich dieselben Menschen unterschiedlich, je nachdem, an welchem Ort, vor welcher Aufgabe oder in Gegenwart welcher Menschen usw. sie sich befinden. Andererseits sehen wir: (a) In derselben Situation verhalten sich verschiedene Menschen unterschiedlich, (b) derselbe Mensch zeigt über verschiedene Situationen hinweg eine gewisse Konstanz, (c) derselbe Mensch zeigt auch über die Zeit hinweg eine gewisse Stabilität (»bleibt sich gleich«). Menschen sind somit in persontypischer Weise für dieses oder jenes Verhalten »disponiert« und insofern individuelle »Persönlichkeiten«.

Warum ein Mensch sich durch diese oder jene Personfaktoren (Dispositionen) auszeichnet, das erklärt sich wiederum aus den individuellen *Entwicklungsbedingungen*. Ein Mensch hat zu einem gegebenen Lebenszeitpunkt eben die Merkmale, die sich im Laufe seiner Lebensgeschichte »entwickelt« haben. Die darin enthaltene Zeitperspektive ist in *Tafel 6* als vertikale Achse dargestellt. Als treibende Kräfte der Entwicklung sind die (genetisch gesteuerte) Reifung sowie Lernprozesse in der jeweiligen Umwelt zu nennen. (Sie sind in der Abbildung nicht eingezeichnet.) »Umwelt« umfasst dabei ein breites Spektrum situativer und interpersonaler Bedingungen, mit denen sich ein Mensch auseinanderzusetzen hatte und hat.

Selbstverständlich gibt es außer den genannten Grundaspekten noch weitere Erklärungsperspektiven. So kann man fragen, warum ein Mensch in seiner Entwicklung vornehmlich einer bestimmten Art von Situationen ausgesetzt war (z. B. durch Zugehörigkeit zu einem bestimmten Sozialmilieu) oder warum er bestimmte Erbanlagen besitzt (Ahnenreihe), und für diese Erklärungen kann man wiederum weitere Erklärungen suchen und so fort – letztlich bis zur Frage nach der Entstehung der Welt. Doch muss man sich dann notwendigerweise in andere Fachgebiete begeben (Soziologie, Kulturanthropologie, Geschichtswissenschaft, Biologie usw.). Das Strukturbild umfasst lediglich jenen Wirklichkeitsausschnitt, der Gegenstand der *Psychologie* ist!

Innerhalb der Psychologie gibt es Teildisziplinen, die vorzugsweise den einen oder anderen der genannten Grundaspekte beleuchten. Die Allgemeine Psychologie untersucht die Prozesse als solche. Die Differenzielle Psychologie legt den Schwerpunkt auf die individuellen Unterschiede bzw. die personalen Dispositionen. Die Entwicklungspsychologie befasst sich primär mit der Veränderung von Personen im Lebenslauf. Auf den interpersonalen Bezügen und Konstellationen liegt der Schwerpunkt der Sozialpsychologie, auf materiellen Situationseinflüssen der Schwerpunkt der Umweltpsychologie.

b) Wo unterschiedliche Sichtweisen beginnen

Die vorgestellten Grundaspekte sind keine psychologische Theorie. Gegenstand der Forschung und der wissenschaftlichen Kontroversen sind nicht diese Aspekte als solche, sondern ihre inhaltliche Ausfüllung und Gewichtung.

Wissenschaftliche Debatten
Fragestellungen, mit denen sich psychologische Theorien und empirische Forschungen beschäftigen, lauten beispielsweise:

– Was genau sind das für Prozesse, die sich in einem Menschen abspielen, wenn er sich »motiviert« fühlt, wenn er Entscheidungen trifft oder wenn er ein Problem zu lösen versucht?
– Sind die Prozesse, die menschliches Verhalten und Erleben bestimmen, überwiegend »bewusst« oder eher »unbewusst«?
– Wie sollen wir uns personale Faktoren (Dispositionen) vorstellen, z. B. als umfassende Eigenschaften eines Menschen oder besser als Vielzahl von spezifischen Gewohnheiten, Kenntnissen, Vorlieben usw.?
– In welchem Maße ist die konkrete Ausformung des aktuellen Denkens, Fühlens und Verhaltens von den jeweiligen Personfaktoren bzw. den jeweiligen Kontextfaktoren abhängig? Liegt sozusagen der »Motor« des Geschehens mehr innen oder außen?
– Welche Rolle spielen einerseits Erbanlagen und anderseits Umwelteinflüsse für die Unterschiedlichkeit von Menschen?

Um solche und andere Fragen geht es also in der wissenschaftlichen Auseinandersetzung, und in den Antworten auf solche Fragen unterscheiden sich auch die *theoretischen Grundströmungen* (Näheres später, insbesondere in Kapitel 6). So legt etwa die klassische Psychoanalyse starkes Gewicht auf die Person und ihre Entwicklungsgeschichte, während der Behaviorismus deutlich situationszentriert ist und der Kognitivismus hier eine Mittelstellung einnimmt. Systemische Sichtweisen betonen ganz besonders die *inter*personalen Prozesse und Konstellationen. Unterschiede gibt es auch darin, welchen Prozessen eine Theorierichtung besondere Aufmerksamkeit schenkt, etwa den Denkprozessen (Kognitivismus) oder unbewussten Motivationen (Psychoanalyse) oder dem äußeren Verhalten (Behaviorismus).

Alltagspsychologie

Auch typische Tendenzen im alltagspsychologischen Denken lassen sich diesem einfachen Grundmodell zuordnen. So neigen Menschen dazu, das aktuelle Verhalten anderer Menschen vornehmlich aus der »Person« (aus ihren »Eigenschaften« etc.) zu erklären und Situationseinflüsse kaum zu beachten (vgl. Ross & Nisbett 1991). Das heißt: Sie bevorzugen Verhaltenserklärungen wie »X ist egoistisch«, »Y ist hilfsbereit« usw. – sogar selbst dort, wo z. B. Zeitdruck, Anweisungen, finanzielle Anreize oder andere Situationsfaktoren offensichtlich sind und das Verhalten tatsächlich weit stärker beeinflussen als die individuellen Dispositionen.

Ein Grund für diese Personzentrierung der Alltagspsychologie ist offenbar die Wahrnehmungsperspektive: Als Betrachter schaut man auf die handelnde Person, sie ist der Akteur und zieht die Aufmerksamkeit auf sich. Der umgebende Kontext bildet dabei lediglich einen Hintergrund. Wie selbstverständlich scheint das, was ein Mensch tut und was sich in ihm abspielt, aus ihm selbst zu entspringen.

Unterstützt wird diese Verschmelzung noch durch die Tatsache, dass für das Verhalten und die Disposition gewöhnlich dieselben Adjektive verwendet werden. Man sagt: »X *verhält sich* dominant …, feindselig …, unterwürfig …« usw., und ebenso sagt man: »X *ist* dominant …, feindselig …, unterwürfig …« Nur selten werden aktuelle und dispositionelle Sachverhalte sprachlich so gut auseinandergehalten wie im Falle von »Angst« versus »Ängstlichkeit«.

Wenn personale Aspekte so stark gewichtet werden, weil man auf die handelnde Person schaut, dann sollten die subjektiven Erklärungen weniger personbetont sein, sobald es um das *eigene* Verhalten geht. Denn uns selbst haben wir weniger im Blick, stattdessen schauen wir sozusagen von innen auf die Situation. Tatsächlich werden beim eigenen Verhalten Situationsfaktoren eher beachtet, häufig sogar vorrangig. So gaben Studierende als Gründe für die Wahl ihres Faches vorrangig dessen Vorzüge an, während Außenstehende, nämlich Freunde dieser Studierenden, eher Aspekte nannten, die sich auf die Persönlichkeit der Studierenden bezogen (deren Vorlieben, Fähigkeiten usw.). In einer anderen Untersuchung begründeten Studierende ihr Engagement oder fehlendes Engagement bei der Vorbereitung einer Uni-Veranstaltung vornehmlich mit der guten bzw. schlechten Bezahlung – weit häufiger als Außenstehende, die eher auf Unterschiede in der persönlichen Einsatzbereitschaft verwiesen (vgl. Ross & Nisbett 1991, S. 140 f.).

Neben der Wahrnehmungsperspektive (Blick auf die Person bzw. auf das Umfeld) spielen aber auch Wertungen eine wichtige Rolle bei der Verhaltenserklärung, der sog. (Kausal-)Attribution (Ursachenzuschreibung), und zwar besonders, wenn es um das eigene Verhalten geht. Während man eigenes Fehlverhalten natürlich gerne mit der Situation »entschuldigt«, mag man umgekehrt positive Handlungen durchaus den eigenen Einstellungen und Eigenschaften zuschreiben. In schönem Psychologendeutsch heißt dies: Menschen bevorzugen Erklärungen, die »selbstwertdienlich« sind. Der Einfluss der Wahrnehmungsperspektive tritt daher am deutlichsten bei Fragen hervor, bei denen die Selbstwertdienlichkeit keine Rolle spielt (wie in dem zuvor genannten Beispiel mit der Studienwahl).

Auf jeden Fall: Person und Situation bzw. Kontext sind fundamentale Begriffe für den Vergleich unterschiedlicher psychologischer Erklärungen, von den Attributionen im Alltag bis hin zu den Fundamentaldebatten unter den theoretischen Strömungen.

2. Erster Grundaspekt: Aktuelle Prozesse

Nachdem wir soeben »das Ganze« in grober Form strukturiert haben, sollen nun nacheinander einzelne Ausschnitte genauer betrachtet werden. Dabei richtet sich der Blick zunächst auf den Kerngegenstand: auf das aktuelle psychische Geschehen.

a) Zwei Richtungen: aufnehmen und einwirken

Psychische Prozesse dienen dazu, die momentane Umgebung aufzunehmen (zu »verarbeiten«) und auf sie einzuwirken. Wir stellen dies

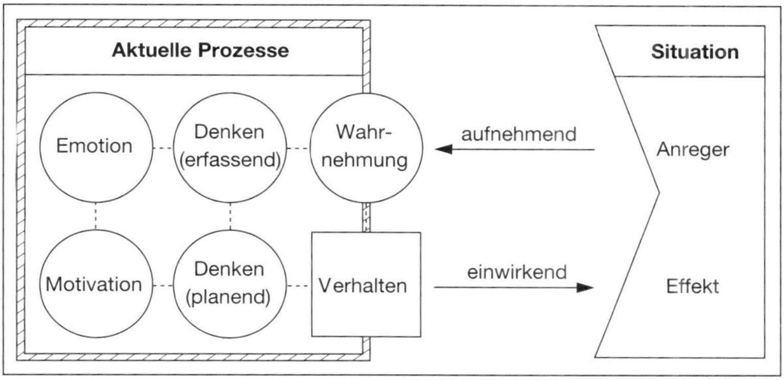

Tafel 8: Schema aktueller Prozesse, gegliedert in einen aufnehmenden und einen einwirkenden Strang

schematisch durch zwei Stränge dar, denen wir jeweils drei Typen von Prozessen zuordnen (*s. Tafel 8*), nämlich

- als *aufnehmend, verarbeitend:* Wahrnehmung – Denken (erfassend) – Emotion
- als *abgebend, einwirkend:* Motivation – Denken (planend, steuernd) – Verhalten.

Das Schema vereinfacht in mancher Hinsicht (wie es Schemata so an sich haben), und daher sollen einige Klarstellungen möglichen Missverständnissen vorbeugen.

1. *Die Aufgliederung psychischer Prozesse ist in der Psychologie nicht verbindlich festgelegt.* Aufgliederungen sind in gewissem Maße von Fragestellungen und theoretischen Auffassungen abhängig. Das heißt allerdings nicht, dass die Einteilungen beliebig sind. Unterschiede der Prozesse sind teilweise deutlich erlebbar, auch wenn sie miteinander verwoben sind und dadurch das Einteilen erschweren. »Niemand verwechselt Wahrnehmungen mit Willenserlebnissen, Gefühle mit Denkprozessen, Triebe mit Erinnerungen« (Rohracher 1971, S. 69). Das Schema umfasst unseres Erachtens jene Prozesse, von denen in der Allgemeinen Psychologie besonders oft die Rede ist (Lernprozesse allerdings behandeln wir unter »Entwicklung«), und stellt sie in eine didaktisch nützliche Ordnung. Das Schema versteht sich aber nicht als eigene »Theorie«.

2. *Es müssen nicht immer alle Prozesse beteiligt sein.* Planendes Denken etwa spielt kaum eine Rolle bei einem Verhalten, das auf eingefahrenen

Gewohnheiten oder impulsiven Affekten beruht. Es gibt sogar »Kurzschlüsse« von der Wahrnehmung zum Verhalten, nämlich beim Reflex. Darüber hinaus ist es wiederum auch von der theoretischen Orientierung abhängig, welchen Prozessen man eine zentrale Stellung im psychischen Geschehen einräumt und welche man für untergeordnet hält.

3. Die Prozesse müssen nicht kettenartig aufeinanderfolgen. So muss nicht einmal die Wahrnehmung »den Anfang« bilden. Sicher folgen auf eine Wahrnehmung (z. B. einer dunklen Gestalt) häufig ein gedankliches Erfassen und dann eine Emotion; aber umgekehrt kann auch eine bereits vorhandene Emotion (z. B. eine ängstliche Stimmung) die Wahrnehmung beeinflussen. Das Schema lässt also unterschiedliche Anfänge und Abfolgen zu, und es lässt auch zu, dass die in ihm enthaltenen Komponenten lediglich verschiedene Aspekte *eines* Geschehens sind (s. hierzu das Beispiel in *Tafel 9*).

Die Unterscheidung psychischer Prozesse – eine Frage der Blickrichtung

»Viele Unterscheidungen und Zuordnungen von Phänomenen und Begriffen erscheinen willkürlich. In der Tat gibt es *keine natürliche Ordnung* psychischer Phänomene. Die Benennung und Klassifikation hängt von unserem Standpunkt und von den Fragen ab, die wir an Psychisches herantragen. Unsere *Interessen* an bestimmten Fragen und Problemen lassen bestimmte Person-Umwelt-Beziehungen, psychische Zustände und Vorgänge besonders hervortreten und andere eher im Hintergrund bleiben. Fragen wir z. B. nach subjektiven Zuständlichkeiten, dann ›erkennen‹ wir Emotionen. Fragen wir nach Handlungsabsichten, dann ›erkennen‹ wir Motive. Fragen wir nach Informationsverarbeitung, dann ›erkennen‹ wir Strategien des Lernens. Jede Wissenschaft, so auch die Psychologie, geht notwendigerweise ausschnitthaft vor. […]

Dieselbe Situation und momentane psychische Lage können wir unter verschiedenen Blickwinkeln betrachten und so zu Aussagen über unterschiedliche psychische Vorgänge und Zustände gelangen. Beispiel: Sie sehen in der Bibliothek einen Mann am Tisch sitzen und gelegentlich aus dem Fenster schauen. ›Der Mann ist traurig‹ sagt etwas über den Gefühlszustand aus; ›Der Mann denkt an seine Frau zu Hause‹ weist auf einen Gedankeninhalt hin; ›Der Mann möchte zu seiner Frau‹ betont die motivationale Komponente.

Wir sehen: Psychologische Begriffe akzentuieren lediglich das, wonach wir fragen, also verschiedene Komponenten des Erlebens und Handelns in einem ansonsten ganzheitlichen Geschehen.«

Tafel 9: Zur Frage der Aufgliederung psychischer Phänomene (aus: Ulich & Bösel 2005, S. 16 f.)

4. *Die Prozesse können bewusst oder unbewusst sein.* Diese Aussage gilt nicht nur für Motivationen des Handelns, die sehr bewusst oder auch »verborgen« sein können, sondern prinzipiell für alle aktuellen Prozesse. Auch Vorgänge, die mit Wahrnehmen und dem Denken zu tun haben, können unbewusst ablaufen. »Wir registrieren Reize, die wir nicht bewusst wahrnehmen, und reagieren darauf. Gut eingeübte Aufgaben führen wir automatisch aus, wie etwa das Schreiben auf einer Tastatur ohne Blick auf die Tasten. Wenn wir jemandem begegnen, reagieren wir unmittelbar und unbewusst auf Geschlecht, Alter und Aussehen dieses Menschen und werden uns erst im Nachhinein unserer Reaktion bewusst. Wir verändern unsere Einstellungen und rekonstruieren unsere Erinnerungen, ohne uns dessen bewusst zu sein« (Myers 2005, S. 281). Ein bekanntes Beispiel für nicht bewusste Prozesse sind weiterhin die sog. Bauchentscheidungen, die vor allem Gerd Gigerenzer (2008) intensiv erforscht und interessant beschrieben hat.

Zwischen »bewusst« und »unbewusst« gibt es keine scharfe Grenze, sondern fließende Übergänge, denn manches erkennt man vielleicht bruchstückhaft oder man spürt es immerhin dumpf, ohne es jedoch mitteilen zu können. Die Aussage, aktuelle Prozesse könnten unbewusst ablaufen, bedeutet auch nicht, dass es eine spezielle »Schicht« des Unbewussten gibt (wie das »Es« in der klassischen Psychoanalyse, vgl. S. 177 ff.). Gemeint ist nur, dass Menschen nicht immer klar erkennen, durch welche inneren Prozesse ihr Verhalten und Erleben bestimmt werden.

Insgesamt ist das Schema inhaltlich bei Weitem nicht so festgelegt, wie die grafische Darstellungsweise es nahelegen könnte. Zu beachten ist weiterhin eine Ergänzung zu dem selbstverständlichen Tatbestand, dass Menschen ihre »Umwelt« bzw. die externe Situation verarbeiten und auf sie einwirken. Sie können nämlich *auch sich selbst* wahrnehmen, über sich nachdenken, sich zu verändern suchen usw. Und wenn sie dies tun, wenn sie z. B. ihren Körper, ihr Verhalten oder ihre Empfindungen betrachten, sind diese dann für ihr »Ich« schon Umwelt? Man kann es so oder so definieren, da der Umweltbegriff hier nicht scharf und eindeutig ist.

b) Wahrnehmung

Die Wahrnehmung bildet sozusagen die »Eingangsseite« des Individuums. Über verschiedene Sinnesorgane werden Lichtwellen, Schallwellen, Temperaturen usw. aufgenommen, als Nervenimpulse weitergeleitet, im Gehirn verarbeitet – und dann eventuell »erlebt«. Die psychische Qualität, die zu einer Sinnesart gehört, bezeichnet man häufig als »Empfindung«: z. B. Helligkeit und Farbe, Lautheit und Tonhöhe, Wärme, Geschmack usw. Die »Wahrnehmung« hingegen schließt das Erkennen von Gegenständen, Personen, Zeichen, mündlicher Sprache usw. ein. »Weiß« ist in diesem Sinne eine Empfindung, ein »weißes Blatt Papier« eine Wahrnehmung.

Wahrnehmung als Erkennen (»Ich sehe ein Pferd«) macht aus physikalischen Reizen eine Sache mit »Bedeutung«, und dies ist nur möglich, wenn in die Wahrnehmung »Bedeutungswissen« einfließt (Schönpflug & Schönpflug 1996). Dieses mag manchmal allerdings unzureichend sein, etwa bei einem ahnungslosen Betrachter vor einem Objekt moderner Kunst. Auch gibt es eine seltene Erkrankung des Gehirns (sog. Agnosie), bei der die sensorische Wahrnehmung nicht zugleich eine erkennende ist; der Patient »sieht« z. B. einen Schlüssel mit den Augen, ohne ihn als Instrument zum Öffnen von Türen zu erkennen (vgl. die Fallgeschichten bei Oliver Sacks 1990).

Neben der visuellen Wahrnehmung ist die auditive Wahrnehmung von überragender Bedeutung, also das Wahrnehmen von Tönen, Klängen und Geräuschen und ganz besonders der gesprochenen Sprache. Das Wahrnehmen umfasst hier die Ausgrenzung von Phonemen aus dem Lautstrom, also das Erkennen der klanglichen Einheiten, aus denen die Sprache sich zusammensetzt (Anderson 2001, S. 59).

Für das, was ein Mensch wahrnimmt, setzen die objektiv vorhandenen Reize einerseits einen Rahmen. Sollte seine »Wahrnehmung« sich davon allzu weit entfernen, spricht man von »Halluzinationen«. Andererseits wird die Wahrnehmung nicht vollständig von den Reizen bestimmt, sonst müsste sie ein getreues Abbild der Realität liefern – was sie offensichtlich nicht tut. So kann dieselbe Umgebung von mehreren Personen mit gleich funktionstüchtigen Sinnesorganen sehr unterschiedlich wahrgenommen werden. Dies zeigt sich unter anderem bei Zeugenaussagen zum selben Vorfall. Zum Gutteil ist die Wahrnehmung mithin ein »Machwerk« der wahrnehmenden Person, doch diese ist sich ihres aktiven Beitrages selten bewusst!

Zunächst einmal nehmen Menschen überhaupt nur einen Teil der objektiv vorhandenen Reize wahr. Ob wir durch einen Wald gehen oder in unserem Zimmer sitzen – nur wenige der vorhandenen Gegenstände, Bewegungen usw. gelangen zu einem gegebenen Zeitpunkt in unser Bewusstsein. Diesen Auswahlvorgang bezeichnet man als *Selektion;* und die Wahrnehmung ist immer selektiv! Manchmal bemerken wir dies, indem wir unsere *Aufmerksamkeit* gezielt auf bestimmte Sachverhalte richten, andere dagegen nicht beachten oder uns sogar gegen sie abschirmen.

Wenn die Wahrnehmung immer selektiv ist, stellt sich die Frage, *was* ausgewählt wird. Wichtig sind dabei die aktuellen Gedanken, Bedürfnisse und Gefühle bzw. die dahinter wirksamen Personfaktoren wie Einstellungen, Interessen und Kenntnisse usw. Sie führen zu *Erwartungen,* dieses oder jenes wahrzunehmen. Ein Holzhändler sieht in einem Wald etwas anderes als ein Förster oder ein Liebespaar; ein kompetenter Lehrer bemerkt im Unterricht Geschehnisse, die einem Zuschauer völlig entgehen. Da eine Selektion unvermeidlich ist, kann man lediglich versuchen, zielgerichtet auszuwählen, also planmäßig genau *das* zu beobachten, woran man besonders interessiert ist. Für bestimmte Zwecke (z. B. für die Unterrichtsbeobachtung) entworfene Verhaltenskategorien können dabei eine Hilfe sein.

Weitere wichtige Verarbeitungsprozesse dienen der *Organisation* der Reize, d. h. dem Gliedern, Zusammenfügen, Gruppieren usw. Wir sehen beispielsweise nicht einzelne Striche, sondern Formen und Körper, die als solche gar nicht auf der Netzhaut existieren können (s. das Beispiel in *Tafel 10*). Ein Würfel wird immer als Würfel erkannt, egal aus welchem Blickwinkel man auf ihn schaut (Formkonstanz), eine Person bleibt immer gleich groß, auch wenn sie sich räumlich entfernt und auf der Netzhaut immer kleiner wird (Größenkonstanz). Wir staffeln überdies die Dinge nach ihrer Distanz zu uns (Tiefenwahrnehmung).

In gewissem Grade wird das Organisieren *gelernt.* So gelingt die Tiefenwahrnehmung auch ohne dreidimensionalen Raum, nämlich bei einer perspektivischen Zeichnung, *sofern* man mit solchen Darstellungen vertraut ist. (Manche Volksstämme haben nicht gelernt, eine perspektivische Zeichnung zu »lesen«; vgl. Weidenmann 2006, S. 428.) Oder: Was sieht ein Laie auf dem Röntgenbild? Helle und dunkle Flecken, vielleicht hier und da Konturen eines Knochens. Dem Mediziner erlauben seine Kenntnisse, die für Laien diffus und

Organisierte Wahrnehmung

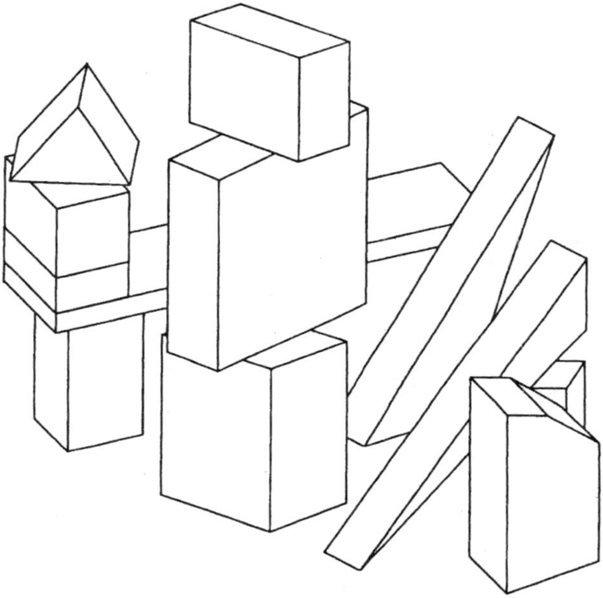

Tafel 10: Beispiel für Organisationsprozesse in der Wahrnehmung: Zahllose unterbrochene, kreuz und quer liegende Linien auf einem flachen Blatt Papier werden als Körper gesehen und in räumlicher Tiefe gestaffelt (aus Anderson 2001, S. 47).

mehrdeutig erscheinenden Reize zu ordnen und als bedeutungshaltige Gebilde zu interpretieren. Ebenso kann die Wahrnehmung von Bewegungen aufgrund erworbener Erwartungen strukturiert werden. Wenn in einer Schulklasse Schüler X plötzlich auf den Fußboden fällt, »organisiert« die Lehrerin das Geschehen möglicherweise so, dass Schüler Y ihm den Stuhl weggezogen hat. Sie meint, es gesehen zu haben, auch wenn es vielleicht anders war – denn Schüler Y hat nun mal einen schlechten Ruf.

Auch wenn dabei Fehler vorkommen – die Organisation in der Wahrnehmung ist notwendig, damit aus der Vielzahl der einströmenden Reize *bedeutungshaltige* Einheiten (Gegenstände, Vorgänge usw.) werden. Nur so erfüllt die Wahrnehmung ihre zentrale Aufgabe:

nämlich *Orientierung* in der Welt zu ermöglichen. Zugleich dient sie der Fortbewegung im Raum sowie zielgerichtetem *Handeln* (vgl. Guski 2000). Fast immer kommt es dabei auf ein gutes Zusammenspiel von Wahrnehmung und ausführenden Handlungen an, wie man etwa am Beispiel des Schreibens leicht erkennen kann. Die aktuelle Motivation bestimmt entscheidend die Ausrichtung der Gesamtaktivität aus Wahrnehmung und Handlung.

Während die Selektion und Organisation allgemein gültige formale Prozesse des Wahrnehmens sind, gibt es *personale Unterschiede* darin, *was* ein Mensch typischerweise sieht und übersieht. In solchen persontypischen »Wahrnehmungsgewohnheiten« können sich verschiedene Dispositionen wie etwa Interessen, Einstellungen, Ängstlichkeit usw. ausdrücken – oder auch persönliche Kompetenzen, wie die Beispiele mit dem »sachkundigen Blick« des Arztes, des Pädagogen, des Försters usw. deutlich machen; es handelt sich hier gewissermaßen um »Fertigkeiten« des Sehens, Hörens usw.

Erweiterter Wahrnehmungsbegriff: Abschließend möchten wir darauf aufmerksam machen, dass der Begriff der Wahrnehmung manchmal in einem sehr weiten Sinne gebraucht wird, der über das sinnliche Erkennen hinausgeht. Beispiel: »Ich habe den Konflikt so wahrgenommen, dass Karl keine Lust hatte und deshalb …« Hier wird vieles geäußert, was man nicht mehr sehen oder hören, sondern nur interpretieren und folgern kann, und dies gehört bereits zum erfassenden Denken. Eine solch weite Bedeutung hat auch der Begriff der *Personenwahrnehmung*, der in der Sozialpsychologie recht gebräuchlich ist (vgl. Forgas 1999, Bierhoff 2006). Er bezieht sich nicht nur auf das Wahrnehmen während der aktuellen Interaktion, sondern ebenso auf Person-Beurteilungen, auf ein vorgestelltes »Bild« von anderen Menschen oder von sich selbst.

c) Denken

Wenn sich etwas im aktuellen Moment *nicht* mit den Sinnesorganen wahrnehmen lässt und dennoch im Kopf präsent ist, so spricht man von Denken. Das Denken kann zwar durch eine Wahrnehmung angestoßen werden, führt jedoch darüber hinaus. Beispiel: Man sieht ein Buch im Schaufenster (= Wahrnehmung) und überlegt, ob das wohl ein gutes Geschenk für Tante Frieda sein könnte (= Denken).

»Was tun wir, wenn wir ›denken‹?«, fragt Carl Friedrich Graumann (1965, S. 16). Zunächst einmal lassen sich schon nach dem Alltagsverständnis vielfältige mentale Aktivitäten nennen: verstehen, begreifen, beurteilen, meinen, schlussfolgern, abstrahieren, sich erinnern, vorhersehen, planen, wählen, entscheiden, grübeln, fantasieren u. a. m. Das Gemeinsame ist die innere Vergegenwärtigung: »Nichtgegenwärtiges – sei es Vergangenes oder Zukünftiges oder rein Mögliches – stellen wir innerlich vor uns hin, stellen es uns vor.« (Graumann 1965, S. 19). Während die Wahrnehmung uns über das Hier und Jetzt informiert, ist die innere Vergegenwärtigung, so Graumann, zugleich eine »Entgegenwärtigung«: Im Denken sind wir unabhängig von Raum und Zeit.

In einigen Büchern ist das Wort »Denken« schon fast verschwunden und durch »Kognition« ersetzt worden. Unter dem Begriff der *Kognition* werden neben Denkprozessen allerdings häufig auch Gedächtnisprozesse sowie die erkennende Wahrnehmung behandelt (vgl. Anderson 2001). Insofern ist die Kognitionspsychologie weiter gefasst als die klassische Denkpsychologie.

Typen von Denkprozessen

In dem allgemeinen Prozessmodell von *Tafel 8* (S. 43) ist das Denken sowohl dem (informations)*aufnehmenden* als auch dem *einwirkenden* Strang zugeordnet. Einerseits verarbeitet es also Wahrnehmungen weiter. Dies geschieht unter anderem in Denkleistungen wie: erfassen, interpretieren, klassifizieren, verstehen, erklären, folgern etc. So verschafft das Denken Orientierung in der Welt und dient dem »Kampf gegen die Ungewissheit« (Schönpflug & Schönpflug 1996, S. 182). Andererseits ist das Denken auch eine Grundlage für zielgerichtetes Handeln; hierzu gehören Phänomene wie: planen, entscheiden, Probleme lösen etc. Als Kurzbezeichnungen für die beiden Seiten haben wir im Schema »erfassendes« Denken und »planendes« Denken gewählt, ohne dass sich die Vielfalt der Erscheinungen damit voll ausdrücken ließe. Selbstverständlich wirken bei vielen Anforderungen, etwa bei der Bewältigung eines praktischen Problems, beide Stränge zusammen.

Eine klassische Systematik des Intelligenzforschers Guilford (1964) unterscheidet fünf Typen von Denkprozessen, die in *Tafel 11* durch Beispiele illustriert werden. Das »erfassende Denken« bezieht sich auf das Erkennen und Wiedererkennen von Informationen (»verstehen«, »begreifen«, »identifizieren« usw.) und hat somit eindeutig den Schwerpunkt auf dem aufnehmenden Strang. Anders das produktive oder problemlösende Denken: Es ist darauf gerichtet, etwas zu produzieren bzw. zu verändern. Hierbei unterscheidet Guilford zwei Varianten: Das »konvergierend-produktive Denken« ist auf das Finden einer bestimmten richtigen Lösung ausgerichtet und entspricht etwa »logischem« Denken. Das »divergierend-produktive Denken« hingegen sucht Lösungen in unterschiedlichen Richtungen und gilt als Kern des »kreativen« Denkens. Manchmal könnte man es auch als Fantasieren bezeichnen (Schönpflug & Schönpflug 1996). Das wertende Denken meint die Beurteilung des Erfassten oder des Produzierten nach bestimmten Gütekriterien wie Angemessenheit, Folgerichtigkeit, Zweckmäßigkeit usw.

Ein interessantes, für effektives Denken und Lernen bedeutsames Phänomen sind selbstbezogene Denkprozesse, die unter dem Begriff der *Metakognition* zusammengefasst werden. Das Spektrum metakognitiver Leistungen (vgl. Hasselhorn 2006) reicht von der Kenntnis eigener Stärken und Schwächen über den gezielten Einsatz von Strategien (»Ich notiere erst meine Ideen und bewerte sie später«) bis zu

Differenzierung von Denkleistungen

- *Abrufen von Gedächtnisinhalten*
  Beispiele: Erinnern von Texten, Bildern, Handlungen
- *Erfassendes Denken*
  Beispiele: Sprachverständnis, Erkennen bildlicher Anordnungen, räumliche Orientierung
- *Produktives Denken I: konvergierend*
  Beispiele: Logische Ableitung, Rechenoperationen, Zusammenbauen von Möbelteilen
- *Produktives Denken II: divergierend*
  Beispiele: Schreiben eines Aufsatzes, Gestalten eines Kunstwerkes, Ausdenken von Werbeslogans
- *Wertendes Denken*
  Beispiele: Beurteilung eines Textes, Bewertung einer Theorie, politische Stellungnahme

Tafel 11: Typen von Denkoperationen (nach Guilford) mit Beispielen

kognitiven Empfindungen (»Dieses Argument verwirrt mich«), die weiteres Nachdenken stimulieren können. Insgesamt geht es also um Vorgänge, mit denen Denkende sozusagen in den eigenen Kopf hineinschauen (Denken über das eigene Denken, Wissen über das eigene Wissen etc.) oder mit denen sie eigene geistige Aktivitäten regulieren, z. B. beim Problemlösen oder beim Lernen aus Texten.

Wissen und Denken
Alle Denkleistungen enthalten eine Aktivierung von Gedächtnisinhalten, also von *Wissen.* Ohne Wissen kann man nichts erkennen, ohne Wissen kann man kein Problem lösen. Bei *problemlösendem* Denken wird Wissen allerdings nicht nur genutzt, sondern auch *produziert.* Denn Problemlösen meint ja die Bewältigung von mehr oder minder »neuen« Aufgaben, von Aufgaben, für die man keine fertige Lösung aus seinem Wissensbestand abrufen kann. Zur Wissensnutzung (Transfer) kommt also eine eigene Erkenntnis hinzu: Man entdeckt etwas subjektiv Neues.

Wissen und Wissen ist nicht dasselbe

Episodisches Wissen
Erinnerungen an erlebte Geschehnisse und Kontexte: z. B. Erinnerung an Familienszenen, an das Wo und Wann einer Begegnung etc.

Semantisches (begrifflich-verbales) Wissen
Haupttyp: Verständniswissen (sinnhaltiges Wissen). Insbesondere
- Begriffe (Bedeutung von »Demokratie«, »Lernen«, »education« etc.)
- Regeln, Prinzipien (Hebelgesetz, Perfektbildung im Englischen etc.)
- Abstrakte Ideen (Relativitätstheorie, Evolutionstheorie etc.)
- Komplexes Tatsachenwissen (z. B. Blutkreislauf)

Nebentyp: Sinnarmes Wissen. Insbesondere
- Bezeichnungen (Pflanzennamen, Planetennamen etc.)
- Feste Wortketten (»A, B, C, D ...«, »Ludwig van ...« etc.)
- Einfaches Faktenwissen (Flusslängen, sportliche Rekorde etc.)

Prozedurales Wissen – das »Können«
- Motorische Fertigkeiten (Rad fahren, Buchstaben schreiben, zeichnen etc.)
- Sprachliche, kognitive Fertigkeiten (Sätze formulieren, flüssig vorlesen, Addieren etc.)
- Beherrschung von Strategien (z. B. Lesestrategien, Schreibstrategien)

Tafel 12: Unterscheidung verschiedener Arten des Wissens

Der Begriff des Wissens darf nicht als einfaches Faktenwissen missverstanden werden; vielmehr umfasst er auch Gedächtnisinhalte wie etwa abstrakte Theorien, Begriffshierarchien, Problemlösestrategien u. a. m. In dem Gesamtspektrum werden besonders häufig drei *Arten des Wissens* unterschieden (*s. auch Tafel 12*): (1) *Episodisches Wissen* umfasst Erinnerungen an erlebte Situationen und ist insofern autobiografisches Wissen. Solches Wissen wird in der Regel beiläufig und ohne Anstrengung gelernt. (2) *Semantisches Wissen* ist das typische begrifflich-verbale Schulwissen, z. B. Wissen über biologische, historische oder sprachliche Sachverhalte. Es ist nützlich, hier noch zu differenzieren in sinnarmes und sinnhaltiges Wissen (Verständniswissen). (3) *Prozedurales Wissen* ist das Wissen, das einem Tun zugrunde liegt und eigentlich ein »Können« ist (»Wissen, wie …«). Wenn es durch Übung zu einer automatisierten Fertigkeit wird, ist das »Wissen« hierfür allerdings kaum mehr bewusst, insofern also kein Denkinhalt. Dies gilt besonders für motorische Fertigkeiten, zum Teil auch für sprachliche oder kognitive Fertigkeiten.

Mit demselben Inhalt können alle drei Wissensvarianten verbunden sein, beispielsweise mit einer englischen Redensart (»birds of a feather flock together«): Weiß man, was sie bedeutet, ist dies semantisches Wissen. Sie korrekt aussprechen zu können, ist prozedurales Wissen. Die Erinnerung, wo man sie zum ersten Mal gehört hat, ist episodisch.

Begriffe sind gewissermaßen das Herzstück des semantischen Wissens und ein klassisches Thema der Denkpsychologie. (Begriffe sind dabei nicht Wörter, sondern deren Bedeutungsgehalt! »Baum«, »tree« und »arbre« sind verschiedene Wörter für denselben Begriff!) Ohne Begriffe wären Verstehens- und Problemlöseleistungen nicht möglich. Sie ordnen die unendliche Vielfalt von Phänomenen zu Kategorien und machen sie somit überschaubar. Der Begriff des Wetters umfasst unterschiedlichste Zusammensetzungen von Bewölkung, Niederschlag, Temperatur und Windstärke; und vielfältige Varianten bellender Vierbeiner fallen alle unter den Begriff des Hundes. Ohne Begriffe würde man jede konkrete Variante, der man noch nicht begegnet ist, als fremdes Phänomen empfinden und orientierungslos sein.

Als »Ort« des Denkens, an dem einlaufende Informationen und aktiviertes Wissen zusammentreffen, gilt das sog. *Arbeitsgedächtnis*. Hier werden die neu aufgenommenen und die aus dem Langzeitgedächtnis abgerufenen Inhalte für einige Sekunden im Bewusstsein gehalten und in Beziehung gebracht (im Überblick Hasselhorn & Gold 2006). Beispielsweise wird beim Hören eines Vortrages gemäß eigenem Vorwissen und eigener Intention Relevantes und Irrelevantes unterschieden und das Relevante ins Langzeitgedächtnis überführt. Nach einem bekannten Modell von Alan Baddeley (1986) gehören zum Arbeitsgedächtnis zumindest eine »zentrale Exekutive«, die die Inhalte z. B. ordnet oder zusammenfügt, sowie zwei separate Untersysteme für die Verarbeitung sprachlich-klanglicher und visuell-räumlicher Informationen. Es ist nachgewiesen, dass die individuelle Intelligenz eng mit der Kapazität des Arbeitsgedächtnisses zusammenhängt (vgl. Neubauer & Stern 2007).

d) Emotion

Neben Wahrnehmen und Denken sind auch Emotionen (Gefühle) zweifellos Grundprozesse des psychischen Haushalts: Wir fühlen eigentlich immer. Wir fühlen uns gut oder schlecht; wir fühlen Ärger, Stolz, Angst oder Langeweile, wir fühlen selbst dann etwas, wenn wir sagen: »Ich fühle mich ganz leer.« Allerdings werden manche Menschen dabei eher von »Zuständen« als von »Prozessen« sprechen. Beides scheint sinnvoll. Emotionen kann man als Prozess erleben (ein Gefühl »kommt auf«), aber auch als Zustand, der eine gewisse Zeit verharrt (»in guter Stimmung sein«). Beides ist im Folgenden gemeint.

Kennzeichen
Was unterscheidet Emotionen von den anderen Prozessen? Besonders charakteristisch sind wohl die folgenden Merkmale: (1) Emotionen sind ein »leibseelisches« Geschehen bzw. Befinden. Körperlich wie psychisch füllen sie gewissermaßen den ganzen Menschen aus, während man Denken und Wahrnehmen im Kopf lokalisieren würde. (2) Emotionen werden passiv erlebt, als ein Geschehen, das uns »überkommt«. Während man fragen kann: »Was tun wir, wenn wir denken?«, wäre es merkwürdig zu fragen: »Was tun wir, wenn wir fühlen?« Wir »tun« nichts, »es« tut etwas mit uns; Emotionen sind ein »Angemutetwerden«. Allerdings: Die Emotion wird dabei oftmals nicht nur als Befinden, sondern auch als Kraft erlebt, die zu diesem

oder jenem Verhalten drängt, und insofern hängen Emotion und Motivation eng zusammen (dazu mehr im Abschnitt »Motivation«, S. 57). (3) Weiterhin gehört zu Emotionen ein gewisses Maß an Erregung bzw. Aktivierung. In der Umgangssprache wird nach dem Grad der Erregung zuweilen zwischen Emotion und Gefühl unterschieden; das Wort »Emotion« lässt eher an eine starke Erregung denken als »Gefühl« (»in der Sitzung prallten die Emotionen aufeinander«). Doch in der deutschsprachigen Psychologie werden die Bezeichnungen meist synonym verwendet.

Der Aspekt der Erregung liefert übrigens auch ein klassisches Kriterium für die *Klassifizierung* von Emotionen: Zwischen den Polen »ruhig« versus »erregt« nehmen z. B. Langeweile und Ärger unterschiedliche Plätze ein. Zusätzlich wird zur Unterscheidung von Emotionen besonders oft die Dimension »angenehm« versus »unangenehm« herangezogen.

Innerhalb des Gefüges der aktuellen Prozesse sind Emotionen primär dem aufnehmenden Strang zuzurechnen, nicht dem einwirkenden (*vgl. Tafel 8*, S. 43). Sie sind Vorgänge bzw. Zustände, die durch eine vorangehende Situation »ausgelöst« werden, und sind insofern etwas Reaktives. Dies gilt allerdings nicht für »endogene«, etwa durch Biorhythmen oder Krankheiten begründete Zustände.

Theoretische Aspekte

Es gibt zahlreiche, zum Teil sehr unterschiedliche Ansätze zur Erklärung des Phänomens Emotion. Zum großen Teil lassen sie sich einer der folgenden Blickrichtungen zuordnen: auf die Evolution, auf den Körper, auf die kognitiven Bewertungen (vgl. etwa Merten 2003).

Evolutionspsychologische Ansätze betonen den biologischen Ursprung von Emotionen und ihre Funktion für das Leben und Überleben (z. B. Angst kann warnen und schützen). Es wird diskutiert, welche Emotionen in diesem Sinne als »Basisemotionen« zu gelten haben. Von verschiedenen Autoren wurden Listen solcher Basisemotionen vorgelegt (die allerdings recht unterschiedlich ausgefallen sind, wie Kritiker bemängeln; vgl. Ulich & Mayring 2003).

Andere Theorien befassen sich vorrangig mit dem Verhältnis von körperlichen und psychischen Vorgängen beim Auftreten einer Emotion, wobei sich drei Theorievarianten unterscheiden lassen (vgl. Myers 2005): Die eine Theorievariante versteht Gefühle als eine Begleiterscheinung körperlicher Veränderungen. Eine zweite sieht beide als parallele Prozesse. Eine dritte erklärt Gefühle aus dem Zusammenwirken von körperlichen und kognitiven Komponenten: Die körperliche Seite liegt in der Erregung; doch ob die Erregung z. B. als Angst, als Ärger oder als erotische Anziehung empfunden wird, hängt davon ab, wie man sie interpretiert (kognitive Seite), wobei die Art der Interpretation maßgeblich durch die jeweiligen Umstände nahegelegt wird.

Rein kognitivistische Theorien konzentrieren sich auf den Zusammenhang von Emotionen und Denkprozessen. Sie erklären die Art einer Emotion vor allem aus der Interpretation und Bewertung von Ereignissen sowie Selbsteinschätzungen.

Aus dem kognitivistischen Ansatz ist auch eine interessante Systematik von Emotionen hervorgegangen: nämlich nach ihrem Bedeutungsgehalt, nach ihrem »logischen« Platz innerhalb einer inhaltlichen Ordnung (Ortony et al. 1988, Mees 1991). Beispielsweise gehören dann Hoffnung und Furcht zur großen Gruppe der ereignisbezogenen Emotionen, und zwar in der Unterklasse der Erwartungs-Emotionen (*s. Tafel 13*).

Neben den drei genannten Strömungen gibt es noch weitere Ansätze, von denen hier nur die »personzentrierte« Auffassung erwähnt sei (Ulich & Mayring 2003). Sie versteht Gefühle als »unterschiedliche Formen von Berührtsein« (S. 59); genauer: Gefühle zeigen an, dass

Gefühle als Bewertungen: Eine inhaltliche Einteilung

Ereignisbezogene Emotionen:
- Wohlergehens-Emotionen: Freude vs. Leid
- Empathie-Emotionen: Mitfreude, Mitleid, Sorge, Neid, Schadenfreude
- Erwartungs-Emotionen: Hoffnung, Furcht; Befriedigung, Erleichterung, Enttäuschung

Attributions-Emotionen (Bewertung von Tun und Lassen durch Urheber):
- Stolz, Scham (Selbst als Urheber), Billigung, Zorn (andere als Urheber),
- Selbst(un)zufriedenheit, Dankbarkeit, Ärger (= Verbindung mit Wohlergehens-Emotionen)

Beziehungsemotionen:
- Wertschätzungsemotionen: Bewunderung, Verachtung
- Attraktivitätsemotionen: Zuneigung, Liebe, Abneigung, Hass

Tafel 13: Eine Möglichkeit der Klassifikation von Emotionen: die Einordnung nach ihrer »psycho-logischen« Bedeutung (verkürzt nach Mees 1991)

ein Ereignis in ganz individueller Weise eigene Werte berührt. Mit anderen Worten: Ohne Selbst-Bezug, ohne Ich-Beteiligung mag geschehen, was will – man spürt weder Ärger noch Freude.

e) Motivation und Wille

Fragt man nach dem »Warum« eines Verhaltens, z. B. bei einer Straftat oder unbändigem Fleiß, so empfindet man Aussagen zur Motivation als besonders informativ. Schließlich geht es hier schon nach dem lateinischen Ursprung des Wortes um die »Beweg«-Gründe. Man spricht von Motivationen, wenn man beispielsweise ein Verhalten mit Anerkennungsbedürfnis, mit Interesse oder mit Geldgier erklärt. Allerdings erklärt man Verhalten oft auch mit Angst, Abneigung oder Freude – alles Bezeichnungen für Emotionen.

Motivation und Emotion
Wenn auch Emotionen zu einem bestimmten Verhalten »motivieren« können, wo ist dann der Unterschied zwischen Emotion und Motivation? Der Tendenz nach lassen sie sich etwa durch folgende Stichwörter gegenüberstellen:

- *Emotion:*
  Reaktiv – Befindlichkeit – Erleben der aktuellen Lage – Ist-Wert
- *Motivation:*
  Proaktiv – Antrieb – Streben nach Ziel – Soll-Wert

So definiert Rheinberg (2004, S. 13) Motivation als »aktivierende Ausrichtung des momentanen Lebensvollzuges auf einen positiv bewerteten Zielzustand«.

Emotion und Motivation lassen sich zwar unterscheiden, aber nicht voneinander trennen. Denn geht es bei einem »positiv bewerteten Zielzustand« nicht immer auch um einen positiven Gefühlszustand? So machen verschiedene Autoren darauf aufmerksam (z. B. Schneider & Schmalt 2000), dass Menschen danach streben, mit ihren Handlungen angenehme Gefühle zu erzeugen und unangenehme zu vermeiden. Und was passiert, wenn man dies erreicht? Es entstehen wiederum Gefühle: etwa Befriedigung oder Erleichterung. Insofern könnte man Motivation auch als die Spannung zwischen einem momentanen und einem angestrebten Gefühl verstehen. Und im aktuellen Lebensvollzug gehen beide Aspekte Hand in Hand, verändern sich miteinander.

Vielleicht kann man sagen: Derselbe psychische Vorgang hat sowohl eine Befindlichkeitsseite als auch eine Antriebs- bzw. Zielseite; und je nachdem, welche Seite man betonen will, spricht man von Emotion/Gefühl bzw. von Motivation. Nicht wenige Begriffe bedeuten beides: Angst, Ärger, Hunger, Interesse, Heimweh usw. kann man zugleich als Befindlichkeiten und als Antriebe zum Handeln erleben. Auch das deutsche Wort »Lust« enthält beide Bedeutungen: »Lust empfinden« als Gefühl, aber »Lust haben auf … (z. B. Tennis)« als Motivation (engl. interessanterweise »I feel like playing tennis«). Allerdings dominiert im Erleben manchmal das Befinden (z. B. bei Langeweile, Angst, Freude), in anderen Fällen eher das Streben (z. B. bei Neugier oder Leistungsmotivation).

Trotz des Zusammenhangs kann man sein Augenmerk vorrangig auf die emotionale oder auf die motivationale Seite richten, und so gibt es allerlei Bücher über »Emotion« oder über »Motivation«. Nach dem Gesagten ist es aber nicht verwunderlich, dass hier wie dort zuweilen die gleichen Phänomene (z. B. Angst, Ärger, Interesse) behandelt werden. Dennoch verlieren manche Werke kein Wort über die Beziehungen zwischen beiden Begriffen und erschweren dadurch für Lernende die begriffliche Ordnung.

In diesem Zusammenhang noch eine Ergänzung. Da die körperlich-seelische Erregung, die prinzipiell zu jedem motivational-emotionalen Prozess gehört, zuweilen so heftig sein kann, dass zielgerichtetes Handeln beeinträchtigt wird (z. B. bei Angst oder Wut), haben manche Autoren die Emotion geradezu in einen Gegensatz zur Motivation gestellt: Motivation als etwas zielgerichtet Organisierendes, Emotion als etwas »Desorganisierendes« (im Überblick Schönpflug & Schönpflug 1996). Hier bedeutet dann Emotion nicht mehr dasselbe wie Gefühl, sondern lediglich die Erregung, den starken Affekt. Wir möchten auf diese terminologische Möglichkeit nur hinweisen, ohne uns ihr anzuschließen.

Motivation und Motiv

Im Gefüge aktueller Prozesse (s. Schema S. 43) gehört die Motivation zum einwirkenden, handlungsbezogenen Strang. Sie wird zwar durch Situationsfaktoren mit angestoßen, doch ihrem Wesen nach ist die Motivation nicht reaktiv, sondern proaktiv auf die Veränderung einer Situation gerichtet.

Was für eine Motivation im konkreten Fall auftritt, hängt neben der Situation natürlich von den Dispositionen ab, die ein Mensch in die Situation mitbringt. Eine motivationale Disposition, die individuelle Ausprägung eines bestimmten »Strebens«, wird in der Psychologie meist als *Motiv* bezeichnet. Es ist sozusagen die »Ansprechbarkeit« für bestimmte Anreger, genauer: Anreize. Aus dem Zusammenwirken von Motiv und Anreiz ergibt sich die aktuelle Motivation (s. Beispiele in *Tafel 14*). »Der Begriff Motiv wird verwendet im Hinblick auf die Disposition, nach eher allgemeinen Zielzuständen, Arten von Befriedigung oder Effekten zu streben«; »der Begriff Motivation bezieht sich auf die Aktivierung einer Handlungstendenz zur Erzielung eines oder mehrerer Effekte« – so die alte Unterscheidung von Atkinson (zit. nach Keller 1981, S. 24), die so oder so ähnlich häufig getroffen wird. Allerdings wird sie sprachlich nicht immer eingehalten! Oft liest man von Motivation auch im Sinne einer Disposition (»Ein Schüler mit hoher Leistungsmotivation«) oder von Motiv im Sinne eines aktuellen Prozesses.

Eine gewisse Verwandtschaft besteht zwischen den Begriffen »Motiv« und »Einstellung«. Beide kann man als Wertungsdispositionen verstehen. Bei der Einstellung, die vor allem in der Sozialpsychologie eine wichtige Rolle spielt, liegt der Akzent aber nicht auf dem Zielbezug, sondern auf dem Objektbezug (Einstellung »gegenüber« …).

Theoretische Aspekte

Die Theorien beschäftigen sich mit der Frage, wie die aktuellen Motivationen und die dispositionellen Motive entstehen (z. B. Rheinberg 2004, Heckhausen & Heckhausen 2006). Sie unterscheiden sich unter

Motiv (Personale Disposition)	**Motivation** (Aktueller Prozess)	**Anreger** (Situative Bedingung)
Leistungsmotiv	Leistungsmotivation	Aufgabe mit Schwierigkeit
Interesse	»Interessiertsein«	Bestimmte Inhalte, Themen
Hilfemotiv	Hilfemotivation	Notlage anderer
Ängstlichkeit	Angst	Bedrohung

Tafel 14: Beispiele für Motive und zugehörige Anreger. Ihr Zusammenwirken ergibt die aktuelle Motivation.

anderem in grundlegenden Aspekten wie diesen: Ist Motivation primär ein Druck- oder ein Zug-Phänomen (»push« oder »pull«)? Ist sie somit hauptsächlich ein Ausdruck drängender Triebe oder ein Ergebnis von Anreizen und Erwartungen? Damit verbunden: Sind die entscheidenden Kräfte »unbewusst«, wie es tiefenpsychologische Ansätze annehmen, oder sind es eher gedankliche Prozesse wie Wertungen, Erwartungen und Attributionen, wie Kognitivisten annehmen? Inwieweit sind Dispositionen im Organismus angelegt, inwieweit sind sie erlernt und auf welche Weise?

Sicherlich werden heute ganz einseitige Positionen kaum noch vertreten. So scheint es vielen Forschern sinnvoll, körpernahe Mangelbedürfnisse (Hunger, Schlaf u. a.) als Druck-Phänomene, »höhere« Bedürfnisse wie etwa die Leistungs-, die Macht- oder die Hilfe-Motivation als Zug-Phänomene zu verstehen. In der empirischen Psychologie liegt das Schwergewicht auf der Erforschung der höheren Motivationen, wobei meist angenommen wird, dass die personalen Anteile (Motive) im Wesentlichen erlernt sind und die aktuelle Motivation maßgeblich auf kognitiven Prozessen beruht. Eine dominierende Stellung hat dabei die Erwartung-mal-Wert-Theorie. Sie besagt, dass die Stärke der aktuellen Motivation aus dem Produkt von zwei Einschätzungen resultiert: Wie wahrscheinlich kann ich das Ziel erreichen (Erwartung)? Und: Wie attraktiv ist es (Wert bzw. Anreiz)?

Teil der theoretischen Auseinandersetzung sind auch die Versuche, die Vielfalt möglicher Motivationen einzuteilen. Lange Zeit spielten Listen von »grundlegenden« Trieben, Instinkten oder Bedürfnissen eine wichtige Rolle, ohne dass sich eine Liste allgemein durchgesetzt hätte. Eher konsensfähig sind Einteilungen in größere Gruppen, so etwa die von Maslow (1954/2005; hierzu auch S. 190 f.) vorgeschlagene Unterscheidung von körpernahen Mangelbedürfnissen (Hunger, Schlaf, physische Sicherheit u. a.) und höheren Wachstumsbedürfnissen (soziale Anerkennung, Selbsterweiterung u. a.). Heute steht ohnehin die Erforschung einzelner, spezieller Motivationen im Vordergrund (z. B. Leistungsstreben, Machtstreben, Angst, Hilfemotivation, Aggressionsmotivation), und man versucht, diese sozusagen zu »mikroskopieren«.

Motivation versus Verhalten

Von allen inneren Prozessen gilt zwar die Motivation als besonders aussagekräftige Erklärung eines Verhaltens, dennoch kann man einer bestimmten Art des Verhaltens nicht einfach eine bestimmte Art der Motivation zuordnen (*s. Tafel 15*). Denn dieselbe Motivation kann sich in sehr unterschiedlichem Verhalten ausdrücken. Was kann man nicht alles tun, weil man Angst hat oder weil man Anerkennung erlangen möchte?! Umgekehrt können unterschiedlichste Motivationen zu demselben Verhalten führen. So beruht eifriges Bemühen um gute Leistungen nicht immer auf Leistungsmotivation (sondern z. B. auf Angst vor Strafe), und hinter aggressivem Verhalten steckt nicht immer ein Aggressionsbedürfnis (sondern z. B. Bedürfnis nach Beachtung). Zu einem bestimmten Verhalten gehört also nicht automatisch eine Motivation gleichen Namens.

In diesem Zusammenhang stößt man häufig auf die Unterscheidung von »intrinsischer« und »extrinsischer« Motivation. Vom Wort her geht es irgendwie um »innen« und »außen«, doch es ist nicht verbindlich festgelegt, worauf genau sich »innen« bezieht (Rheinberg 2004). Häufig ist mit »intrinsisch« gemeint, dass ein Mensch direkt aus seinem Tun Befriedigung erfährt und nicht erst aus den dadurch erreichten Nutzeffekten. Lernen aus Interesse ist dann intrinsisch motiviert, Lernen für die Verbesserung der Berufschancen hingegen extrinsisch. Manchmal ist aber auch selbstbestimmtes versus fremdbestimmtes Handeln gemeint.

Selbstverständlich können hinter einer Handlung gleichzeitig *mehrere* Motivationen wirksam sein. Sie können alle in dieselbe Richtung gehen (z. B. Lernen aus Interesse und zugleich für beruflichen Erfolg). Sie können einander aber auch widersprechen; in diesem Fall spricht man von einem inneren *Konflikt*. Dabei unterscheidet man im Allgemeinen drei Typen: (1) den Annäherungs-Annäherungs- bzw.

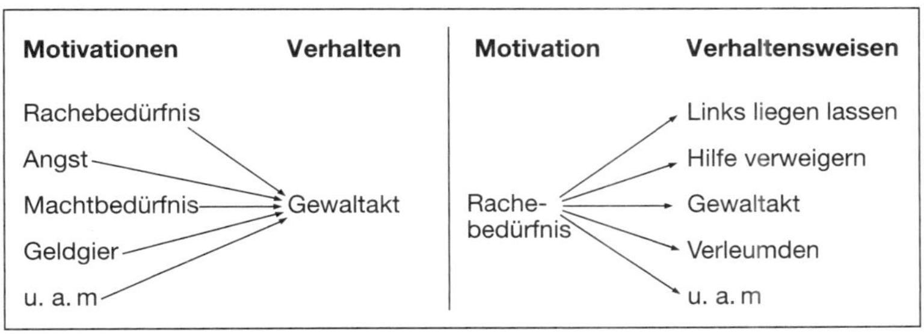

Tafel 15: Ein bestimmtes Verhalten kann unterschiedlich motiviert sein. Dieselbe Motivation kann sich in unterschiedlichen Verhaltensweisen umsetzen.

Appetenz-Appetenz-Konflikt, bei dem zwei Entscheidungen gleich verlockend erscheinen. (Beispiel: die Wahl zwischen zwei Reisezielen); (2) den Vermeidungs-Vermeidungs- bzw. Aversions-Aversions-Konflikt, bei dem es nur die Wahl zwischen zwei Übeln gibt (Beispiel: Hausaufgaben machen oder bestraft werden); (3) den Annäherungs-Vermeidungs- bzw. Appetenz-Aversions-Konflikt, bei dem ein Ziel zugleich anziehend und abstoßend erlebt wird (Beispiel: Wunsch nach menschlicher Nähe und zugleich Angst davor). Darüber hinaus kann ein innerer Konflikt erlebt werden, wenn zwar das Ziel klar ist, nicht aber, welcher von mehreren Wegen der beste zu seiner Erreichung ist.

Die Möglichkeit von Konflikten zeigt erneut, dass eine bestimmte Motivation vorhanden sein kann, ohne sich im Verhalten zu manifestieren, weil nämlich eine gegenläufige Motivation dies verhindert. Die Frage ist dann, welche der Motivationen sich letztlich in Verhalten umsetzt.

Volitions- bzw. Willensprozesse

Um handlungsfähig zu bleiben, wird eine Person in den meisten Fällen irgendwann *entscheiden*, welcher Motivation bzw. Zielrichtung sie den Vorrang gibt. Doch das reicht für die Zielerreichung nicht aus. Sie muss auch dafür sorgen, dass ihr Handeln auf Zielkurs bleibt – zuweilen gegen widrige Umstände, gegen Angst, Ekel oder Unbequemlichkeiten. Diese Phänomene, die jenseits der eigentlichen Motivation liegen, die vielmehr auf deren Realisierung gerichtet sind, fallen unter die Begriffe *Wille*, *Wollen* oder *Volition*. »Eigene regulative Prozesse, die entscheiden, welche Motivationstendenzen bei welchen Gelegenheiten und auf welche Weise realisiert werden sollen, werden Volitionen genannt« (Heckhausen & Heckhausen 2006, S. 7).

Der Wechsel von der Phase der Motivation zur Volition ist offenbar mit einem scharfen Einschnitt im Bewusstsein verbunden. Während vor der Entscheidung das »neutrale« Abwägen dominiert, sind nach der Entscheidung das Denken und Tun ganz »parteiisch« und einseitig auf die Erreichung des angepeilten Zieles ausgerichtet (Heckhausen 1987).

Ein Entschluss wird nicht immer sofort in Handeln umgesetzt, sondern häufig erst einmal »abgespeichert«. Gollwitzer & Malzacher (1996) unterscheiden dabei zwei Arten der Intention, nämlich Absichten und Vorsätze. *Absichten* verstehen sie als Zielintentionen, die den inneren Konflikt beenden, *Vorsätze* dagegen als Realisierungsintentionen, die bereits Vorstellungen vom Wann und Wo und Wie des Handelns, also auch von passenden Situationen enthalten. Inso -fern bereiten Vorsätze die tatsächliche Umsetzung stärker vor als Absichten. Bei unangenehmen Tätigkeiten wird es auch Selbstüberwindung, einen »inneren Ruck« erfordern, sie überhaupt zu beginnen. Um eine Handlung dann auf Kurs zu halten, schirmt sich nach Kuhl (1987) das Individuum gegen alle störenden und behindernden Einflüsse ab, z. B. indem es Ablenkungen unterbindet oder die Aufmerksamkeit von gegenläufigen, Zweifel weckenden Informationen abwendet.

f) Verhalten und Handeln

Verhalten bildet die »Ausgangsseite« des aktuellen psychischen Geschehens. Durch Verhalten wirken Lebewesen auf ihre Umgebung ein, und nur Verhalten oder seine Produkte (z. B. Schriften, Kunstwerke), nicht aber die inneren Prozesse, kann man bei anderen Menschen direkt wahrnehmen. Letztlich sind es irgendwelche Formen von Bewegung, die man gewöhnlich als »Verhalten« bezeichnet, insbesondere Erscheinungen wie

- Sprechen,
- Ausdrucksverhalten (Mimik, Gestik, Körperhaltung und dgl.),
- manuelle Tätigkeiten (Schreiben, Werken usw.),
- Bewegungen im Raum (Gehen, Laufen usw.).

Die rein motorische Seite, also das Verhalten ohne die inneren Prozesse, mag psychologisch wenig interessant erscheinen. Man will ja wissen, was für Gedanken, Gefühle etc. sich »dahinter« abspielen. In manchen Fällen kann jedoch das motorische Geschehen auch für sich schon von Interesse sein. Besonders deutlich wird dies, wenn man sportliche oder manuelle Fertigkeiten (Zeichnen, Klavierspielen usw.) betrachtet. Aber auch im Sozialverhalten eines Menschen, beispielsweise im Sprechen, in der Mimik und Gestik, können motorische Eigenheiten mitspielen, die sozusagen für sich stehen und eigentlich nichts »Tieferes« bedeuten.

In diesem Zusammenhang ist eine häufig anzutreffende Unterscheidung von *Verhalten* und *Handeln* zu erwähnen. Danach ist lediglich solches Verhalten als Handeln zu bezeichnen, das »zielgerichtet, bewusst, geplant, beabsichtigt« ist (v. Cranach et al. 1980, S. 78). Unwillkürliche reflektorische oder automatisierte Bewegungen wären danach zwar auch Verhalten, aber kein Handeln. So gesehen, ist Verhalten der Oberbegriff, Handeln ein bestimmter Typ des Verhaltens. Man könnte grob unterscheiden:

Verhalten
- Handlungen und Teilhandlungen
- Ausführungsroutinen, Automatismen
- Einzelne Bewegungen, reflexartige Reaktionen

Der Begriff der Handlung umfasst also neben dem äußeren Verhalten auch die inneren Prozesse, von denen es gesteuert wird. So liegt denn der Akzent der sog. Handlungstheorien vor allem auf kognitiven Vorgängen wie den Zielvorstellungen, Absichten und Erwartungen, dem planenden Denken und dem Überprüfen des Handlungsergebnisses. Was man als Handeln bezeichnet, hat also eine deutliche Nähe zu Motivations- und Volitionsprozessen. Dietrich Dörner (2005, S. 329f.) mahnt darüber hinaus, man dürfe auch die Gefühle nicht vergessen: »Ich handele anders, wenn ich traurig bin, als wenn ich gut gelaunt bin« … und »mein Handeln ändert meine Gefühle«. In dieser Bedeutung kann »Handeln« als ein integrativer Begriff angesehen werden, der die gesamten aktuellen Prozesse einschließt.

Sucht man Beispiele für Handlungen im beschriebenen Sinne, so ist vor allem an umfassende zielbezogene Verhaltensabläufe zu denken (z. B. einkaufen), die selber aus verschiedenen Teilhandlungen zusammengesetzt sind (z. B. Einkaufszettel schreiben, zum Supermarkt gehen, Waren aussuchen) und diese wiederum aus kleineren Routinen, die man nicht mehr als Handlungen bezeichnet (v. Cranach et al. 1980, Hacker 1998). Es sind die mehr oder minder großen (Teil-)Handlungen, die von Motivationen und Denkprozessen gesteuert werden und die sich flexibel an die Situationsanforderungen anpassen. Je kleiner die Einheiten, desto eher sind sie starre, automatisierte Ausführungsgewohnheiten (z. B. des Gehens, des Blickkontaktes, des Sprechens, der Handschrift usw.).

Da hier die bewusste Steuerung gering ist, hat es nicht an Versuchen gefehlt, aus individuellen Eigenarten bei kleinen Verhaltenseinheiten weitreichende diagnostische Schlüsse über die »Persönlichkeit« (den »Charakter«) eines Menschen zu ziehen. Beispiele dafür sind die Grafologie oder volkstümliche Anleitungen zur »Menschenkenntnis«, nach denen bestimmte Gewohnheiten der Mimik, der Gestik oder des Ganges bestimmte Persönlichkeitszüge verraten.

Solche Diagnosen sind sehr umstritten. Von praktischer Bedeutung ist eher die Erkenntnis, dass die *Änderung* von Verhalten außer auf der Ebene bewusster Zielsetzungen und Handlungsplanungen auch auf der Ebene eingeschliffener Verhaltensgewohnheiten ansetzen kann. So kann beispielsweise zur Verbesserung von Lehrerkompetenzen einerseits das Reflektieren über Lehrziele und das Verfassen von Unterrichtsplänen gehören, anderseits das Einüben von Frageformen, von Blickkontakt, von Gestik etc.

3. Zweiter Grundaspekt: Personfaktoren

Im ersten Grundaspekt haben wir verschiedene Prozesse skizziert, die zum aktuellen psychischen Geschehen gerechnet werden. Die konkreten Erscheinungsformen dieser Prozesse – *wie* bestimmte Menschen sich verhalten, *was* sie denken, *wozu* sie motiviert sind etc. – sind selbstverständlich unendlich vielfältig. Wie früher dargelegt (S. 25, 38 f.), variieren sie je nach Person und Kontext. Im Folgenden wird nun die personale Seite näher beleuchtet.

a) Die Prozesse haben persontypische Färbungen

Wenn wir einen Menschen »kennen«, können wir in gewissem Grade vorhersagen, ob wir ihn eher heiter oder mürrisch antreffen werden, ob er sich bei einer Panne aufregen oder gelassen bleiben wird, ob er viel reden oder still zuhören wird, ob seine Briefe lebendig oder holprig ausfallen werden etc. All dies sind persontypische Färbungen bzw. individuelle Ausprägungen der aktuellen Prozesse. Anders gesagt: Menschen »neigen« zu bestimmten Emotionen, Motivationen, Gedanken und Verhaltensmustern. Um das Persontypische eines Menschen hervorzuheben, sagt man z. B. etwas über sein »Temperament«, seine »Einstellungen«, seine »Fähigkeiten«, seine »Kenntnisse«, seine »Vorlieben«, seine »Gewohnheiten«.

All dies sind Begriffe für personale Faktoren, die ein Mensch in eine Situation mitbringt und die ihn für bestimmte Verhaltensweisen und innere Prozesse »disponieren«. Statt von *Personfaktoren* spricht man daher auch von *Dispositionen*. Geläufig ist weiterhin die Bezeichnung *Personmerkmal*. Im Prinzip haben alle drei Begriffe dieselbe Bedeutung (in diesem Buch jedenfalls). Allerdings klingt Personmerkmal rein beschreibend, während in den Begriffen Disposition und Personfaktor schon mitschwingt, dass sie etwas erklären. Denn eine Disposition ist eine Disposition »*zu* etwas«, und ein Faktor (vom lat. Ursprung ein »Macher«) ist ein Faktor »*für* etwas«. Dieses Etwas sind in unserem Fall die konkreten aktuellen Prozesse, die (neben dem Kontext) eben von der Person abhängen.

Gewöhnlich werden in der Psychologie Begriffe wie Personmerkmal, Personfaktor oder Disposition nur auf relativ umfassende Aspekte bezogen (z. B. Extraversion, Ängstlichkeit) und nicht auf »kleine« Aspekte wie spezifische Vorlieben oder Kenntnisse. Allerdings disponieren selbst spezifische Kenntnisse einen Menschen zu etwas, beispielsweise in einem Quiz die richtige Antwort zu geben oder in einem Notfall Erste Hilfe zu leisten. Insofern braucht man auch diese kleinen Personfaktoren, um in einem konkreten Fall das Verhalten, Fühlen und Denken eines Menschen zu erklären oder vorherzusagen. Da sich kein anderer Oberbegriff eingebürgert hat, der *alles* umfasst, was ein Mensch mitbringt, ist der Titelbegriff »Personfaktor« (bzw. »Disposition«) sowohl in globalem als auch in spezifischem Sinne zu verstehen.

Das »Personale« ist etwas, was einen Menschen von anderen *unterscheidet*. Die Aussage »Otto ist ehrgeizig« wäre ohne Sinn, wenn alle Menschen ehrgeizig wären. Allerdings: Zu dem, was ein Mensch in eine Situation »mitbringt«, gehören, streng genommen, auch *allgemein-menschliche* Dispositionen wie etwa Reflexe oder biologische Bedürfnisse. Solche artspezifischen Ausstattungen bestimmen natürlich ebenfalls die inneren Prozesse und Verhalten in einer konkreten Situation mit und sind daher in *diesem* Sinne zu Personfaktoren zu zählen, wenn auch nicht zur individuellen Persönlichkeit.

Worin unterscheiden sich Menschen? Oder anders gefragt: Wie kann man Personfaktoren inhaltlich einteilen? Die Vielfalt möglicher Unterschiede kann man in Anlehnung an den Persönlichkeitsforscher Raymond B. Cattell (zit. n. Fisseni 2008) nach drei Aspekten ordnen: Temperament (Tempo, Erregbarkeit etc.), Motive (Leistungsstreben, Interessen etc.) und Fähigkeiten.

Durchaus ähnlich, aber etwas erweitert, unterscheidet Jens Asendorpf (2007a) die folgenden Bereiche psychischer Personmerkmale:

- Temperamentsaspekte: Extraversion, emotionale Labilität (Ängstlichkeit u. a.)
- Fähigkeiten: Intelligenz, Kreativität, Soziale Kompetenz
- Handlungseigenschaften: Ausprägung bestimmter Bedürfnisse und Motive (z. B. Interessen), typische Bewältigungsmuster
- Bewertungsdispositionen: Werthaltungen, Einstellungen
- Selbstbezogene Dispositionen: Selbstbild, Selbstwertgefühl

Dass die individuellen Dispositionen das Verhalten eines Menschen mitbestimmen, bedeutet nicht, dass sich einer *bestimmten* Disposition jeweils ein *bestimmtes* Verhalten zuordnen lässt. Die Disposition Ängstlichkeit beispielsweise kann sich in Meidungsverhalten, in Zwangsverhalten, in Unterwürfigkeit u. a. m. äußern. Insofern sind solche Dispositionen etwas Latentes, ein gemeinsamer Grund »hinter« den unterschiedlichen Verhaltensweisen. Im Vergleich dazu sind spezifische Kenntnisse und Gewohnheiten sozusagen »wenig latent«, sondern gehören selber schon fast zum sichtbaren Verhalten. Daher werden sie, wie gesagt, in der Psychologie selten als Dispositionen bezeichnet, wiewohl sie zu bestimmtem Verhalten »disponieren«.

Im Alltag beschreibt man viele persontypische Färbungen gerne mit Eigenschaftswörtern. So wie man sagt, das Haar von X »ist blond«, so sagt man beispielsweise auch, X »ist ängstlich«, »ist ehrgeizig«, »ist intelligent« usw. Stellt man sich die psychischen Eigenschaften auch ähnlich vor wie eine Haarfarbe, dann müssten sie Merkmale sein, die dem Menschen tatsächlich »eigen« sind, die er »hat«. Doch dass dies eine sinnvolle Vorstellung ist, wird in der Psychologie häufig bezweifelt. Denn wenngleich Menschen sich real unterscheiden, lassen sich ihre psychischen Merkmale doch nur schwer »fest«-stellen. Man kann lediglich versuchen, aus dem endlosen Strom des Verhaltens und Erlebens typische Muster zu identifizieren, und die so »entdeckten« Personmerkmale (X ist »gewissenhaft«, ist »kreativ«) sind nach dieser Auffassung nicht etwas, was eine Person »hat«, sondern was man ihr »zuschreibt«. Es sind mithin Konstruktionen im Kopf eines Urteilers (»Konstrukte«), und zwar auch dann, wenn er mit anderen übereinstimmt und wenn er psychologisch sachkundig ist. Der Sachkundige allerdings wird sich des Konstruktcharakters eher bewusst sein als Laien, und für ihn lautet die entscheidende Frage: Wie *nützlich* ist diese oder jene Art der Personbeschreibung? Um diese Frage geht es auch im folgenden Abschnitt.

b) Umfassende und spezifische Dispositionen

Merkmale, die für eine Person charakteristisch sein sollen, dürfen nicht ständig wechseln, sondern müssen ziemlich konstant sein, und zwar in zweierlei Hinsicht: über verschiedene Situationen hinweg sowie über die Zeit hinweg. Mit der zeitlichen Stabilität wird sich Abschnitt c) beschäftigen, hier geht es zunächst um die »transsituative« Konstanz.

Begriffe wie »Eigenschaft«, »Charakterzug« oder »Wesenszug« werden gewöhnlich so verstanden, dass sie Dispositionen sind, die sich in vielfältigen Kontexten äußern. Man würde wohl zögern, einen Menschen als »ehrlich« zu bezeichnen, der nur hier und da ehrlich ist, oder einen anderen als »pünktlich«, der im Beruf eher pünktlich und im Privaten eher unpünktlich ist. Doch dass diese Inkonsistenz das Normale ist, dass individuelles Verhalten also nicht so konstant ist, wie Eigenschaftskonzepte es suggerieren, ist der Kernpunkt eines einflussreichen Buches von Walter Mischel (1968). Er verweist auf Untersuchungen, die zeigen, wie unterschiedlich sich dieselben Menschen in unterschiedlichen Situationen verhalten.

Das Problem, um das es hier geht, lässt sich leicht an Eigenschaftswörtern illustrieren, die auch im Alltag gerne zur Beschreibung von Personen verwendet werden. Unser Beispiel ist »ordentlich«:

Aussage: »Kunigunde ist sehr ordentlich.« Worin zeigt sich das?
- Ihr Zimmer sieht immer sehr aufgeräumt aus.
- In ihren Schränken ist alles nach bestimmten Kategorien geordnet.
- Sie legt Papiere und andere Dinge in Ordner und Schubladen.
- Sie vergisst selten Dinge, die sie mitbringen soll.
- Sie findet schnell wieder, was sie sucht.
- Ihre Hefte und Bücher haben keine Kleckse und keine Eselsohren.

Von einer Eigenschaft »ordentlich« könnte man eindeutig sprechen, wenn alles das und noch mehr bei Kunigunde gleichzeitig zuträfe. Aber wie »ordentlich« ist jemand, dessen Arbeitszimmer chaotisch aussieht, der jedoch alles schnell wiederfindet, was er braucht? Oder jemand mit Ordnung im Zimmer und Unordnung in den Schränken?

In solchen Fällen wäre wohl eher von Vorlieben und Gewohnheiten eines Menschen zu sprechen als von Eigenschaften, also eher von relativ *spezifischen* Dispositionen, die auch Angaben zum Kontext enthalten (bei welchen Anlässen, gegenüber welchen Menschen usw.). Um nicht unzulässig zu verallgemeinern, würde man daher Aussagen machen wie: »Sie findet rasch alle wichtigen Unterlagen« (statt »ist ordentlich«); »wenn X anderer Meinung ist, widerspricht er sogar seinem Chef« (statt »ist selbstbewusst«); »er brüllt häufig seine Frau an, wenn er sich durchsetzen will« (statt »ist aggressiv«). Das Bild wird damit sicher differenzierter und realistischer; aber – das ist der Nachteil – solche Beschreibungen sind aufwendig und sie liefern keine schnellen Orientierungen. Daraus erwächst die Vorliebe für allgemeine »Eigenschaften«.

Nun wäre diese Vorliebe auch sachlich zu rechtfertigen, könnte man nachweisen, dass mehrere spezifische Dispositionen untereinander zusammenhängen. Die Frage ist also, was man zu *einer* Disposition zusammenfassen und von anderen Konstrukten abgrenzen kann.

Ein klassisches Beispiel ist die Intelligenz. Wieweit ist sie als allgemeine Befähigung zu verstehen, wieweit in mehrere Fähigkeiten zu unterteilen und in welche? So differenziert etwa Sternberg (1998) in analytische, kreative und praktische Intelligenz. Ähnliche Fragen stellen sich bei sozialen und emotionalen Dispositionen wie Ängstlichkeit oder Aggressivität. Ist zu erwarten, dass jemand, der in Prüfungssituationen sehr ängstlich ist, ebenso beim Autofahren oder in Bezug auf Krankheiten sehr ängstlich ist? Je nach Enge des Zusammenhangs könnte man von einer Eigenschaft »Ängstlichkeit« sprechen oder hätte verschiedene »Ängstlichkeiten« zu unterscheiden. Im Falle von »Aggressivität« scheint es sinnvoll, zumindest zwei »Aggressivitäten« zu unterscheiden, eine emotional-reaktive, die mit »Empfindlichkeit« und »Ärgerneigung« zu tun hat, und eine instrumentell-proaktive, die auf Gewinn und Macht gerichtet ist (im Überblick Nolting 2005).

Wie die empirische Forschung zeigt, hängen, statistisch gesehen, manche Erscheinungen eng zusammen, manche gar nicht und viele *in gewissem Grade*. Individuell gesehen, kann dies wiederum teilweise von Mensch zu Mensch verschieden sein: Was sich bei A zu einer durchgehenden Neigung zusammenschließt, zerfällt bei B möglicherweise in verschiedene »kleine« Dispositionen: »Vielleicht ist es am sinnvollsten, anzunehmen, dass die meisten Menschen manchmal in ihrem Verhalten konsistent sind, in der übrigen Zeit aber variabel (...). Man kann z. B. von jedermann erwarten, dass er Konsistenz in Bereichen zeigt, die wichtig und bedeutungsvoll für ihn sind. Die Konsistenzbereiche unterscheiden sich also von Individuum zu Individuum. Für manche mag es z. B. wichtig sein, sich immer ehrlich zu verhalten, während andere Wert darauf legen, immer überlegen zu sein« (Pervin 1981, S. 23).

Da es also offenbar nicht möglich ist, herauszufinden, welche Dispositionen »es gibt«, und hierüber eine endgültige Liste anzufertigen, erscheint es sinnvoll, Personmerkmale nicht nur auf einer, sondern auf mehreren Abstraktionsebenen zu bilden: Eine sehr globale Disposition kann dann aus mehreren Subdispositionen bestehen, diese wiederum aus noch spezifischeren usw. So wird in der Psychologie *sowohl mit sehr globalen als auch mit spezifischen Dispositionen* gearbeitet: Mit so breiten Eigenschaften wie »Extraversion«, »Ängstlichkeit« oder »Intelligenz«, mit relativ spezifischen Motiven, Einstellungen und Fähigkeiten wie etwa »Misserfolgsängstlichkeit« oder »räumliches Vorstellungsvermögen« und in manchen diagnostischen Kontexten auch mit ganz konkreten Verhaltensgewohnheiten (»blickt zur Seite, wenn man ihn anspricht«).

Was die globalen Dispositionen anbelangt, so wird in der Psychologie gegenwärtig nichts so häufig erwähnt wie das Big-Five-Konzept (McCrae et al. 2000). »Der Begriff *Big Five* steht in Südafrika für fünf ›große‹ Tiere: Büffel, Elefant, Leopard, Löwe und Nashorn. In der Persönlichkeitspsychologie bezeichnet der Begriff den zurzeit einflussreichsten Eigenschaftsansatz«, so Laux und Renner (2005, S. 231), deren Umschreibung der fünf Dimensionen durch deutsche Adjektive in *Tafel 16* wiedergegeben ist. Diese Adjektive sind zwar ebenfalls ziemlich global, und doch sind sie schon eine gewisse Spezifizierung der großen Faktoren. Asendorpf (2007a, S. 157) weist darauf hin, dass manche Personmerkmale sich gut durch eine Kombination mehrerer Dimensionen kennzeichnen lassen. So sei etwa »Schüchternheit« eine Verbindung aus hoher emotionaler Labilität und geringer Extraversion.

Umfassende Dispositionen: Die Big Five

Faktor	Adjektive
Extraversion	gesprächig, bestimmt, aktiv, abenteuerlustig
Emotionale Labilität	gespannt, ängstlich, nervös, unsicher
Offenheit für Erfahrung	neugierig, fantasievoll, intellektuell, künstlerisch
Verträglichkeit	liebenswürdig, mitfühlend, herzlich, kooperativ
Gewissenhaftigkeit	sorgfältig, organisiert, zuverlässig, überlegt

Tafel 16: Das Eigenschaftskonzept der Big Five (Umschreibung nach Laux & Renner 2005)

Mit welcher Ebene man »arbeitet«, ist jeweils nach der wissenschaftlichen oder praktischen Nützlichkeit zu entscheiden. Von der wissenschaftlichen Nützlichkeit war schon die Rede: Wenn die inneren Zusammenhänge es erlauben, kann man größere Dispositionen bilden, wenn nicht, ist es nützlicher, enger begrenzte Dispositionen anzunehmen. Was die praktische Nützlichkeit anbelangt, so mag es etwa bei Bewerbern für eine leitende Funktion sinnvoll sein, sie »rundum« zu beurteilen und dabei mit globalen Merkmalen wie »Intelligenz«, »Selbstsicherheit«, »Kooperationsbereitschaft« u. a. m. (wie immer sie definiert sein mögen) zu arbeiten. Bei der Erklärung schlechter Deutschnoten eines Schülers hingegen müsste man sich viel spezifischer mit mündlichen und schriftlichen Sprachfertigkeiten, mit Kenntnissen, Lerngewohnheiten, Vorlieben und Abneigungen beschäftigen. Überhaupt muss man meist umso spezifischer werden, je mehr es die Absicht ist, Ansatzpunkte für Veränderungen, also für Training, für pädagogische Maßnahmen usw. zu finden.

c) Personmerkmale als Entwicklungsstand

Nun zur Konstanz im zeitlichen Sinne. Wenn wir einen Menschen nur für ein paar Wochen als »in sich gekehrt« erleben und dann nicht mehr, würden wir ihn wohl nicht als »introvertiert« beschreiben, sondern sein Verhalten eher aus seiner Lebenssituation erklären. Eine deutliche Stabilität ist also nötig, damit man etwas als persontypisch ansieht. Zugleich ist es aber eine unabweisbare Tatsache, dass Menschen sich ständig in Entwicklung befinden und ihre Personmerkmale insofern immer nur ihr jeweiliger Entwicklungsstand sein können.

Wie verträgt sich das eine mit dem anderen? Wie verträgt sich das Phänomen »Person« mit dem Phänomen »Entwicklung«? Eine Teilantwort liegt in der Formel »Konstanz im Wandel«: Gewisse Dispositionen (z. B. allgemeine Intelligenz, Extraversion, Musikalität) bleiben zwar »im Prinzip« erhalten, doch ihre spezifischen Ausdrucksformen verändern sich im Lebenslauf. Dies ist schon aufgrund des jeweiligen Alters zu erwarten. Intellektuelle Fähigkeiten zeigen sich beim kleinen Kind in anderer Weise als beim Schulkind oder beim Erwachsenen. Selbst im Erwachsenenalter sind Verhaltensänderungen nicht unbedingt auf gewandelte Dispositionen zurückzuführen. »Drastische Änderungen der politischen Überzeugungen können Ausdruck ein und derselben Disposition sein, z. B. von Opportunismus oder Konformismus« (Montada 2002, S. 50).

Dass sich ein Wandel des sichtbaren Verhaltens mit Konstanz der latenten Disposition vereinbaren lässt, schließt allerdings nicht aus, dass auch die latenten Dispositionen veränderlich sein können – bei aller Stabilität, die man erwarten würde, weil es sich ja eben um Personmerkmale handelt.

In den Forschungen zu dieser Frage werden *zwei Arten der personalen Stabilität* unterschieden: absolute Stabilität und Positionsstabilität (auch: normative Stabilität). Beispiel Intelligenz: Versteht man darunter den Grad der realen intellektuellen Leistungsfähigkeit und untersucht, welche Aufgaben Menschen in verschiedenen Lebensaltern lösen können, so wächst die Intelligenz (durchschnittlich) bis zum frühen Erwachsenenalter und nimmt dann in einigen Bereichen langsam ab (z. B. Neubauer & Stern 2007). Es gibt also Veränderungen in der absoluten Intelligenz. Nimmt man hingegen den Intelligenzquotienten, so geht es um die Positionsstabilität, denn er definiert sich durch die Leistung eines Menschen innerhalb der Leistungsverteilung seiner Altergruppe. Und in dieser Hinsicht – im interpersonalen Vergleich mit Gleichaltrigen – wird die Position eines Menschen über Jahre hinweg ziemlich stabil bleiben.

Für die Frage, in welcher Weise die *aktuellen Prozesse* persontypisch gefärbt werden, in welcher Weise also Verhalten, Denken usw. von Personfaktoren *bestimmt* werden, ist natürlich nicht die (relative) Position eines Menschen maßgebend, sondern die *absolute* Ausprägung der Faktoren – und die ist mal mehr, mal weniger stabil bzw. veränderlich. Die alterstypische Entwicklung der allgemeinen Intelligenz wurde als Beispiel schon erwähnt. Besonders stark veränderbar sind bekanntlich spezifische Kenntnisse und Fertigkeiten. Demgegenüber sind so globale Eigenschaften wie die Big Five im Ganzen weit konstanter, allerdings nicht alle fünf in gleichem Maße. Neuere Untersuchungen an Erwachsenen vom 21. bis zum 60. Lebensjahr legen nahe (Srivastava et al. 2003, zit. n. Laux & Renner 2005, S. 232), dass in dieser Alterspanne von 40 Jahren Gewissenhaftigkeit und Verträglichkeit kontinuierlich zunehmen, dass Offenheit leicht abnimmt, dass Extraversion weitgehend konstant bleibt und dass emotionale Labilität bei Frauen abnimmt und bei Männern konstant bleibt.

Dies alles unterstreicht: Wenn wir personale Dispositionen als (partielle) Erklärung für die aktuellen Prozesse heranziehen, geht es immer um die *derzeitigen* Dispositionen, denn Personen entwickeln sich weiter. Insofern gehören die Ausführungen zur Konstanz von Personmerkmalen gleichzeitig zum Grundaspekt »Personfaktoren« und zum Grundaspekt »Entwicklung«. Im folgenden Kapitelabschnitt geht es vorrangig um die Frage, wie die individuelle Entwicklung zustande kommt.

4. Dritter Grundaspekt: Entwicklung

Der Blick richtet sich nunmehr auf die vertikale Achse des Grundmodells von S. 36, also auf Veränderungen der Personmerkmale im Laufe des Lebens. Solche Veränderungen bezeichnet man gewöhnlich als Entwicklung, doch es ist nicht einheitlich festgelegt, wie weit der Entwicklungsbegriff zu fassen ist.

Im engeren Sinne beschränkt er sich auf Veränderungen, die üblicherweise mit dem *Lebensalter* eintreten; sie sind der vorrangige Gegenstand der Entwicklungspsychologie. Daneben kommt es im Lebenslauf aber auch zu nicht oder nicht primär altersbezogenen Veränderungen eines Menschen, beispielsweise aufgrund von Schicksalsschlägen, Berufserfahrungen oder einer Psychotherapie. Um sie geht es unter anderem in der Klinischen und Pädagogischen Psychologie. Wenn ein Mensch durch beruflichen Erfolg mehr Selbstvertrauen gewinnt, durch eine Ausbildung neue Kompetenzen erwirbt oder aufgrund eines Unfalls vorsichtiger Auto fährt, so sind dies ganz *personspezifische* Dispositionsveränderungen, die mitunter schon in relativ kurzen Zeiträumen eintreten. Insofern entwickeln sich Menschen also ständig ein wenig weiter und nicht nur altersbezogen. In diesem umfassenden Sinne, also für alle Veränderungen personaler Dispositionen, wird im Folgenden das Phänomen Entwicklung verstanden.

Bei der Frage, wie solche Veränderungen zustande kommen, geht es sowohl um Vorgänge als auch um »Instanzen«, von denen diese Vorgänge gesteuert werden.

a) Reifen und Lernen

Zwei grundlegende Vorgänge treiben die Entwicklung voran: Reifen und Lernen. Beide werden hier zunächst im Überblick erläutert, zu Lernen folgt danach ein ausführlicher Exkurs.

Reifen

Der Begriff »Reifen« (oder »Reifung«) ist nicht in einem wertendem Sinne (»Sie ist viel reifer und vernünftiger geworden«) zu verstehen, sondern in einem biologischen: Eine Funktion entwickelt sich aufgrund eines genetischen Programms. Dabei sind vorrangig universelle, *alterstypische* Veränderungsprozesse gemeint. »Säuglinge werden bereits mit einem umfangreichen Verhaltensrepertoire geboren, dessen Erwerb nicht auf Lernen zurückgeführt werden kann. Alle gesunden Kinder können um den 12./13. Lebensmonat laufen, und sie bilden Zwei-Wort-Sätze um den 18. Lebensmonat. Wir kennen bis heute noch keinen Weg, den Erwerb dieser Kompetenzen deutlich vorzuverlegen, und jede für die Spezies Homo sapiens normale, also nicht deprivierte, Umwelt reicht für ihre Entwicklung aus« (Montada 2002, S. 34). Solche sichtbaren Verhaltensänderungen beruhen selbstverständlich auf organischen Veränderungen.

Nun entwickelt sich ein Mensch, wie eben gesagt, nicht nur rein alterstypisch, sondern auch *person*spezifisch, und diese Herausbildung individueller Merkmale wäre, soweit sie genetisch gesteuert ist, als *individuelle* Reifung anzusehen. Deutlich zeigt sie sich beispielsweise in einer ungewöhnlich frühen Musikalität oder im Ausbrechen einer Erbkrankheit in einem für diese Krankheit typischen Lebensalter. Für diesen individuellen Anteil wird der Ausdruck »Reifen« allerdings selten gebraucht und stattdessen auf die »Erbanlagen« (die Steuerungsinstanz) verwiesen. Dennoch: Beide Begriffe gehören zusammen. Insofern könnte man formulieren: Reifen ist die Veränderung personaler Dispositionen aufgrund eines alterstypischen und individuellen genetischen Programms.

Es ist unumstritten, dass die Ausbildung individueller Körpermerkmale ganz oder weitgehend genetisch bedingt ist (z. B. Augenfarbe, Haarfarbe, Körpergröße). Bei der psychischen Entwicklung ist häufig schwer zu entscheiden, welche Phänomene in welchem Maße auf Reifung bzw. Lernen beruhen. Dabei darf man sich übrigens nicht von Annahmen irreleiten lassen, die zuweilen in Alltagsbegriffen wie selbstverständlich enthalten sind. So sind das Laufen-»Lernen« und andere psychomotorische Entwicklungen der ersten Lebensjahre primär Reifungsergebnisse, während die sog. Schul-»Reife« auch deutlich lernabhängig ist und eher »Schulfähigkeit« und »Schulbereitschaft« heißen sollte (vgl. etwa Tent 2006).

Prinzipiell wirken Reifung und Lernen zusammen, und selbst dann, wenn das Lernen so überragend wichtig ist wie etwa bei Sprachfertigkeiten oder Sachkenntnissen, kann es doch nur auf einem bestimmten Reifungsniveau wirksam werden. Die organismischen Voraussetzungen zum Lernen – sowohl die altersgemäße Ausreifung von Nervenbahnen, Sinnesorganen usw. als auch die individuellen Lernfähigkeiten – müssen also in jedem Fall genetisch bereitgestellt werden.

Lernen
In der Psychologie meint der Begriff des Lernens nicht allein die Aneignung von Kenntnissen und Fertigkeiten, sondern hat eine wesentlich breitere Bedeutung. Häufig wird Lernen als die relativ überdauernde Veränderung des Verhaltens aufgrund von Erfahrungen umschrieben. Da sich das Gelernte nicht immer im Verhalten zeigen muss, ist aber Veränderung des »Verhaltens*potenzials*« treffender (vgl. Hasselhorn & Gold 2006, Zimbardo & Gerrig 2008). Indirekt ist damit auch die Veränderung des »Erlebenspotenzials« (des Denkens, Strebens etc.) mit eingeschlossen. Was die *Erfahrung* als Quelle der Veränderung anbelangt, so ist dies ein relativ undeutlicher Begriff, weshalb in manchen Definitionen explizit hinzugefügt wird, was *nicht* Lernen ist: nämlich eine Veränderung durch Reifung, Verletzung, Ermüdung usw. Da die Kennzeichnungen »relativ überdauernd« und »Potenzial« gut dem Begriff der »Disposition« entsprechen, könnte man auch definieren: Lernen ist die erfahrungsbedingte Veränderung personaler Dispositionen.

Lernen steht damit nicht in linearer Reihe neben den besprochenen aktuellen Prozessen, sondern sozusagen quer dazu – als Prozess, der die aktuellen Prozesse verändert. Durch Lernen ist man anders »disponiert«, wahrzunehmen, zu denken, zu fühlen, zu streben und sich zu verhalten. Die Veränderungen müssen situationsüberdauernd, eben Ausdruck von Dispositionsveränderungen sein, damit man von Lernen sprechen kann. Der Lernbegriff enthält also eine Zeitperspektive: Ein Vorgang wirkt in die Zukunft hinein. Es ist noch kein Lernen, wenn ein Mensch beispielsweise in einem Augenblick einen bestimmten Gedanken hat. Wenn hingegen dieser Gedanke im Gedächtnis bleibt und dazu »disponiert«, eine Aufgabe künftig anders zu bewältigen, dann hat Lernen stattgefunden.

Das Lernen führt also dazu, dass bestimmte Prozesse künftig anders ablaufen. Umgekehrt ist das Lernen gewissermaßen die »Nachwirkung« der aktuellen Prozesse, die sich in bestimmten Situationen

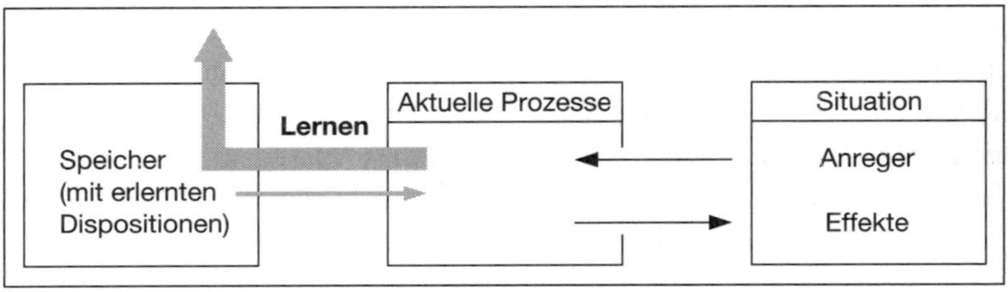

Tafel 17: Aktuelle Prozesse hinterlassen »Spuren« = Lernen. Umgekehrt wirkt früheres Lernen in die aktuellen Prozesse hinein.

abspielen. Zwar bleiben viele Wahrnehmungen, Gedanken, Verhaltensweisen usw. ein rein momentanes, ein »flüchtiges« Geschehen. Zuweilen hinterlassen sie jedoch »Spuren« und werden als »Erfahrung« gespeichert – in diesem Fall haben sie zugleich einen Lernaspekt (*s. Tafel 17*).

Lernen ist nur möglich, wenn der Organismus die Fähigkeit zum »Speichern« besitzt. Hier drängt sich sofort der Begriff des *Gedächtnisses* auf. Die Begriffe Lernen und Gedächtnis gehören unmittelbar zusammen. Allerdings hat man bei »Lernen« eher das Aufnehmen im Auge, bei »Gedächtnis« eher das Behalten und Reproduzieren (wobei das Reproduzieren bzw. Erinnern zugleich den aktuellen Denkprozessen zuzurechnen sind). Außerdem lässt »Gedächtnis« primär an das Speichern von bewusstem, mitteilbarem Wissen denken. Da aber auch Vorlieben, motorische Fertigkeiten usw. gelernt werden können, muss es hierfür ebenfalls ein »Gedächtnis« geben; man spricht hier häufig von »implizitem Gedächtnis«. In jedem Fall ist, allgemein gesprochen, die *Speicherfähigkeit* des Organismus die Grundbedingung des Lernens.

Lernvorgänge verändern zum einen *Inhalte* und *Formen* des Verhaltens und Erlebens, also etwa Wahrnehmungsgewohnheiten, Sachkenntnisse, Denkstrategien, Motive, motorische Fertigkeiten usw. Gelernt werden zum andern aber auch sozusagen das Wo und Wann ihres »Einsatzes«, also bestimmte *Kontextbezüge*. Beispielsweise werden nicht nur sprachliche Wendungen gelernt, sondern auch, bei welchen Anlässen, gegenüber welchen Personen usw. sie zu gebrauchen sind (man denke etwa an Formen der Begrüßung). Selbst wenn manche Erscheinungen, z. B. mimischer Ausdruck oder das Schreien kleiner Kinder, gänzlich oder weitgehend durch Reifung möglich werden, kann es doch überwiegend vom Lernen abhängen, mit welcher Häufigkeit und bei welchen Gelegenheiten sie auftreten. Auch dies wird zum Bestandteil der »Dispositionen«.

b) Exkurs zu Formen des Lernens

Dass Lernen stattfindet, kann man nicht direkt beobachten, sondern nur aus geändertem Verhalten und Erleben erschließen. Die Annahmen über die Vorgänge, die den Veränderungen zugrunde liegen, sind Gegenstand zahlreicher Theorien und Untersuchungen. Eine einheitliche Erklärung für alle Lernphänomene – »die« Theorie »des« Lernens – wird heute kaum noch vertreten. Vielmehr geht man von unterschiedlichen Arten des Lernens aus. Die Einteilungen variieren allerdings und ebenso die Namen, unter denen eine Lernart geführt wird (beides ein mögliches Ärgernis für Studierende!). Die Typen unterscheiden sich darin, unter welchen Bedingungen der Lernvorgang zustande kommt, und darin, für welche Art von Disposition (z. B. Sachwissen, soziale Fertigkeiten usw.) sie besonders bedeutsam sind.

Lernform	**vorrangig relevant für ...**
Primär verhaltensbezogen:	
▪ Klassische Konditionierung (Signallernen)	unwillkürliche Reaktionen, besonders affektiver und vegetativer Art
▪ Lernen am Effekt (operantes, instrumentelles Lernen)	Verhaltensgewohnheiten und -fertigkeiten sozialer, motorischer, sprachlicher u. a. Art
▪ Lernen am Modell (Lernen durch Beobachtung)	Erwerb neuer Verhaltensmuster sozialer, motorischer, sprachlicher u. a. Art
Primär wissensbezogen:	
▪ Wissenserwerb I: mechanisch (kognitiv-assoziatives Lernen)	sinnarme gedankliche oder sprachliche Assoziationen, »auswendig lernen«
▪ Wissenserwerb II: verstehend (kognitiv-sinnhaltiges Lernen)	komplexes, vernetztes Wissen zu verschiedenen Bereichen (fachlich, sozial usw.)
▪ Wissenserwerb III: entdeckend (Problemlösen)	ebenso

Tafel 18: Wichtige Lernformen im Überblick

Unsere Einteilung in sechs Typen (*s. Tafel 18*) gibt Lernphänomene wieder, die in Lehrbüchern besonders häufig erwähnt werden, wenngleich die Autoren mal hier, mal dort gröber oder feiner unterteilen. Dabei ist die Übereinstimmung noch recht gut bei der Unterscheidung von zwei großen Gruppen: auf der einen Seite Lernformen, die sich primär auf eine Verhaltensänderung beziehen, auf der anderen Seite kognitives Lernen, d. h. Lernen als Wissenserwerb bzw. als aktive Informationsverarbeitung (z. B. Gage & Berliner 1996, Steiner 2006).

Recht übereinstimmend werden unter den primär verhaltensbezogenen Formen meist die klassische Konditionierung, das Lernen am Effekt und das Lernen am Modell behandelt, wobei »verhaltensbezogen« relativ weit zu fassen ist und emotional-motivationale Aspekte mit einschließt. Der Bereich des kognitiven, wissensbezogenen Lernens wird weniger einheitlich differenziert. Er wird sogar in manchen Lehrbüchern nicht einmal unter »Lernen«, sondern unter »Gedächtnis« geführt. Wir behandeln hierzu drei Varianten, die häufig zur Sprache kommen und für den Bildungsbereich große Bedeutung haben. Wir werden dabei auch deutlich machen, dass die beiden Hauptgruppen zwar unterschiedliche Geltungs*schwerpunkte* haben, dass es aber durchaus *Überlappungen* gibt. Vor allem ist Lernen als Wissenserwerb auch für soziales Verhalten und sogar für motorische Leistungen von Bedeutung (interessante Beispiele bei Steiner 2007).

Primär verhaltensbezogene Lernformen

- Die sog. *klassische Konditionierung* (auch: Signallernen, respondente/reaktive Konditionierung, bedingter Reflex) gilt als die einfachste Lernart; man findet sie schon bei sehr niedrigen Organismen. Entdeckt wurde sie von dem russischen Physiologen Pawlow. In seinem berühmtesten Experiment bekam ein Hund sein Futter mehrmals gleichzeitig mit einem Glockenton und bald darauf reagierte er allein schon auf den Ton mit Speichelfluss. Die Bedeutung dieses Lernprinzips – durch zeitliche Kopplung wird die Auslösefunktion eines Reizes von einem anderen Reiz übernommen – reicht weit über Speichelreaktionen bei Hunden hinaus: Es gilt für zahlreiche unwillkürliche Reaktionen, insbesondere emotionale und vegetative. Sie können an einen bislang neutralen Reiz gebunden werden, weil dieser mit einem natürlichen Auslöser gekoppelt war.

Ein anschauliches und ebenfalls oft zitiertes Beispiel für das Lernen von Affektauslösern ist die Geschichte vom kleinen Albert, einem 10 Monate alten Jungen, dem Watson & Rayner (1920) Angst vor einer niedlichen weißen Ratte »ankonditionierten«, mit der das Kind zuvor zu spielen pflegte. Das Prinzip: Das Auftauchen der Ratte wurde mehrfach mit einem erschreckenden Geräusch gekoppelt und wurde so schließlich selbst zum Angstauslöser.

Angstreaktionen sind sicher ein auffälliges und praktisch sehr bedeutsames Beispiel; man denke etwa an unfallbedingte Ängste oder an Angst vor Personen, von denen man bestraft wurde. Nach dem Prinzip der klassischen Konditionierung können sich aber auch positive Gefühlsreaktionen an bestimmte Reize binden, etwa an Gegenstände oder Orte, die mit angenehmen Erfahrungen verbunden waren (hiervon macht die Werbung reichlich Gebrauch).

Da durch klassische Konditionierung Reaktionen auf bestimmte Reize gelernt werden, hat sie sozusagen ihren Schwerpunkt auf dem »aufnehmenden Strang«, insbesondere auf direkten Verbindungen zwischen Anregern und Emotionen (*vgl. Tafel 8*, S. 43). Anders ist dies bei der nächsten Lernart.

- *Lernen am Effekt* (Lernen am Erfolg und Misserfolg, auch operante oder instrumentelle Konditionierung, Lernen durch Bekräftigung/Verstärkung): Bei dieser Lernart, die vor allem mit den Namen Thorndike und Skinner verbunden ist, liegt die entscheidende Bedingung in den Konsequenzen (Effekten), die durch ein Verhalten entstehen. Insofern hat diese Lernart ihren Schwerpunkt auf dem »einwirkenden Strang«. Aufgrund der – befriedigenden oder unbefriedigenden – Konsequenzen einer Aktivität treten bestimmte Verhaltensweisen künftig häufiger bzw. seltener auf (zumindest in bestimmten Situationen). Relevante Beispiele erstrecken sich vom Gehorsam gegenüber den Eltern über das Bedienen eines Gerätes bis zur Vorliebe für ein Schulfach.

Die Effekte, aus denen gelernt wird, lassen sich formal in fünf Typen unterscheiden (*s. auch Tafel 19*): (1) Ein positives Ereignis tritt ein: Dies ist die »positive Bekräftigung« oder »Belohnung«. Beispiele: Erfolge beim Üben, Zuwendung durch andere Menschen. (2) Ein negativer Zustand hört auf oder wird vermieden: Dieser Effekt heißt in der Lernpsychologie »negative Bekräftigung«, wird aber ebenfalls positiv erlebt, nämlich als »Erleichterung«. Beispiele: Abwehr einer

Lernen am Effekt (operante Konditionierung)

Fünf Arten von Effekten: formal	*Vier Arten von Bekräftigern/Strafen: inhaltlich*
Positives kommt = positive Bekräftigung	sozial: z. B. Zuwendung bzw. böse Blicke
Negatives geht = negative Bekräftigung	materiell: z. B. Geld bzw. Geldbuße
Negatives kommt = aversive Bestrafung	informativ: z. B. »richtig« bzw. »falsch«
Positives geht = Bestrafung durch Entzug	aktional: z. B. Spiele bzw. Strafarbeit
Nulleffekt = Nichtbekräftigung; Löschung	

Tafel 19: Systematik der Effekte, aus denen Verhaltenstendenzen gelernt werden können

Belästigung, Angstreduktion durch Ausweichen. (3) Ein negatives Ereignis tritt ein: Dies ist die Bestrafung Typ I, die aversive Bestrafung. Beispiele: Selbstverletzung beim Hantieren, Tadel oder böse Blicke von anderen. (4) Etwas Positives wird entzogen: Dies ist die Bestrafung Typ II, nämlich durch Verlust. Beispiele: Geldverlust, Entzug des Führerscheins. (5) Das Verhalten bleibt ohne Konsequenzen: Man spricht hier von »Nichtbekräftigung« oder »Löschung«. Beispiel: Erfolgsloses Probieren, »ins Leere laufendes« Imponiergehabe.

Die Übergänge sind zuweilen fließend. Auch kann ein Verhalten mehrere Effekte gleichzeitig mit sich bringen. Für die Lernwirkung gilt: Durch positive und negative Bekräftigung wird das Auftreten des Verhaltens wahrscheinlicher, durch Bestrafungen und Nichtbekräftigung wird es seltener.

Inhaltlich lassen sich die bekräftigenden bzw. die bestrafenden Effekte in vier Typen teilen (vgl. Edelmann 2000): (1) soziale, also die Reaktionen der Mitmenschen, (2) materielle wie Geld und Güter, (3) aktionale im Sinne angenehmer oder unangenehmer Tätigkeiten und (4) informative, also Rückmeldungen im Sinne von »richtig« oder »falsch« (durch Lehrer, durch Computer o. a.).

Wie die genannten Beispiele zeigen, kann der Effekt in der Hand *anderer* Menschen liegen (z. B. Belohnungen und Bestrafungen in der Erziehung) oder auch in der *eigenen* Hand: Man führt Erfolge und Misserfolge herbei (z. B. bei sportlichen oder musikalischen Übungen) oder man erzeugt innere Effekte (Nervenkitzel, Angstreduktion usw.). Welche Effekte in welcher Weise wirken, hängt natürlich von der Motivation des betreffenden Menschen ab. Was für den einen eine positive Bekräftigung ist, kann für den anderen irrelevant sein oder gar als Strafe empfunden werden.

Gelernt wird durch diese Lernform, streng genommen, nicht neuartiges Verhalten, sondern die Verfestigung von Verhaltensgewohnheiten, also die *Tendenz*, ein Verhalten auszuführen. Damit es Effekte hervorrufen kann, muss es aber überhaupt erst einmal auftreten. Dass dies *möglich* ist, kann in der natürlichen Ausstattung des Individuums liegen, es kann auf der Nachahmung eines Vorbildes beruhen (Lernen am Modell, s. u.) oder auch auf eigenen Ideen (Problemlösen, s. u.). Die Erfolge können durch blindes Ausprobieren dieser und jener Verhaltensmöglichkeiten zustande kommen (»Versuch und Irrtum«) oder durch planmäßigen Einsatz von Erfolg versprechenden Verhaltensweisen.

Das Lernen am Effekt hat einen außerordentlich breiten Geltungsbereich. Es ist bedeutsam für die Entwicklung von sozialen, sprachlichen, kognitiven und motorischen Gewohnheiten und Fertigkeiten sowie entsprechenden Vorlieben oder Vermeidungstendenzen. Mitgelernt werden Kontextbezüge (sog. Hinweisreize), bei denen der Einsatz des gelernten Verhaltens sozusagen »passt«.

• Das *Lernen am Modell* (Lernen durch Beobachtung) hat einen ähnlich breiten Geltungsbereich wie das Lernen am Erfolg. Was kann nicht alles erlernt werden, indem man es anderen Menschen abschaut: Redeweisen, Essmanieren, Tanzschritte, das Bedienen einer Maschine, Erziehungspraktiken, Umgang mit Andersdenkenden, Abneigung gegen bestimmte Speisen usw. usw. Das Lernen am Modell ist dabei oft außerordentlich ökonomisch: Mit einem Schlage können relativ komplexe Verhaltensmuster erworben werden, auch wenn sie anfangs vielleicht noch nicht perfekt gelingen.

Während das Lernen am Effekt bereits aufgetretene Verhaltensweisen stabilisiert, fördert und verfeinert, kann man beim Lernen am Modell wirklich im strengen Sinne vom *Erwerb* neuer Verhaltensweisen sprechen. Das eigene Verhaltensrepertoire wird erweitert (vgl. Bandura 1976).

Dass durch Modelle neues Verhalten gelernt wird, heißt aber nicht unbedingt, dass es tatsächlich imitiert wird. Viele Menschen kennen z. B. Tötungsmethoden aus dem Fernsehkrimi und machen davon glücklicherweise doch niemals Gebrauch. Das eigentliche Lernen betrifft also nur die Speicherung im Gedächtnis, nicht die sichtbare Ausführung. Diese hängt, wie jedes Verhalten, von vielen personalen und situativen Faktoren ab. Einer davon ist wiederum ein Verhaltensmodell: Man tut das, was andere auch tun (z. B. sich an einer Warteschlange anstellen). Hier ist das Modell aber nur situativer Anreger für ein Verhalten, das man bereits kennt, und insofern handelt es sich dann nicht mehr um »Lernen«.

Primär wissensbezogene Lernformen

Anders als die verhaltensbezogenen werden die wissensbezogenen bzw. kognitiven Lernformen in den Lehrbüchern zum Teil recht unterschiedlich benannt und strukturiert. Differenzierungen sind aber auf jeden Fall erforderlich, denn Wissen und Wissen ist nicht dasselbe und die Lernvorgänge sind auch nicht einheitlich.

Wie im Abschnitt über »Denken« erläutert (s. S. 52), werden häufig episodisches, semantisches und prozedurales Wissen unterschieden. *Episodisches Wissen* besteht aus Erinnerungen an erlebte Situationen (z. B. Begegnungen, Unterrichtsszenen) und wird beiläufig ohne aktives Lernen erworben. *Semantisches Wissen* ist das typische Schul- und Lehrbuchwissen und wird durch aktive Informationsverarbeitung erworben. Es ist aber kein homogener Typ, sondern umfasst sowohl sinnarmes Daten- und Namenwissen als auch mehr oder minder abstraktes Verständniswissen. Das *prozedurale Wissen* bezieht sich auf ein Tun (z. B. Sprechen, Zeichnen, Autofahren) und wird durch Übung zu automatisierten Fertigkeiten.

Lernen von semantischem Wissen: Wir möchten hier drei (sich teilweise überschneidende) Formen des Lernens hervorheben: den mechanischen, den verstehenden und den entdeckenden Wissenserwerb (*s. auch Tafel 18*, S. 77). Sie spielen beim Lernen durch Unterricht, Lehrbücher etc. eine wichtige Rolle und kommen in der Literatur häufig zur Sprache, wenn auch unter variierenden Bezeichnungen.

• *Wissenserwerb I: mechanisch.* Hier geht es um das Lernen von sinnarmem, rein assoziativem Wissen wie etwa das Erlernen von Namen für bestimmte Objekte, von festen Sprachmustern (I have, aber: she has) oder von einfachem, isoliertem Faktenwissen. Da die kognitiven und sprachlichen Verbindungen nicht »logisch« abzuleiten, sondern eher zufälliger Natur sind, werden sie *mechanisch* eingeprägt.

Solch ein Wissenserwerb ist unter verschiedenen Bezeichnungen zu finden, z. B. »mechanisch-rezeptives« Lernen (Ausubel et al. 1980) oder »Verknüpfungslernen« (Gage & Berliner 1996). Sofern man sich die Verbindungen gezielt einprägt, spricht man von »auswendig lernen« (z. B. wiederholtes Aufsagen). Während ein Teil des Schulwissens sich nur in dieser Weise aneignen lässt, kommt es zuweilen vor, dass jemand auch dort mechanisch auswendig lernt, wo er mit Verständnis lernen könnte und sollte. Eben dies, und nicht der Erwerb mechanischer Assoziationen, ist in erster Linie mit »kognitivem« Lernen gemeint und steht auch hier im Vordergrund:

- *Wissenserwerb II: verstehend.* Der größte Teil des schulischen und akademischen Wissens ist eher sinnhaltig als mechanisch, besteht eher aus verstandenen als aus zufälligen Verbindungen. Das Spektrum reicht von Begriffen über komplexes Tatsachenwissen bis zu abstrakten Prinzipien und theoretischen Modellen. Verständniswissen besteht nicht aus eingeprägten Wörtern, optischen Zeichen u. dgl., sondern aus deren *Bedeutungen*, aus abstrahierten Sinngehalten. Bedeutungen sind Ausschnitte aus einem Gewebe von Zusammenhängen (zu »Buch« gehört z. B. Papier, Schrift, Verfasser etc., zu »Verfasser« wiederum gehört …, usw.), und Verständniswissen kann man daher bildhaft etwa als Wissensnetz und Wissensgebäude beschreiben.

Begriffe (nicht Wörter!) sind sozusagen der Grundstoff sinnhaltigen Wissens (s. auch S. 53). Sie sind Bedeutungseinheiten, die die Vielfalt von Erscheinungen ordnen und zusammenfassen. Kein Begriff steht für sich allein, sondern ist Teil eines endlosen Begriffsnetzes. Mehrere Begriffe lassen sich zu einer sinnvollen Aussage verbinden (»Autoren verkaufen Manuskripte an Verlage«).

Wie sieht der Lernprozess aus, der zu solchem Wissen führt? Die neueren Theorien besagen: Es handelt sich (anders als bei sinnarmem Wissen) nicht um ein bloßes Aufnehmen, Abbilden oder Einprägen, sondern um ein aktives Konstruieren (vgl. etwa Hasselhorn & Gold 2006). Man »versteht« etwas in dem Moment, in dem man die neuen Informationen in sein Vorwissen einordnen kann. Das neue Verständniswissen *entwickelt* man auf der Basis seines Vorwissens, der Wissenserwerb ist insofern eine Änderung des bisherigen Wissens.

Zentrale Konstruktionsprozesse sind dabei die Elaboration und die Organisation (z. B. Gold 2007, Steiner 2007). *Elaboration* meint die Verknüpfung der neuen Information mit dem eigenen Vorwissen und die dabei vollzogene subjektive Anreicherung (Vergleiche mit verwandten Begriffen, eigene Beispielen, bildhafte Vorstellungen usw.). *Organisationsprozesse* sorgen für innere Ordnung und eine Reduktion der Informationsfülle: z. B. durch die Abstraktion von Grundgedanken, durch die Bildung von Kategorien, von hierarchischen Gliederungen usw. Lernen in diesem Sinne ist ein höchst individueller Prozess, und zwei Personen, die denselben Vortrag gehört oder denselben Text gelesen haben, werden daraus nicht selten recht unterschiedliche Wissensnetze herstellen.

Das Lernen von Begriffen, Prinzipien und ähnlichen kognitiven Strukturen beschränkt sich übrigens nicht auf »Sach«-Wissen, wie es in der Schule und an der Universität gelehrt wird. Gelernt wird auch soziales Verständniswissen. Es reicht von sozialen Begriffen (»fair«, »Freund«, »Verrat«) bis hin zu Überzeugungen und Wertordnungen, an denen sich eigene Stellungnahmen und Handlungen orientieren. Sinnhaltiges Lernen ist daher auch nicht nur für intellektuelle Leistungen von Bedeutung, sondern ebenso für zwischenmenschliches, politisches und anderes Verhalten. Das Gleiche gilt für die folgende Variante.

- *Wissenserwerb III: entdeckend.* In diesem Fall produziert ein Mensch entscheidendes Wissen selber. Beispielsweise kommt jemand in einer Pannensituation auf die Idee, einen bislang unbeachteten Gegenstand als Werkzeug zu benutzen; ein anderer sieht plötzlich zwei Sachverhalte, die im Lehrbuch »nebeneinander« dargestellt wurden, in einem Verhältnis von Ursache und Wirkung; oder jemand entwickelt eine Lösung für einen interpersonalen Konflikt.

Von Bedeutung ist eigene Wissenserzeugung immer dann, wenn man eine Aufgabe mit seinem abrufbaren Wissen nicht lösen kann, wenn in diesem Sinne ein »Problem« vorliegt (vgl. Dörner 1987). Im aktuellen Vollzug handelt es sich hierbei um problemlösendes bzw. produktives *Denken* (s. S. 51). Sofern die Denkleistung auch nachwirkt, sofern man also die eigenen Entdeckungen bzw. Erfindungen als neues Wissen speichert, das man z. B. in eine Klausur einbringen oder bei einer künftigen Panne anwenden kann, handelt es sich zugleich um (entdeckendes) *Lernen.*

Der Unterschied zum vorher erläuterten aktiven Konstruieren von Verständniswissen ist sicher fließend! Es kommt darauf an, wie weit man vorgegebene Informationen (z. B. aus einem Lehrbuch) nachzuvollziehen versucht und wie weit man mit eigenen Ideen darüber hinausgeht. Am deutlichsten ist die eigenständige Wissensproduktion dort, wo es kaum vorgegebene Informationen gibt, von denen die Gedanken gelenkt werden können (wie vielleicht im Falle der Panne).

In jüngerer Zeit machten Forschungen auch deutlich, wie sehr die gesamte kognitive Entwicklung an den Zuwachs von Wissen gebunden ist (Wissen in weiterem Sinne, s. o.). Ob ein Kind eine korrekte logische Schlussfolgerung ziehen kann, ist nicht einfach eine Frage seiner Entwicklungsstufe, sondern auch der Vertrautheit mit dem jeweiligen Aufgabeninhalt. Bei Aufgaben aus einem Bereich, für den es spezifisches Wissen mitbringt, denkt es eher logisch als bei einer fremden Materie, auch wenn sich die Aufgaben formal nicht unterscheiden (vgl. Sodian 2002, Neubauer & Stern 2007).

Lernen von prozeduralem Wissen bzw. Fertigkeiten: Über die beschriebenen *kognitiven* Lernprozesse wird nicht nur semantisches, sondern auch prozedurales Wissen erworben: beispielsweise für das Bedienen eines technischen Gerätes, für das Lösen von mathematischen Aufgaben, für die Durchführung eines Beratungsgespräches. Was man anfangs wie Sachwissen erwirbt und nur in Worten wiedergeben kann, wird zunächst langsam und holprig in Tun umgesetzt und schließlich durch wiederholte Übung zu einer automatisierten Fertigkeit, zu einem Können (»Prozeduralisierung« nach Anderson 2001). Allerdings werden Fertigkeiten nicht nur durch kognitives Lernen erworben. Da es sich um Tätigkeiten handelt, kann hier auch das *Lernen am Modell* eine wichtige Rolle spielen; das Vormachen kann den Erwerb der Fertigkeit erheblich abkürzen. Beim Probieren und Üben hat überdies das *Lernen am Effekt* (am Erfolg und Misserfolg) eine entscheidende Funktion.

Ob man das Spektrum der Lernprozesse in die vorgestellten sechs Typen (*s. Tafel 18*, S. 77) oder etwas anders gliedert, gemeint sind in jedem Fall grundlegende Vorgänge und nicht etwa verschiedene Lern-»Methoden«. Sie sind bedeutsam für »normale« Entwicklungen und ebenso für »Fehlentwicklungen«, für Lernen »durch das Leben« und ebenso für Lernen durch Erziehung, Unterricht oder Therapie. Dabei beruhen neben Fertigkeiten auch viele andere Lernergebnisse auf dem Zusammenwirken mehrerer Lerntypen (vgl. Steiner 2007).

Lernübertragung

Lernen, so sagten wir, hat einen Zukunftsaspekt. Es sorgt dafür, dass Menschen für die Bewältigung künftiger Anforderungen anders »disponiert« sind als ohne den jeweiligen Lernvorgang. Diese Funktion wäre allerdings schlecht erfüllt, wenn das Gelernte nur in solchen

Situationen wirksam würde, die der ursprünglichen Lernsituation aufs Haar gleichen. Stellen Sie sich vor, ein Kind, das den Buchstaben »M« in schwarzer Schrift kennengelernt hat, würde ihn in roter Schrift nicht mehr wiedererkennen; oder wir müssten, wenn wir auf einem Pkw vom Typ A das Autofahren gelernt haben, bei einem Wagen vom Typ B von Grund auf alles noch mal lernen. Zum Glück übt früher Gelerntes auch in mehr oder weniger *veränderten Situationen bzw. Aufgaben* seinen Einfluss aus. Diese Erscheinung wird gewöhnlich als Lernübertragung oder Transfer bezeichnet. Sie ist ein allgemeines Phänomen des Lernens, also aller Lernarten. Man spricht auch von *Generalisierung,* wenn es »von selbst« geschieht (vornehmlich bei den verhaltensbezogenen Lernarten), und von *Anwendung,* wenn mehr oder minder bewusst übertragen wird (vornehmlich beim wissensbezogenen Lernen).

Was die Transfer*inhalte* anbetrifft, so kann im Prinzip alles, was gelernt wurde, auch in gewissem Maße übertragen werden: nicht nur Wissen und Fertigkeiten, sondern auch soziale Einstellungen, moralische Prinzipien, Weltbilder, Ideologien, Selbsteinschätzungen (»von Technik verstehe ich nichts«) oder emotionale Dispositionen (z. B. Ängstlichkeit gegenüber Autoritätspersonen). Damit ist evident, wie bedeutsam Transferphänomene für die Entwicklung des individuellen Dispositionsgefüges sind.

Neben der beschriebenen Übertragung von Kenntnissen, Einstellungen usw. auf neue *Situationen* kann mit Transfer auch der Einfluss früheren Lernens auf neues *Lernen* gemeint sein. Welch große Rolle dies vor allem beim verstehenden Wissenserwerb spielt, wurde bereits ausgeführt. Aber auch sonst gilt: Lernen *baut auf früherem Lernen auf.* Bestimmte Lernprozesse sind überhaupt nur möglich, wenn andere bereits stattgefunden haben. Insofern kann man sich die gesamte psychische Entwicklung, von der Reifung einmal abgesehen, als eine endlose Kumulation von Lernprozessen vorstellen!

Noch in weiterer Hinsicht lassen sich Transferphänomene unterscheiden. So ist nicht jede Übertragung segensreich, sie kann auch flexibler Bewältigung und schnellem Umlernen im Wege stehen. Man unterscheidet daher *positiven* und *negativen* Transfer, je nachdem, ob sich das früher Gelernte förderlich oder hinderlich auswirkt, das heißt, je nachdem, ob es auf neue Situationen angemessen oder unangemessen übertragen wird, bzw. je nachdem, ob es neues Lernen erleichtert oder erschwert. Ein deutscher Schüler wird beim Lernen des englischen Wortes »book« vermutlich von der Kenntnis des deutschen Wortes »Buch« profitieren, während ihn die Kenntnis der deutschen Wörter »wer« und »wo« beim Lernen der Bedeutung von »who« und »where« zu behindern pflegt. Beim Problemlösen kann eine vertraute Strategie zum richtigen Einfall verhelfen, sie kann bei bestimmten Aufgaben aber auch notwendiges Umdenken behindern.

Auch bei der Reichweite des Transfers muss man unterscheiden. Der Transfer kann ganz *spezifisch* sein, wie etwa bei »Buch – book« oder den Fertigkeiten der Autobedienung. Er kann aber auch ziemlich *unspezifisch* – genauer: inhaltsunspezifisch – sein, wenn man beispielsweise eine Lesestrategie auf unterschiedliche Fachgebiete überträgt oder bestimmte Befürchtungen auf verschiedenartige soziale Situationen. Dabei bilden »spezifisch« und »unspezifisch« keine Kategorien, sondern eher ein Kontinuum.

Im Bildungsbereich gilt die *Förderung* kognitiver Transferleistungen als hochrangige Aufgabe. Aber die pädagogischen Hoffnungen bleiben häufig unerfüllt, wenn nämlich das erlernte Wissen von den Lernenden nicht genutzt wird. So sind beispielsweise manche Rechenregeln oder Problemlösestrategien, sachlich gesehen, auf viele Bereiche übertrag*bar*, werden aber tatsächlich doch nicht *übertragen* (das Wissen bleibt »träge«). Vor allem unspezifischer Transfer stellt sich selten von selbst ein. Gewöhnlich reicht es auch nicht aus, dass man bestimmte Prinzipien als transferierbar »verstanden« hat – das Transferieren selbst muss geübt werden, und zwar an verschiedenartigen Beispielen. Weiterhin können metakognitive Prozesse (vgl. S. 51) Transferleistungen begünstigen (vgl. Gage & Berliner 1996, Mähler & Stern 2006).

Auf der anderen Seite gibt es auch Übertragungen, die »zu weit« gehen, die auf eine unangemessene Verallgemeinerung hinauslaufen. Vorurteile sind so ein Fall (ebenso wie zuvor erwähnte Beispiele für negativen Transfer). Hier ist es dann nötig, differenzieren zu lernen. Dieser Vorgang wird auch »Diskriminationslernen« genannt und bildet den gegenläufigen Prozess zur Lernübertragung.

c) Steuernde Instanzen: Gene, Umwelt, Person selbst

Nach den Prozessen, die die Entwicklung vorantreiben (Reifen und Lernen), geht es nun um die Strukturen, von denen sie gesteuert wer-

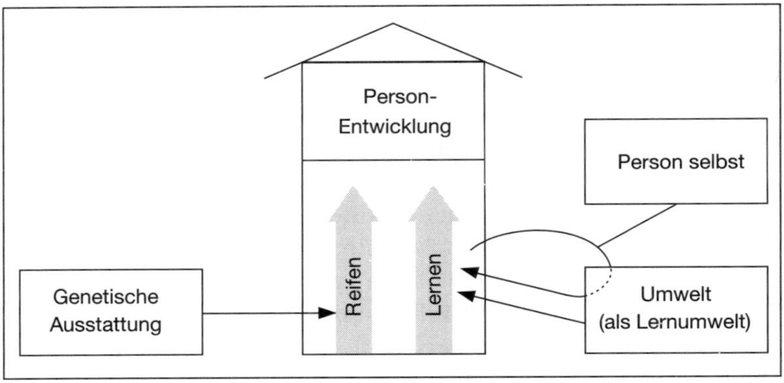

Tafel 20: Das Gefüge der Entwicklungsfaktoren: Reifungsprozesse werden genetisch gesteuert, Lernprozesse werden bestimmt durch die Umwelt als Erfahrungsraum (Lernumwelt) und durch die Eigenaktivität des Individuums. Auch physische Umwelteinflüsse (nicht eingezeichnet) bestimmen die Entwicklung mit. (Vereinfachende Darstellung ohne Wechselwirkungen)

den, und die dazu führen, dass Menschen sich unterschiedlich und einzigartig entwickeln. Wie bereits erwähnt (vgl. S. 74), werden Reifungsprozesse genetisch gesteuert, die Lernprozesse hängen von der Umwelt und vom Subjekt selber ab. *Tafel 20* fasst diese Zuordnung zusammen, ohne allerdings die vielfältigen *Wechselwirkungen* darstellen zu können. In den folgenden Ausführungen kommen sie jedoch teilweise zu Sprache.

Genom und Umwelt: Allgemeine Aspekte

Um zu erklären, warum eine Person so oder so geworden ist, stößt man sofort auf die Frage nach dem Einfluss von Anlage und Umwelt. So geläufig dieses Begriffspaar auch ist, es verbinden sich damit viele komplizierte Fragestellungen, und Missverständnisse sind weit verbreitet.

Zunächst bezieht sich der Begriff der Anlage nur auf Erbanlagen (Gene) und sollte nicht mit »angeboren« gleichgesetzt werden. Denn »angeboren« und »vererbt« ist nicht dasselbe. Angeborene Merkmale können auch aus Umwelteinflüssen vor und während der Geburt stammen, z. B. aus Schädigungen durch Medikamente, Sauerstoffmangel usw.

Die gesamte genetische Information eines Menschen bezeichnet man als *Genom* (früher: Genotyp). Sie hat einen artspezifischen und einen individuellen Anteil. Der artspezifische Anteil sorgt für die allen Menschen gemeinsame alterstypische Reifung (vgl. S. 74). Demgegenüber ist die *individuelle* genetische Ausstattung zum Gutteil dafür verantwortlich, dass Menschen sich in ihren körperlichen und psychischen Merkmalen unterscheiden. Um diese individuellen Differenzen geht es gewöhnlich beim Thema »Anlage und Umwelt«.

Wichtig ist es, zwischen dem Genom und der Gen*aktivität* zu unterscheiden. Gene sind nämlich nicht immer aktiv, sondern können »angeschaltet« und »abgeschaltet« werden. Das gilt für die alterstypische Entwicklung ebenso wie für die individuelle, wie sich etwa an der erblichen Hirnerkrankung Chorea Huntington (Veitstanz) zeigt, die erst im mittleren Erwachsenenalter ausbricht (Asendorpf 2007b, S. 119).

Die *Umwelt* umfasst die Mitmenschen, kulturelle Normen, materielle Lebensbedingungen und andere Bedingungen außerhalb des Individuums. In ihrer Gesamtheit sind die Umweltfaktoren niemals auch nur für zwei Menschen völlig gleich. Einige Umweltaspekte sind universell; das heißt, sie werden von fast allen Menschen geteilt. So wachsen alle Menschen unter Mitmenschen und fast immer unter sprechenden Mitmenschen auf. Andere Umweltaspekte sind kulturspezifisch und werden nur von Mitgliedern bestimmter Völker, Religionsgemeinschaften usw. geteilt. Wieder andere sind familienspezifisch und werden nur von Geschwistern geteilt. Und viele Aspekte der Umwelt sind vollkommen personspezifisch; sie sind selbst für Geschwister, die in derselben Familie aufwachsen, unterschiedlich: z. B. die individuelle Behandlung durch Eltern und Geschwister, persönliche Erlebnisse mit anderen Menschen, der eigene Freundeskreis, Krankheiten, Unfälle usw.

Es sind zwei ganz verschiedene Einflusswege, auf denen die Umwelt auf die Entwicklung Einfluss nimmt: als physische Umwelt und als Lernumwelt (vgl. Herrmann 1991):

- Als *physische Umwelt* (materielle Umgebung) ist die Umwelt eine Quelle direkter Einwirkungen auf den Organismus, z. B. durch Ernährung, Klima, Schadstoffe usw.
- Als *Lernumwelt* ist die Umwelt eine Quelle von Informationen oder »Erfahrungen«.

Die beiden Funktionen können miteinander verknüpft sein. Beispielsweise kann ein Unfall einerseits einen physischen Schaden hervorrufen, der die weitere Entwicklung verändert, *und* er kann andererseits eine psychische Wirkung haben, etwa derart, dass der Verunglückte nun bestimmte Gefahren anders einschätzt und sich vorsichtiger verhält.

Die Einflüsse von Genen und Umwelt *addieren sich nicht* einfach, sondern sind in unterschiedlicher Weise miteinander verbunden. Zunächst einmal ist Entwicklung immer nur möglich, wo ein Genom mit einer passenden Umwelt zusammentrifft. Für den Entwicklungsablauf gilt, dass es vom jeweils erreichten Reifungsniveau abhängt, was ein Mensch lernen kann (vgl. S. 75). Doch auch Reifungsprozesse sind nicht völlig »autonom«, da die Genaktivität von Umweltfaktoren beeinflusst werden kann. So kann eine unnormale, schädliche Umwelt die Reifung beeinträchtigen. Jens Asendorpf (2007b, S. 120) fasst die Wechselwirkungen wie folgt zusammen: »Die Genaktivität beeinflusst über biochemische Prozesse Entwicklung und Verhalten und kann über das Verhalten auch Einfluss auf die Umwelt nehmen; umgekehrt können Umwelt und Verhalten über biochemische Prozesse Einfluss auf die Genaktivität nehmen (nicht aber auf das Genom!).«

Erklärung individueller Unterschiede

Für die Entstehung individueller Personmerkmale, in denen sich ein Mensch von anderen *unterscheidet*, stellt sich nun die Frage: *Welche* genetischen Faktoren müssen mit *welchen* Umweltfaktoren zusammentreffen, damit sich ein bestimmtes Merkmal entwickelt? Und: Auf welche Weise trifft das eine mit dem anderen zusammen? Faktisch ist es meist nicht unabhängig voneinander, welches Genom jemand mitbringt und in welcher Umwelt er lebt. Wer von seinen Eltern »musikalische Gene« mitbekommen hat, wird wahrscheinlich zugleich in einer musikalischen Umgebung aufwachsen. Er wird seine Umwelt möglicherweise zu einer aktiven Förderung veranlassen. Und er wird sich von selbst Instrumente kaufen und Umwelten aufsuchen, in denen Musik gemacht wird. Ähnliche *Genom-Umwelt-Kovariationen* kann es z. B. bei Intelligenz, bei Aggressivität und anderen Dispositionen geben.

Ausschließlich um die Erklärung individueller *Unterschiede* geht es auch bei der Frage nach den prozentualen Anteilen von Anlage und Umwelt. Diese beziehen sich also *nicht*, wie häufig missverstanden, auf einen größeren oder kleineren Einfluss bei der Entwicklung eines Menschen. So kann man die Ängstlichkeit oder die Intelligenz von Fritz A. oder Else B. nicht beispielsweise zu 70 Prozent auf Gene und zu 30 Prozent auf die Umwelt zurückführen. Beide »Instanzen« sind aufeinander angewiesen und wirken untrennbar zusammen. Sie nach Anteilen auseinanderzurechnen, wäre so unsinnig, wie wenn man darüber stritte, ob der Magen oder die Nahrung den größeren Anteil an der Verdauung hat. Ob der eine Mensch lernbehindert und der andere ein Genie ist – in beiden Fällen haben die Umwelt wie auch die Gene sozusagen zu hundert Prozent mitgewirkt. Aber man kann fragen, woher der *Unterschied* zwischen diesen beiden Menschen kommt, und daran könnten genetische Unterschiede und Umweltunterschiede in unterschiedlichem Maße beteiligt sein. Der Anteil der Gene kann sogar null sein, sofern es sich nämlich um eineiige Zwillinge handelt. Könnte man umgekehrt die Umwelt für alle Menschen absolut gleich machen, so wäre ihr Anteil an den Unterschieden der Menschen ebenfalls null – ohne dass sie für jeden Einzelnen weniger bedeutsam wäre!

Durch Untersuchungen an größeren Stichproben von Menschen kann man ungefähr abschätzen, welchen Anteil genetische Unterschiede und Umweltunterschiede an den Persönlichkeitsunterschieden haben. Dabei vergleicht man gemeinsam aufgewachsene und getrennt aufgewachsene Menschen, und zwar differenziert nach unterschiedlichem Verwandtschaftsgrad, darunter eineiige Zwillinge, »normale« Geschwister sowie Adoptivgeschwister. Die hiermit ermittelten Prozentanteile für das Gewicht genetischer Unterschiede und Umweltunterschiede gelten aber nur für die jeweils untersuchten Populationen; das sind bisher überwiegend Menschen in westlichen Industrienationen. Wo es krasse Umweltunterschiede gibt (z. B. elitäre Bildung neben Analphabetentum), ist auch der Anteil der Umwelt an den kognitiven Leistungsunterschieden rechnerisch höher als dort, wo sie einigermaßen ähnlich sind, z. B. aufgrund allgemeiner Schulpflicht. Weiterhin fallen die Prozentanteile je nach untersuchtem Merkmal unterschiedlich aus. So spielen genetische Unterschiede für Unterschiede in der allgemeinen Intelligenz eine größere Rolle als für Einstellungen und Werthaltungen. Außerdem können sich die Anteile von einem Altersabschnitt zum anderen verschieben (vgl. Dunn & Plomin 1996). Insgesamt variieren also die Prozentanteile je nach Merkmal, nach Lebensalter und Population.

Hervorheben möchten wir einen interessanten Befund aus den Forschungen der letzten Jahrzehnte, der die Unterschiedlichkeit *sozial-emotionaler* Personmerkmale betrifft (s. Beispiele bei den Big Five, S. 70). Für sie sind genetische Unterschiede und Umweltunterschiede im Ganzen etwa gleich bedeutsam. Betrachtet man nun aber Umweltunterschiede genauer, so stellt man überraschenderweise fest, dass die Familie als eine Umwelt, die Geschwister gemeinsam haben, nur eine geringe Rolle spielt. Ins Gewicht fällt dagegen fast nur die *individuelle*, also die selbst für Geschwister verschiedenartige, ganz persönliche Umwelt. So sind zwei Geschwister, die durch Adoption in derselben Familie aufwachsen, im statistischen Durchschnitt nur etwa fünf Prozent ähnlicher als zwei Geschwister, die von verschiedenen Familien adoptiert werden (Rowe 1997).

Das heißt nicht, dass die Familie für die Persönlichkeitsentwicklung wenig Bedeutung hat, sondern nur, dass sie nicht nivellierend wirkt – eher im Gegenteil. Gleiche Familie bedeutet eben nicht gleiche Umwelt. Auch in der Familie ist (zusätzlich zur persönlichen Welt außerhalb der Familie) die Umwelt für Geschwister überwiegend unterschiedlich. Jedes Geschwister hat andere Geschwister, es vergleicht sich mit seinen Geschwistern, und es erlebt, dass der Bruder oder die Schwester von den Eltern etwas anders behandelt wird. Vor allem die Wahrnehmung solcher Unterschiede hat offenbar nachhaltige Wirkung, nicht der Unterschied zu anderen Familien, in denen man gar nicht lebt. Dies erklärt, neben genetischen Unterschieden, warum Geschwister in der Regel so verschieden sind (Dunn & Plomin 1996).

Lernumwelt und Eigenaktivität

Die Umwelt wirkt, wie dargelegt, als physischer Einfluss und als Erfahrungsraum, also als Lernumwelt. Die unterschiedlichen Formen des Lernens, die sich in der Auseinandersetzung mit der Umwelt vollziehen können, haben wir bereits vorgestellt. Aus der Lernperspektive unterscheiden sich Umwelten z. B. darin, welches Verhalten häufig vorgemacht wird, welche Verhaltensweisen Erfolg oder Misserfolg mit sich bringen, welche Begriffe, Erkenntnisse und Denkweisen vermittelt werden usw. Aus der Lerngeschichte, aus den »Erfahrungen« in der jeweiligen Umwelt, erklärt man somit – teilweise – die jetzigen Personmerkmale eines Menschen.

Nun können die vergangenen Erfahrungen freilich nicht mehr direkt, sondern nur über die »Spuren« wirken, die sie in einem Menschen hinterlassen haben. Die Existenz eines Gedächtnisses ist Voraussetzung dafür, dass die Umwelt als Lernumwelt wirken kann. Welche »Spuren« zurückbleiben, ergibt sich aber nicht einfach aus den Ereignissen selbst, sondern aus ihrer »Verarbeitung«, und die kann je nach Vorerfahrungen und genetischen Bedingungen – mithin je nach den bereits entwickelten Personmerkmalen – sehr unterschiedlich aussehen.

Des Weiteren kommt es im psychischen Bereich nicht selten zu Verselbstständigungsprozessen. Das heißt, eine Erfahrung stößt zwar eine bestimmte Entwicklung an, diese läuft dann aber nach eigenen Gesetzen weiter, möglicherweise in der Form eines sich selbst erhaltenden *Kreisprozesses.* So könnte z. B. Alkoholismus in diesem Sinne verstanden werden: Bestimmte Lebenserfahrungen (Konfliktsituationen, Misserfolge, trinkfreudiges Milieu usw.) setzen einen Alkoholkonsum in Gang, der sich dann über die Suchtmechanismen und die suchtbedingte Verschlechterung der Lebenslage wie ein Schwungrad selber weiter vorantreibt – auch wenn die Ausgangserfahrungen vielleicht schon lange zurückliegen!

Verselbstständigungsprozesse sind im Prinzip ein ganz normaler Vorgang der Persönlichkeitsentwicklung. Nach Allport (1959) kann ein Mensch neue, eigenständige Motive durch ein Handeln entwickeln, das zunächst ganz anders motiviert wurde (»funktionelle Autonomie der Motive«). War das Handeln anfangs Mittel zum Zweck, wird es allmählich zum Selbstzweck: Das Sparen in der Not verselbstständigt sich zu einem dauerhaften Geiz; ein Handwerk zum Geldverdienen wird zu einem persönlichen Interesse.

In all diesen Fällen ist die Ausgangserfahrung allenfalls ein »Ursprung« für einen bestimmten Aspekt der Persönlichkeitsentwicklung, sie ist aber für sich allein, also ohne die aufrechterhaltenden und sich wechselseitig fördernden Bedingungen, keine »Ursache«. Um bei Problemfällen Ansatzpunkte für gezielte Veränderungen zu finden, ist daher die Frage »Warum geht das Problem nicht weg?« oftmals ergiebiger als die Frage »Wie ist es entstanden?«.

Die beschriebenen Abläufe machen es schwer, mit Genom und Umwelt als Quellen der Entwicklung auszukommen. Deshalb wird in Entwicklungstheorien häufig das *Individuum selbst* bzw. seine *Eigenaktivität* hervorgehoben und Entwicklung insofern auch als Selbstgestaltung betrachtet (s. auch S. 129). Vor allem folgende Funktionen sind zu nennen (einige wurden bereits erwähnt, vgl. S. 90):

- Menschen werden nicht passiv von Umweltereignissen »geprägt«, sondern sie verarbeiten, interpretieren und bewerten sie.
- Menschen beeinflussen und gestalten jene Umwelt, von der ihre Entwicklung mitbestimmt wird.
- Menschen suchen bestimmte Umwelten auf und meiden andere, und zwar entsprechend den bereits entwickelten Motiven, Einstellungen, Fähigkeiten und sonstigen Dispositionen.
- Menschen initiieren und lenken selber Lernprozesse, indem sie z. B. lesen, üben, trainieren, entdecken usw.

Man könnte zwar behaupten, all dies sei selbst wiederum das Produkt von Anlage und Umwelt. Doch würde dies nichts daran ändern, dass das »Produkt« zugleich eine treibende Kraft ist. Die Eigenaktivitäten sind sicherlich ein wesentlicher Grund dafür, dass es die *individuelle* (und nicht die mit anderen geteilte) Umwelt ist, von der die Persönlichkeitsentwicklung vorrangig bestimmt wird.

5. Vierter Grundaspekt: Situationsfaktoren

Auf den ersten Blick ist die »Situation« bei weitem nicht so häufig Gegenstand psychologischer Forschung wie die Personmerkmale – es gibt eine Persönlichkeitspsychologie, aber keine »Situationspsychologie«. Bei genauerem Hinsehen spielt jedoch die Situation nicht nur in theoretischen Richtungen wie dem Behaviorismus eine zentrale Rolle, sondern auch in verschiedenen Disziplinen der Psychologie, vor allem in der Sozialpsychologie und der Umweltpsychologie, die sich mit dem Einfluss befassen, den andere Menschen bzw. die materielle Umwelt auf Verhalten und Erleben ausüben.

Es mag die Frage aufkommen, ob unter »Situationsfaktoren« und »Umwelt« dasselbe zu verstehen ist. Ja, insofern als beide Begriffe sich auf externe Bedingungen beziehen. Aber: Mit Situationsfaktoren ist gewöhnlich das aktuelle Umfeld *im Moment des Verhaltens* gemeint, während der Begriff der Umwelt auch in überdauerndem Sinne – etwa als Lebensbedingungen – verwendet wird (»das Kind wuchs in einer ärmlichen Umwelt auf«).

a) *Externe Einflüsse auf die aktuellen Prozesse*

Will man die Fülle möglicher Situationsfaktoren inhaltlich näher beschreiben, so gehören vor allem dazu:

- medial-inhaltliche Bedingungen: Vorträge, Texte, Prüfungsaufgaben usw.,
- materielle Gegenstände: Mobiliar, technische Apparate usw.,
- physikalisch-chemische Bedingungen: Luft, Licht, Temperatur, Lärm usw.,
- räumliche Bedingungen: Zimmergröße, Architektur, Wege, Plätze usw.,
- soziale Bedingungen: die Gegenwart anderer Personen (sie bilden einen Übergang zu dem interpersonalen Grundaspekt, s. S. 102 ff.).

Selbst wenn man die externen Bedingungen nur relativ global nach Umwelt*bereichen* einteilt – Wohnung, Arbeitsplatz, Erholungsgebiet usw. –, wird schon offenkundig, wie stark das konkrete Verhalten davon abhängt, wo man sich gerade aufhält. Manche Handlungen, die am Arbeitsplatz alltäglich sind, kommen in der Wohnung gar nicht vor – und umgekehrt.

Psychologisch ist auch die zeitliche Unterscheidung in *vorangehende* und *nachfolgende* Situationsbedingungen sehr bedeutsam. Bezogen auf die aktuellen Prozesse ist die vorangehende Situation ein »Anreger«, die nachfolgende ein Effekt, eine Konsequenz (*s. Tafel 21*). Beim

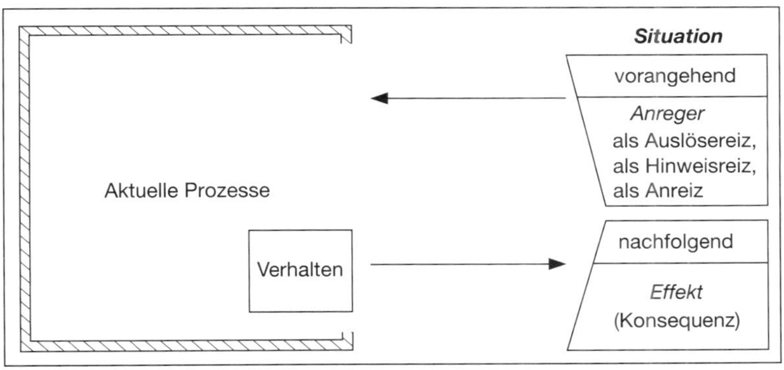

Tafel 21: Vorangehende und nachfolgende Situationsaspekte bestimmen das Verhalten mit.

Anreger kann man nach behavioristischer Tradition zwei Funktionen unterscheiden: Er kann wirken als Auslösereiz oder als Hinweisreiz. Ein Auslösereiz ruft unwillkürlich bestimmte Reaktionen hervor (z. B. eine Emotion), während ein Hinweisreiz (auch: diskriminativer Reiz) eine Orientierungsfunktion für das Verhalten hat. Derselbe Situationsfaktor kann beide Funktionen gleichzeitig ausüben. Beispiel: Der auftauchende Chef ist ein Auslöser für Schreckreaktionen (unwillkürlich) und zugleich ein Hinweisreiz für eifriges Arbeiten (nicht unwillkürlich, es wäre auch anderes Verhalten denkbar). Die *nachfolgenden Effekte* wirken häufig als »Bekräftigung« oder Bestrafung – in unserem Beispiel etwa: Der Chef lobt bzw. tadelt die Arbeit. (Außer den situativen gibt es allerdings auch innere Effekte, z. B. Selbstlob oder Angstreduktion.)

Enthält die Situation etwas, was man gerne erreichen oder erlangen möchte, bietet sie auch einen *Anreiz* (z. B. hier eine gute Leistung zu zeigen oder Macht auszuüben). Der Anreiz gehört sozusagen gleichzeitig zur vorangehenden und nachfolgenden Situation. Er wirkt als Anreger, etwas zu tun, weil man davon einen positiven Effekt *erwartet*. Anders gesagt: Ein angestrebter, aber noch nicht erreichter Effekt ist ein Anreiz. Erwartete nachfolgende Konsequenzen haben als Anreiz eine motivierende Funktion (s. S. 59 zu Motivation), eingetretene Konsequenzen bewirken einen Lernprozess (vgl. S. 79 zu Lernen am Effekt).

Im strengsten Sinne »situativ« sind, wie gesagt, nur solche Bedingungen, die im Moment des Verhaltens zur unmittelbaren aktuellen Umgebung gehören. In weniger strengem Sinne ist aber auch an entferntere (»distale«) Faktoren zu denken. So kann z. B. ein Prüfling in der Klausur durch ein akutes Geldproblem beeinträchtigt werden. Hier wirkt dann eine »Hintergrundsituation« auf Emotionen und Gedanken in der aktuellen Prüfungssituation. »Aktuell« sind Situationsfaktoren auch dann, wenn sie zwar schon seit langem bestehen, aber immer noch fortdauern oder wiederkehren.

Nicht »aktuell« und insofern nicht mehr »situativ« sind hingegen *vergangene* Situationseinflüsse, die nicht mehr andauern. Sie sind bereits »Geschichte« – was allerdings heißen kann: Teil der Entwicklungsgeschichte eines Menschen. Sofern nämlich die vergangenen Situationen über Lernvorgänge »Spuren« in der Person hinterlassen haben, wirken sie sozusagen in den *personalen* Dispositionen fort.

b) Objektive und subjektive Situation

Auch bei einer Beschränkung auf das »Aktuelle« sind die *objektiv vorhandenen* Faktoren *nicht* identisch mit den *psychisch wirksamen*. Manche Faktoren bleiben vielleicht für das Verhalten einiger Menschen gänzlich irrelevant. Wenn z. B. mehrere Prüflinge in einem Raum eine schriftliche Klausur bearbeiten, so mag Verkehrslärm für einige Teilnehmer störend, für andere hingegen belanglos sein.

Dies bedeutet nun auch, dass man das Verhalten eines Menschen besser erklären und vorhersagen kann, wenn man nicht die objektive, sondern die subjektive, die psychologische Situation zugrunde legt (sofern man sie kennt). So ist es beispielsweise möglich, dass die objektiv »gleiche« Situation für zwei Menschen zu ganz verschiedenen Situationstypen gehört (Heckhausen 1989). Eine schwierige Aufgabe ist für Person A eine Herausforderung, auf die sie sich freut, für Person B hingegen eine Bedrohung, vor der sie am liebsten flüchten würde. Oder eine Einladung zu einer Party ist für Person A eine Situation vom Typ »Vergnügen«, für Person B hingegen vom Typ »gesellschaftliche Verpflichtung«. Umgekehrt können äußerlich verschiedenartige Situationen für eine Person subjektiv ähnlich sein, weil sie in ihnen ähnliche Ziele verfolgt, z. B. die eigene Tüchtigkeit auf die Probe zu stellen oder auf andere Menschen Einfluss auszuüben.

Wie immer man die subjektive Situation charakterisieren mag – sie ist natürlich nicht mehr rein »situativ«, denn in ihr »stecken« personale Merkmale bereits mit »drin«. Sie sind es, die mitbestimmen, wie die Situation »wahrgenommen«, »eingeschätzt«, »empfunden« wird. Mit anderen Worten: Die subjektive Situation ist Teil der aktuellen Prozesse!

Bei der Analyse konkreter *Praxisfälle* ist es zweckmäßig, vor der Beschäftigung mit den inneren Prozessen und personalen Dispositionen zunächst nach *objektiven* Situationsfaktoren zu fragen, da nur sie für einen Außenstehenden wahrzunehmen sind. So kann man relativ gut beobachten, *wann* und *wo* jemand das fragliche Verhalten zeigt, also bei welchen Anlässen und in welcher Umgebung jemand beispielsweise schimpft, prahlt oder stumm dasitzt. Wie die Person die Situation *erlebt*, kann man hingegen allenfalls zu erschließen versuchen, sofern sie dies nicht mitteilt. Solche Schlüsse werden durch die genaue Kenntnis des Wann und Wo aber oft sehr erleichtert.

Es gibt aber nicht nur praktische Gründe, den externen Faktoren genügend Aufmerksamkeit zu schenken. Wie früher berichtet (S. 41), neigen Menschen dazu, das Verhalten anderer vorrangig aus deren personalen Eigenheiten zu erklären und den Einfluss des situativen Kontextes zu übersehen oder zu unterschätzen. Diesem Fehler kann man durch eine bewusste Beachtung externer Faktoren entgegenwirken.

c) *Interaktion personaler und situativer Faktoren*

Grundsätzlich ist davon auszugehen, dass am aktuellen Verhalten, Denken, Fühlen, Wollen usw. sowohl personale als auch situative bzw. Kontextfaktoren einen Anteil haben. Es gibt allerdings Beispiele mit einem Übergewicht der einen oder der anderen Seite.

Die »Gewichte«

*Person*faktoren überwiegen z. B. ganz eindeutig bei krankhaften Erscheinungen wie endogenen Depressionen oder Wahnvorstellungen. Wenngleich situative Bedingungen (etwa die Anwesenheit anderer) ihren Einfluss nicht völlig verlieren, so ist es doch geradezu ein Kennzeichen des »Krankhaften«, dass diese Menschen nicht mehr flexibel auf wechselnde Situationen reagieren können. Man darf dies allerdings nicht dahin umkehren, dass starke Personabhängigkeit immer pathologisch sei. Sie kann auch so etwas wie Autonomie bedeuten (!), zuweilen mit sehr positiven Zügen. Manche Menschen (wie z. B. Mahatma Gandhi) haben gerade dadurch für die Gesellschaft Wertvolles geleistet, dass sie von eigenen Normen und Einstellungen auch in »kritischen« Situationen nicht abwichen, wo ihre »flexiblen« Mitmenschen dies taten. (Möglicherweise wird ihnen die Eigenständigkeit aber von Gegnern durchaus als Zeichen für »Verrücktheit« ausgelegt!) Auch weniger auffällige Verhaltensweisen, wie z. B. Ernährungs- oder Rauchgewohnheiten, sind primär personabhängig.

In anderen Fällen wird demgegenüber das Verhalten stark von *Situationsfaktoren* bestimmt. Man zeigt fast zwangsläufig sehr unterschiedliche Verhaltensweisen, je nachdem, ob man sich z. B. im Arbeitszimmer, im Museum oder in einer Sportarena befindet. Schon die externe Umgebung kann also bestimmte Verhaltensweisen »provozieren« und genauso gilt dies für Situationen mit sozialen bzw. interpersonalen Anteilen wie etwa feierliche Veranstaltungen oder den Straßenverkehr. In solchen Kontexten ist das Verhalten von Menschen weitgehend ähnlich, unabhängig von ihrer Persönlichkeit. Sie werden daher auch als »starke Situationen« bezeichnet.

Nicht immer ist die Macht der Situation leicht erkennbar; zuweilen wird sie erst durch Forschungen zutage gefördert. Ein aufsehenerregendes Beispiel sind die berühmten Experimente von Stanley Milgram (1974). Er zeigte, dass selbst extreme, folterähnliche Gewalthandlungen keineswegs Ausdruck individueller Personmerkmale wie Sadismus sein müssen (den man z. B. recht pauschal bei SS-Leuten vermutete). Entgegen allen Voraussagen von Laien und Psychologen konnte Milgram die große Mehrheit seiner »ganz normalen« Versuchspersonen zu solchen Handlungen bewegen – durch die Einbindung in eine Autoritätssituation, nämlich in ein wissenschaftliches Experiment mit Wissenschaftlern als Autoritäten. Der Situationsdruck provozierte ein »Gehorsamsverhalten«, das erstaunlich wenig von den Persönlichkeitsmerkmalen der Versuchspersonen abhing, aber deutlich von »äußerlichen« Unterschieden wie etwa dem, ob der Versuchsleiter im Raum anwesend oder zeitweilig abwesend war.

»Bin ich ich oder bin ich die Situation?«

»Zwei Schlüsse drängen sich auf, wenn man sein eigenes Verhalten beobachtet und analysiert. Erstens: Unser Verhalten variiert mit der Situation, in der wir uns befinden. Wir verhalten uns im Beruf anders als auf einer Party. Es ist sogar ein Unterschied, ob wir die Party mit Fremden oder mit Freunden feiern, ob sie formell oder informell ist, ob nur Angehörige des gleichen Geschlechts dabei sind oder ob wir in gemischter Gesellschaft sind. Zweitens: Wir verhalten uns in solchen Situationen unterschiedlich und betrachten uns doch zugleich als ein und dieselbe Person. Man erlebt beides: Veränderung und Stabilität, unterschiedliches Verhalten und dieselbe Person zu sein. Wäre mein Verhalten über alle Situationen hinweg immer gleich, so wäre es perfekt vorhersagbar; aber ich und die anderen würden sich wundern, warum ich so rigide wäre und mich in manchen Situationen so unangebracht verhalten würde. Und umgekehrt: Ohne erkennbare Konsistenz oder ohne Linie in meinem Verhalten würde ich oft wie ein Chamäleon erscheinen und hätte mit Gefühlen der Entpersonalisierung zu schaffen. Bei zu viel Flexibilität wüsste man nicht mehr, wer man ist oder ob man überhaupt eine Person ist. Die meisten Menschen stellen sich von Zeit zu Zeit solche Fragen, vorwiegend in der Pubertät, wenn es darum geht, eine Identität zu entwickeln, oder dann, wenn sie etwas tun, das ›gar nicht zu einem passt‹, und versuchen dann, ein solches Verhalten wieder mit dem in Einklang zu bringen, was sie von sich wissen und glauben.«

Tafel 22: Zur Rolle der Person und der Situation (aus: Pervin 1981, S. 12 f.)

Ein starkes Gewicht des Umfeldes ist sicher besonders typisch für Verhalten im Kollektiv, insbesondere in durchorganisierten »Apparaten«. Der Einzelne ist hier Befehlsstrukturen, aufgeteilten Verantwortlichkeiten, Belohnungen und Bestrafungen, Gruppennormen und anderen Einflüssen ausgesetzt. Daher ist auch die Beteiligung an kollektiver Gewalt (Kriege, Pogrome usw.) psychologisch keineswegs gleichzusetzen mit individuellen Gewalthandlungen (vgl. Nolting 2005).

Allerdings: Auch noch so uniformes Verhalten setzt selbstverständlich bestimmte Dispositionen voraus, nur dass sie in diesem Fall allgemein verbreitet sein müssen. Ein starkes »Gewicht« der Situation bedeutet also nicht: Es geht ohne Dispositionen. Es heißt vielmehr (wie bei Anlage und Umwelt, s. S. 90): *Unterschiede* im Verhalten erklären sich aus Unterschieden der Situation, während individuelle Unterschiede sich kaum manifestieren. Oder anders gesagt: Mit Veränderungen des aktuellen Umfeldes ändert sich auch das Verhalten. Umgekehrt heißt »starke Personabhängigkeit«: Individuelle Unterschiede kommen im Verhalten deutlich zur Geltung. Doch immer sind Menschen auch »situiert«.

Wie die Beispiele zeigen, gibt es typische Fälle von stark personbestimmtem wie von stark situationsbestimmtem Verhalten. Aber welche Verhaltensweisen was sind, kann auch von Mensch zu Menschen verschieden sein: Jeder hat so seine eigenen »Konstanzen« und »Variabilitäten« (vgl. S. 69).

Davon abgesehen, legen manche Theoretiker generell das Schwergewicht auf die Person (»das Innere«), andere auf die Situation (»das Äußere«) – eine Kontroverse, die grundsätzliche theoretische Positionen, ja Menschenbilder, berührt und sich durch die Geschichte der Psychologie hindurchzieht. Doch wohl niemand würde prinzipiell eine Interaktion personaler *und* situativer Faktoren bestreiten.

Die Interaktionen

Was aber ist mit »Interaktion« gemeint? Der Begriff ist ebenso mehrdeutig wie seine Übersetzung mit »Wechselwirkung«.

Die einfachste Bedeutung ist: Personale und situative Faktoren *wirken zusammen*; das heißt, beide gemeinsam bestimmen einen aktuellen Prozess (wie bereits am Anfang des Kapitels ausführlich behandelt; vgl. S. 36 ff.):

Personale Faktoren → aktueller Prozess ← Situationsfaktoren

Beispielsweise ergibt sich die Emotion Angst aus der personalen Ängstlichkeit und einer situativen Bedrohung.

Mit Interaktion kann aber auch eine *wechselseitige Beeinflussung bzw. Veränderung* gemeint sein. Sie wird als »dynamische« Interaktion, zuweilen auch als »Transaktion« bezeichnet und ist in der Regel gemeint, wenn von »Person-Situation-Interaktion« oder »Person-Umwelt-Interaktion« die Rede ist. Wegen der Mehrdeutigkeit des Wortes »Person« muss man allerdings genau hinsehen, worauf es sich bezieht: auf einen aktuell interagierenden Menschen oder auf sein Dispositionsgefüge. Im *aktuellen* Sinn bedeutet die dynamische Person-Situation-Interaktion: Ein Mensch verändert durch sein Verhalten seine momentane Umgebung (z. B. durch handwerkliche Arbeit); und umgekehrt wirkt diese auf das aktuelle Verhalten:

Verhalten ⇄ Situation

Meint man mit »Person« hingegen das Gefüge der individuellen Dispositionen (Personfaktoren), so können diese nur indirekt die Situation beeinflussen, nämlich indem sie sich durch entsprechende Verhaltensweisen ausdrücken:

Personfaktoren → Verhalten → Situation (mit Rückpfeil von Situation zu Personfaktoren)

Menschen wählen eben solche Situationen, die zu den eigenen Interessen, Fähigkeiten usw. »passen« (vgl. S. 94), und sie gestalten sie entsprechend. Umgekehrt können Situationsfaktoren auch Personfaktoren verändern, sofern sie »Spuren« hinterlassen – sofern also das Individuum *lernt*. Dieser Aspekt, dass nämlich Menschen als »veränderte Person« aus der Situation herauskommen, geht über die Interaktion als »aktuelles« Geschehen hinaus und berührt bereits die Person-Entwicklung.

Oftmals steht der Begriff der Interaktion als Kurzform für *soziale* oder *interpersonale* Interaktion. Im Grunde ist dies ein Spezialfall der dynamischen Person-Situation-Interaktion, wobei hier andere Menschen die »Situation« bilden. Bei der sozialen Interaktion hat man primär nur die aktuelle Verhalten-Verhalten-Wechselwirkung im Auge, während die personalen Dispositionen im Hintergrund bleiben (mehr hierzu in Kapitelabschnitt 3.6 zu interpersonalen Bezügen).

Zu beachten ist, dass dynamische Interaktionen häufig die Gestalt sich selbst erhaltender *Kreisprozesse* annehmen. Ähnlich wie in dem bereits erwähnten Beispiel des Alkoholismus (s. S. 93) können viele Personfaktoren (Einstellungen, Kompetenzen etc.) durch entsprechende Verhaltensweisen positiv oder negativ auf das situative und soziale Umfeld einwirken, was dann wiederum auf den betreffenden Menschen zurückwirkt usw.

6. Zusatzaspekt: Interpersonale Bezüge

Während die vorangehenden Grundaspekte für jegliches Verhalten gelten – für Verhalten in »Alleinsituationen« ebenso wie für interpersonales Verhalten –, ist der Zusatzaspekt »interpersonale Bezüge« nur beim Verhalten von zwei oder mehr Personen von Interesse. In gewissem Grade ist »das Interpersonale« schon in dem Grundaspekt »Situationsfaktoren« enthalten, soweit nämlich *andere* anwesende Personen zur Situation gehören und z. B. als kritisches Publikum oder als Autoritätsperson fungieren. Dort richtet sich der Blick aber auf den Einzelnen, dessen Verhalten von anderen beeinflusst wird.

Im Folgenden geht es jedoch um das »Inter«: um die wechselseitige Bezogenheit und Beeinflussung, um das Zusammenspiel der Akteure. Hierzu muss man mehrere Akteure *gemeinsam* in den Blick nehmen. Um das *zwischen*menschliche Geschehen hervorzuheben, kann man das Zwei-Stränge-Schema der aktuellen Prozesse, das auf *eine* Person ausgerichtet ist (*Tafel 8*, S. 43), drehsymmetrisch verdoppeln, wobei nun die *zweite* Person an die Stelle der Situation tritt (*Tafel 23*). Die psychischen Prozesse können, genau genommen, nur *in* den beteiligten Personen und nicht zwischen ihnen ablaufen. Das »Inter« ergibt sich aber daraus, dass die Prozesse beider Personen (innere Prozesse und Verhalten) aufeinander ausgerichtet sind und miteinander zusammenhängen. (Außer vom Verhalten der anderen Person hängen die Prozesse natürlich auch von externen Kontextfaktoren und persönlichen Dispositionen ab; diese sind in der Tafel nicht eingezeichnet.)

Es sind vor allem drei Kernbegriffe, unter denen interpersonale Bezüge gewöhnlich behandelt werden: Interaktion, Kommunikation und (soziale) Beziehung. Bei aller Verwandtschaft, insbesondere zwischen Interaktion und Kommunikation, setzen die Begriffe durchaus unterschiedliche Akzente.

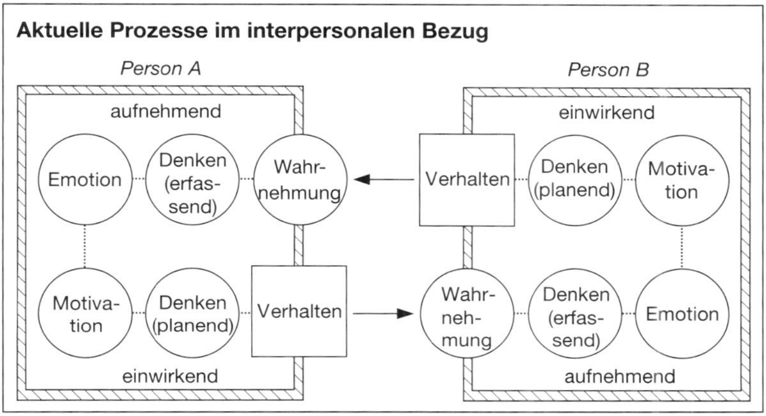

Tafel 23: Der interpersonale Aspekt: Die Prozesse von mehreren Personen sind aufeinander bezogen.

a) Soziale Interaktion

Soziale Interaktion ist, kurz gesagt, »Verhalten zueinander«. Das heißt, dass das Verhalten von zwei oder mehr Personen nicht ganz unabhängig voneinander, sondern irgendwie aufeinander »bezogen« ist – in schwacher Form, wenn sie z. B. einer anderen anwesenden Person Platz machen, in ausgeprägter Weise, wenn sie z. B. aufeinander einreden.

Da »Verhalten zueinander« nur ein Sonderfall von Verhalten generell ist, sind für seine *Erklärung* im Prinzip wiederum alle Grundaspekte von Interesse: Man könnte also auf die inneren Prozesse schauen, auf die Personfaktoren und ihren Entwicklungshintergrund, auf die Situationsfaktoren und auch auf die (noch zu besprechenden) »Inter-Aspekte« der Kommunikation und Beziehung. Tatsächlich werden unter dem Titel »Soziale Interaktion« häufig alle diese Phänomene behandelt, die für das »zwischenmenschliche« Geschehen relevant sind. An dieser Stelle beschränken wir uns aber auf die Interaktion im engsten Sinne – ohne noch einmal auf innere Prozesse, personale Unterschiede und andere Grundaspekte einzugehen. Wir beschränken uns also auf die Ebene des sichtbaren Verhaltens, auf Zusammenhänge im Verhalten von A und von B, wie man sie mit der Kamera aufnehmen könnte.

Beispiele für solche Verhaltenszusammenhänge sind etwa diese: Während der Lehrer zur Tafel blickt, schneidet ein Schüler Grimassen, worauf ein Mitschüler lacht, worauf der Lehrer in ihre Richtung schaut, worauf der Schüler wieder »ernst« nach vorne blickt usw. Oder: An einer Bushaltestelle stehen zwei Fahrgäste, und ein wartender Fahrgast nähert sich dem zweiten bis auf wenige Zentimeter Abstand, worauf dieser sich einen Schritt entfernt, der erste erneut heranrückt, der zweite sich erneut entfernt usw. Schon auf dieser reinen Verhaltensebene gibt es zahlreiche Regelhaftigkeiten des Umgangs miteinander, z. B. welchen räumlichen Abstand man in welcher Situation einhält, wie lange ein Blickkontakt zwischen fremden Personen dauert (Fahrstuhlsituation!) u. a. m. (Lück 1993, Forgas 1999).

Wichtig ist, dass die Interaktion gewöhnlich in einem zickzackartigen Zusammenhang verläuft: A tut etwas, darauf tut B etwas, dann wieder A usw. Eine solche fortlaufende Beeinflussung im Sinne von Wirkung und Rückwirkung ist der Musterfall einer »dynamischen« Interaktion.

Manche Interaktionen laufen in bestimmten Kontexten oder zwischen bestimmten Personen immer wieder nach demselben Muster ab. Im Kontext »Restaurant« ist z. B. das Verhalten zwischen Kellner und Gast durch die formale Rollenverteilung weitgehend festgelegt. Stärker von den jeweiligen Personen abhängig ist z. B. die Interaktion zwischen einer Mutter und ihrem Kind bei den Hausaufgaben, aber auch hier kehrt zuweilen ein bestimmtes Verhaltensmuster (z. B. heftiger Wortwechsel) regelmäßig wieder.

Manche Interaktionen verlaufen kreisförmig mit gleichartigem (symmetrischem) Verhalten auf beiden Seiten, wie eben beim aggressiven Wortwechsel oder auch bei wechselseitigen Freundlichkeiten. Andere Interaktionen verlaufen kreisförmig mit verschiedenartigem, aber komplementärem Verhalten. Beispielsweise kann unselbstständiges Verhalten eines Kindes überbehütendes Verhalten der Mutter anregen und umgekehrt – und dies möglicherweise über längere Zeit und mit nachhaltigen Folgen.

Über die aktuelle Interaktion hinaus können sich also Interaktionsmuster zwischen den Beteiligten »einspielen« – sie haben dann *gelernt*, in dieser Weise miteinander umzugehen. In manchen Fällen lässt sich dies gut nach den Prinzipien des Lernens am Effekt erklären (s. S. 79). Denn wenn das Verhalten von Person A eine Reaktion von Person B hervorruft, ist diese Reaktion ein Effekt des Verhaltens von

Lernen in der Interaktion – ein Beispiel

KIND		ERZIEHUNGSPERSON
»Darf ich …?«	→	*Ignorieren oder »Sei ruhig!«* = Nichtbekräftigung bzw. Bestrafung für erwünschtes Verhalten des Kindes (Fragen, Bitten)
Wutanfall	→	*»Na, gut«* = Positive Bekräftigung für unerwünschtes Verhalten des Kindes (Wutanfall)
Wutanfall hört auf	→	Innerer Effekt: Erleichterung

= Negative Bekräftigung für
Verhalten der Erziehungsperson (Nachgeben)

Tafel 24: Lernen in der Interaktion: Das Kind lernt durch positive, die Erziehungsperson durch negative Bekräftigung.

A. Insofern wird also aus der sozialen Interaktion heraus eine Verhaltensgewohnheit für diesen Kontext gelernt. Wie das Beispiel in *Tafel 24* illustriert, kann ein Mensch durch seine Reaktionen (ungewollt) auch unerwünschtes Verhalten fördern.

b) Kommunikation

Es ist nicht einheitlich definiert, in welchem Verhältnis die Begriffe Interaktion und Kommunikation zueinander stehen. Nicht selten werden sie als festes Begriffspaar genannt, ohne dass die Relation thematisiert wird. Zuweilen werden sie synonym verstanden und zuweilen explizit unterschieden. *Wenn* sie unterschieden werden, so vor allem in zweierlei Weise: Entweder soll »Interaktion« die *Wechselseitigkeit* betonen, während »Kommunikation« prinzipiell auch in einer Richtung verlaufen kann (Einwegkommunikation wie bei den Massenmedien). Oder bei »Interaktion« liegt der Akzent auf den interpersonalen *Verhaltens*zusammenhängen, während unter »Kommunikation«

die *Nachrichten*seite thematisiert wird. Nach dieser Unterscheidung (der wir uns anschließen) geht es bei der Kommunikation also um die Übermittlung von »Informationen«, »Botschaften«, »Bedeutungen« innerhalb des Interaktionsprozesses, und somit geht es auch viel stärker um innere, insbesondere kognitive Prozesse. Ob man von Interaktion oder von Kommunikation spricht, hängt dann einfach davon ab, worüber man Aussagen machen will: über das Verhalten zueinander oder über das Senden und Empfangen von Nachrichten.

Die Betrachtung des Nachrichtenaustausches kann erheblich zum Verständnis des sichtbaren Interaktionsverlaufs beitragen. Nehmen wir an, man beobachtet, dass die Handbewegungen einer Person am Straßenrand mit den Fahrzeugbewegungen in einer Parklücke regelhaft zusammenhängen oder dass ein Ehemann zu reden aufhört, sobald seine Frau die Stirn runzelt. Mit solchen Sachverhalten bewegt man sich auf der Ebene des sichtbaren Verhaltens zueinander, also der Interaktion. Aussagen über die Kommunikation gehen darüber hinaus und richten sich auf die »tieferen« Prozesse des Mitteilens und Verstehens, also auch auf Vorgänge, die sich in den Köpfen (!) der Beteiligten abspielen. Diese Vorgänge liefern zugleich ein Stück Erklärung für die sichtbaren Verhaltenszusammenhänge: Die Handbewegung, das Stirnrunzeln usw. *bedeuten* für die andere Person etwas, und deshalb reagiert sie darauf so und so. Da die Bedeutungsvermittlung den Verhaltenszusammenhang verständlich macht, ist die Beschäftigung mit ihr so überaus nützlich, nicht zuletzt bei Praxisproblemen.

Genau besehen herrscht allerdings keine Einigkeit darüber, ob *jede* Bedeutungsvermittlung als Kommunikation verstanden werden soll oder nur jede *intendierte.* Nur im ersten Fall gilt der bekannte Satz: »Man kann nicht *nicht* kommunizieren« (Watzlawick et al. 1969); dann kommuniziert selbst ein schlafender Mensch (z. B. die Botschaft: »Stör mich nicht«). Nach der engeren Begriffsbestimmung hingegen läge in dem Beispiel keine Kommunikation vor, weil der Schläfer keine Übermittlung intendiert, die »Bedeutung« vielmehr ausschließlich im Kopf des Betrachters existiert.

In der Literatur zur Kommunikation geht es im Wesentlichen um drei Aspekte: die Mittel, die Prozesse und die Inhalte der Kommunikation.

Die *Mittel* oder Verhaltensformen, mit denen man kommuniziert, werden gewöhnlich Zeichen oder Signale genannt. Am häufigsten wird dabei zwischen verbaler und nonverbaler Kommunikation unterschieden. Zur verbalen zählen die schriftliche und mündliche Sprache, zur nonverbalen primär das Ausdrucksverhalten (Mimik, Blickbewegungen, Körperhaltung, Gestik usw.), im weiten Sinne auch der große »Rest« sichtbaren Handelns (z. B. den Raum verlassen, etwas schenken) (im Überblick Forgas 1999).

Was für *Prozesse* sind an der Kommunikation beteiligt? Allgemein gesprochen werden in der Kommunikation innere Vorgänge einer Person A (ihre Gedanken, Gefühle usw.) über äußere Zeichen wiederum zu inneren Vorgängen einer anderen Person B. Dies erfordert auf der einen Seite die Umsetzung einer gemeinten Nachricht in Zeichen (Enkodierung oder Verschlüsselung), auf der anderen Seite die Umsetzung der Zeichen in eine Nachricht (Dekodierung oder Entschlüsselung). Eine grobe Aufgliederung eines Kommunikationsprozesses besteht daher aus drei Stufen: Gemeintes – Geäußertes (Zeichen) – Verstandenes (*s. Tafel 25*). Die Person, die das Gemeinte ausdrückt, bezeichnet man gewöhnlich als Sender, die andere als Empfänger. Tatsächlich übt aber jede Person beide Funktionen gleichzeitig aus. Während die eine durch Reden etwas sendet, tut es die andere z. B. durch ihren Gesichtsausdruck; »Senden« und »Empfangen« können sich also immer nur auf einen einzelnen Mitteilungsakt beziehen.

Was beim Kommunizieren in den Menschen geschieht, ist natürlich mehr als Enkodieren und Dekodieren – sie sind als »ganze Menschen« mit *allen* aktuellen Prozessen beteiligt. Bezogen auf unser Prozess-Schema werden die aufnehmenden Prozesse zum Strang des Empfangens, die einwirkenden zum Strang des Sendens. Sie haben hier insofern »interpersonalen Charakter«, als sie auf die andere Person bezogen sind (*s. Tafel 23*, S. 103). Im Einzelnen gehören zum *Empfangen* das Wahrnehmen von Zeichen, das erfassende Denken im Sinne des Dekodierens sowie Emotionen als Reaktion auf die empfangene

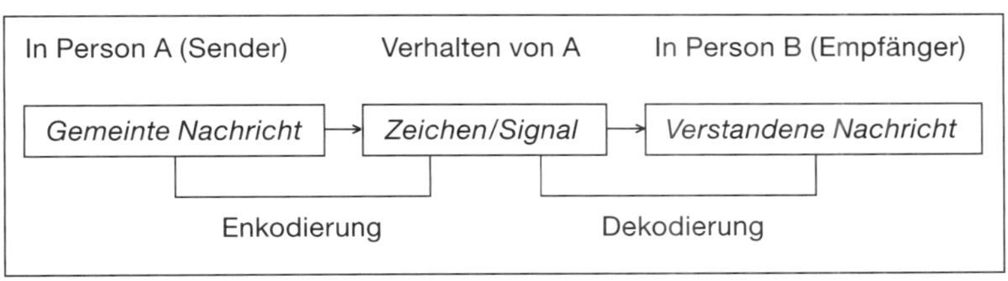

Tafel 25: Grundmuster eines Kommunikationsvorgangs

Nachricht. Zum *Senden* gehören gewöhnlich eine Motivation zum Kommunizieren (z. B. Bedürfnis nach Geselligkeit, Erfolgsstreben) und/oder eine konkrete Absicht, etwas Bestimmtes mitzuteilen, zum Teil auch »planendes« Denken beim Enkodieren (»Wie kann ich das ausdrücken?«) und letztlich das sprachliche und nicht-sprachliche Verhalten.

Ein Kommunikationsvorgang gilt als »gelungen«, wenn das Verstandene mit dem Gemeinten übereinstimmt. Dies setzt gewöhnlich voraus, dass der Sender das Gemeinte durch Worte oder andere Signale ausdrückt, die in der jeweiligen Kultur, Berufsgruppe etc. »üblich« sind; andernfalls kann der Empfänger sie nicht verstehen und die Kommunikation ist »gestört«. Es kommt allerdings vor, dass jemand das Gemeinte versteht, obwohl es auf den ersten Blick in ganz »unpassenden« Signalen ausgedrückt wurde. Dies ist möglich, wenn der Betreffende z. B. die andere Person besonders gut kennt oder wenn sie eine »Geheimsprache« vereinbart haben.

Nun zu den *Inhalten* der Kommunikation, zur Frage, *was* kommuniziert wird. Sie wird meist unter dem Begriff der »Nachricht« behandelt, womit die Botschaften, die Bedeutungsgehalte gemeint sind, die durch die Signale übermittelt werden. Prinzipiell kann dies natürlich unendlich viel sein. Aber man kann dennoch nach einer nützlichen Ordnung suchen und fragen, ob Nachrichten gemeinsame Aspekte aufweisen. Auf Darlegungen von Karl Bühler sowie Watzlawick et al. aufbauend, unterscheidet Schulz von Thun (2003) vier Aspekte einer Nachricht:

- einen Sachaspekt, d. h. eine Information über einen Hergang, eine Theorie oder einen anderen Sachverhalt,
- einen Beziehungsaspekt, d. h. eine Haltung gegenüber dem Kommunikationspartner (Überlegenheit, Wertschätzung, Misstrauen usw.),
- einen Selbstkundgabeaspekt, d. h. eine Aussage über die eigenen Gefühle, Gedanken, Wünsche usw.,
- einen Appellaspekt, d. h. eine Aufforderung an den anderen, etwas zu tun oder zu unterlassen.

So kann die Bemerkung eines Schülers zu seinem Lehrer: »Mein Vater hat mich gestern verprügelt«, erstens einen Hergang benennen (Sachaspekt), zweitens Vertrauen zum Lehrer ausdrücken (Beziehungsaspekt), drittens Angst, Traurigkeit und andere Gefühle ausdrücken

(Selbstkundgabe) und viertens auch eine Aufforderung zum Helfen, zum verständnisvollen Zuhören usw. sein (Appell).

Hierin liegt nun wieder ein ganzes Spektrum von Fehlerquellen. Denn neben Missverständnissen auf *einer* Ebene, z. B. der Sachseite oder Appellseite, kann es zwischen Sender und Empfänger auch zu einer *Verschiebung* der Nachrichtenseiten kommen, beispielsweise, wenn eine Kritik »sachlich« gemeint ist, aber vom Empfänger primär als persönliche Abwertung (= Beziehungsaspekt) empfunden wird. Das Vier-Seiten-Modell ist insofern ein Hilfsmittel zur Analyse zwischenmenschlicher Kommunikation und ihrer Störungen. Eine Erkenntnis darüber, welche Nachrichtenseite ein Mensch vorrangig gemeint bzw. vorrangig verstanden hat, trägt erheblich zur Erklärung seines Verhaltens bei.

c) Soziale Beziehung

Während es sich bei der Interaktion und Kommunikation um ein aktuelles Geschehen handelt, meint der Begriff der Beziehung, genauer: der sozialen Beziehung, eine mehr oder minder dauerhafte Art des Zueinanders. Macht man Aussagen über eine Beziehung, erwähnt man wohl besonders häufig die Konstellation der beteiligten Personen (z. B. Mutter-Kind-Beziehung) sowie Qualität dieses Zueinanders (»vertrauensvoll«, »feindselig« etc.). Für eine differenziertere Charakterisierung kann man die folgenden vier Kriterien heranziehen (Argyle & Henderson, zit. nach Heidbrink, Lück & Schmidtmann 2009):

- eng versus oberflächlich
- freundschaftlich versus feindselig
- egalitär versus hierarchisch
- aufgabenorientiert versus gesellig

Nach solchen Merkmalen unterscheiden sich gewöhnlich auch persönliche Beziehungen von eher formalen Beziehungen. *Persönliche* Beziehungen tendieren meist zu den Polen eng, freundschaftlich, egalitär und gesellig. Einige werden von starker Anziehung getragen und die Beteiligten zeigen Engagement für die Aufrechterhaltung der Beziehung (Forgas 1999). *Formale* Beziehungen sind in hohem Maße Rollenbeziehungen, meist aufgabenorientiert und hierarchisch. Sie existieren in bestimmten Kontexten (vor allem in der Arbeitswelt) als

Rahmen unabhängig von den jeweiligen Personen. In der Beziehung zwischen Meister und Lehrling, Lehrern und Schülern usw. richten sich an die einzelnen Akteure allein aufgrund ihrer jeweiligen Stellung bestimmte Verhaltenserwartungen (role-taking). Wer diese Erwartungen nicht erfüllt, fällt »aus der Rolle«. In gewissem Maße werden die Personen diese Rollen aber unterschiedlich ausfüllen, die Chefrolle z. B. durch einen kooperativen oder aber dirigistischen Führungsstil (role-making). Somit spielen immer auch Personfaktoren in das interpersonale Verhalten hinein.

Die Natur einer Beziehung kann sich im Laufe der Zeit verändern. So kann z. B. aus einer oberflächlichen eine enge Beziehung werden, aus einer aufgabenbezogenen eine emotionale – oder auch umgekehrt (Heidbrink, Lück & Schmidtmann 2009).

In jedem Falle sind, wie schon angedeutet, mit der Art einer Beziehung auch typische Interaktions- und Kommunikationsmuster verbunden. Wer Menschen in ihrem Umgang miteinander beobachtet, wird daraus häufig auf die Art der Beziehung schließen können, *sofern* das beobachtete Verhalten nicht vorrangig aus aktuellen Kontextfaktoren zu erklären ist.

In jedem *Einzelnen* existiert die Beziehung unter anderem als eine Vorstellung (als »Interaktionsskript«) darüber, welche Verhaltensmuster gegenüber der anderen Person angemessen sind und welche nicht. Was gegenüber einem Freund »passt«, passt nicht auch gegenüber dem Chef. Zugleich ist der Begriff der »Einstellung« geeignet, vom Einzelnen aus eine Beziehung zu kennzeichnen (s. auch S. 132). Zur Einstellung gehören neben einem Bild vom anderen (kognitive Seite) auch eine emotionale Haltung (z. B. Sympathie, Verachtung) sowie Verhaltenstendenzen des Annäherns oder Meidens. Mit anderen Worten, man ist »disponiert«, bezüglich eines anderen Menschen in bestimmter Weise zu denken, zu fühlen und sich zu verhalten. Wenn alles dies fehlt, sagt man vielleicht salopp, man habe »keine Beziehung« zu diesem Menschen. Insofern enthält der Begriff der Beziehung auch so etwas wie »adressatspezifische Dispositionen«. Diese müssen bei den Beteiligten nicht immer symmetrisch sein. Vielleicht hat A zu B eine andere Einstellung als B zu A. Vielleicht würden sie, sofern sie dies erkennen, von einer »unklaren« Beziehung sprechen.

Einstellungen zu anderen Menschen entwickeln sich (so wie viele andere Dispositionen auch) aus Erfahrungen, sind also gelernt. Anders gesagt: Beziehungen haben eine Vorgeschichte, zumindest eine kurze. Die Erfahrungen können aus der direkten Interaktion stammen, manchmal aber auch aus Berichten und Urteilen von dritter Seite.

In einer *weiten* Bedeutung kann man auch anonyme »Beziehungen« zu großen *Kollektiven* entwickeln, z. B. zu anderen Völkern oder Religionsgemeinschaften. Das heißt, man entwickelt ihnen gegenüber bestimmte Urteile, Gefühle und Verhaltenstendenzen. Sofern auf alle Angehörigen der Gruppe unzulässig generalisiert wird, spricht man von Vorurteilen. Hier spielen persönliche Erfahrungen meist eine geringere Rolle als Einflüsse aus den Gemeinschaften, denen man sich selbst zugehörig fühlt.

7. Zusammenschau: Integrierendes Modell zum psychischen System

Wir möchten nun die zuvor erörterten Aspekte des psychischen Systems zu einem Gesamtgefüge integrieren. Dabei greifen wir auf das Grundmodell zurück, das am Anfang dieses Kapitels stand (S. 36), und füllen es mit wichtigen Aspekten aus den vorangehenden Ausführungen. So ergibt sich das Schema von *Tafel 26*. Erläuterungen:

1. Die vier Grundaspekte »Aktuelle Prozesse«, »Situative Faktoren«, »Personale Faktoren« und »Entwicklung« sind in zwei Achsen strukturiert. Die horizontale Achse umfasst alles, was zum gegenwärtigen Zeitpunkt existiert. Die vertikale Achse repräsentiert die Entwicklung der Person über die Zeit, also die vorangegangene Entwicklung, aus der die personalen Faktoren entstanden sind, und die künftige Entwicklung.
2. Im Zentrum steht das eigentliche psychische Geschehen: die *aktuellen Prozesse*. Sie sind in zwei Funktionsrichtungen gegliedert. Dem aufnehmenden, situationsverarbeitenden Strang sind die inneren Prozesse Wahrnehmung, Denken (»erfassend«) und Emotion zugeordnet, dem einwirkenden, situationsverändernden Strang die inneren Prozesse Motivation und Denken (»planend«) sowie das äußere Verhalten. Nicht dargestellt ist in der Grafik die Möglichkeit von Selbstwahrnehmung und Selbstreflexion (z. B. eigene Angstgefühle wahrnehmen, über eigene »Eigenschaften« nachdenken). Um Missverständnissen vorzubeugen, sei daran er-

innert, dass die Einteilung der aktuellen Prozesse in der Psychologie nicht verbindlich festgelegt ist, dass nicht immer alle Prozesse beteiligt sein müssen und sie nicht kettenartig aufeinander folgen müssen (s. Erläuterungen auf S. 43 f.).

3. Die aktuellen Prozesse werden zum Teil bestimmt durch *Kontextfaktoren*, wobei als Kontext in der Grafik zwecks Übersichtlichkeit nur die einen Menschen umgebenden *Situationsfaktoren* erscheinen, nicht hingegen die interpersonalen Bezüge zwischen mehreren Menschen (*s. dazu Tafel 23*, S. 103). Inhaltlich können die situativen Faktoren z. B. andere anwesende Menschen, Informationen, Aufgaben, Gegenstände oder räumliche Bedingungen sein. Funktional kommen diese, entsprechend dem aufnehmenden und dem einwirkenden Strang, als (vorangehende) Anreger und (nachfolgende) Effekte zur Geltung.
4. Die aktuellen Prozesse werden außer von der Situation auch von den *personalen Faktoren* bestimmt: Menschen unterscheiden sich darin, wieweit sie zu bestimmten Prozessen »disponiert« sind. Solche Dispositionen lassen sich sowohl nach Inhalt (Fähigkeiten, Einstellungen etc.) als auch nach Größenordnung (umfassende »Eigenschaften«, spezifische Vorlieben etc.) recht unterschiedlich beschreiben und ordnen.
5. Personale Faktoren unterliegen einer *Entwicklung*, das heißt, sie machen situationsüberdauernde Veränderungen durch (vertikale Achse). Die Veränderungen beruhen zum Teil auf genetisch gesteuerten Reifungsprozessen, zum Teil auf Lernprozessen, die von der Umwelt und vom Individuum selbst gesteuert werden. Dabei ist Lernen zu verstehen als die »Nachwirkung« aktueller Prozesse (Pfeil nach links und in die Vertikale).

Das integrierende Modell beansprucht *nicht*, eine eigene psychologische Theorie darzustellen, sondern lediglich, weitgehend akzeptierte Komponenten psychischen Geschehens zu einer überschaubaren Struktur zusammenzufügen. Das Modell versteht sich als *theorieneutral* bezüglich der Struktur aus den Grundaspekten und den zwei Funktionsrichtungen. »Theorieneutral« heißt: Diese Grundstruktur umfasst nur Sachverhalte, die kein Streitpunkt zwischen verschiedenen Theorierichtungen sind. Sie lässt beispielsweise offen, wo sozusagen der Hauptmotor psychischen Geschehens sitzt, welches Gewicht bei den Unterschieden im Verhalten und Erleben man den situativen und

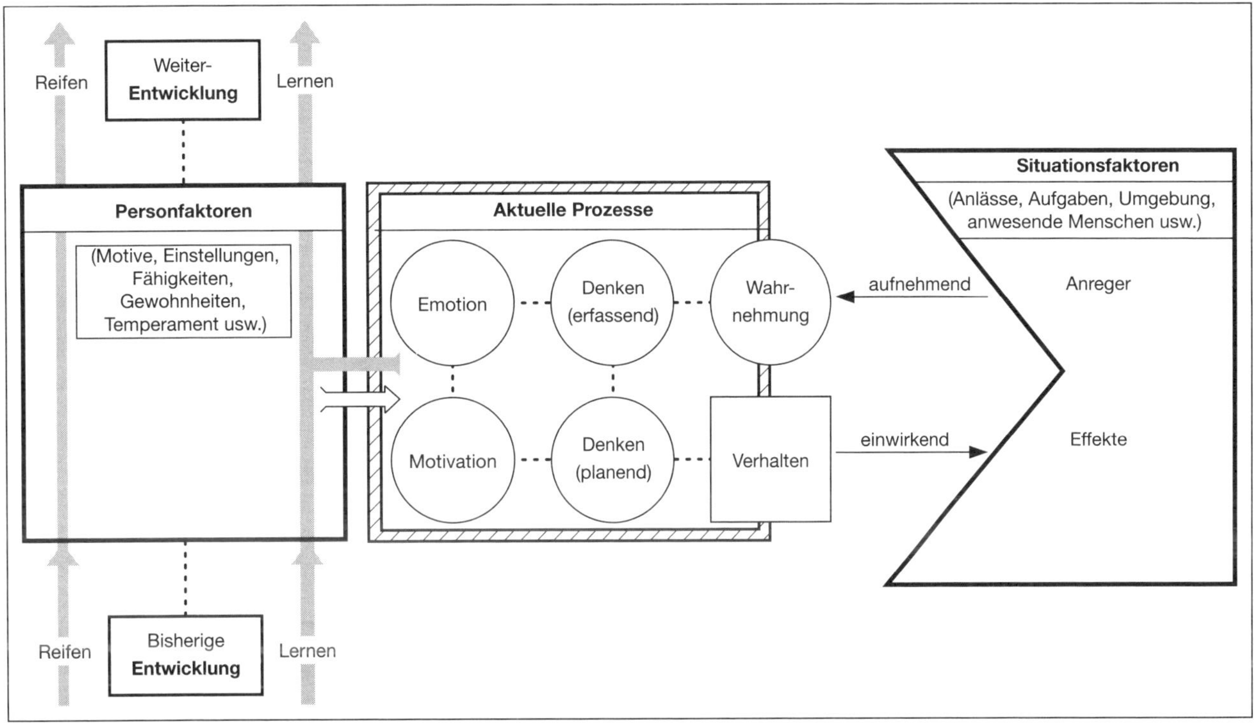

Tafel 26: Integrierendes Modell zu grundlegenden Aspekten des psychischen Systems, dargestellt als Blick auf ein Individuum (= ohne Verdopplung im interpersonalen Bezug, s. hierzu Tafel 23, S. 103)

welches den personalen Faktoren geben sollte, wieweit Motivation »unbewusst« oder kognitiv ist usw. usw. Diese und viele andere Punkte werden teilweise kontrovers diskutiert und sind Gegenstand der Forschung. Das gilt, wie gesagt, auch für die dargestellte Binnengliederung der aktuellen Prozesse, weshalb das Modell in diesem Punkt nicht mehr theorieneutral ist.

Ähnlich unterschiedlich kann die Grundstruktur auch bei der Analyse von Praxisfällen ausgefüllt werden. Unterschiede kann es z. B. darin geben, welchen Raum ein explorierendes Gespräch über innere Prozesse einnimmt oder die Erfassung der objektiven Situationsfaktoren oder die Persönlichkeitsdiagnostik oder die Rückschau auf die Vergangenheit. Fortsetzen werden sich die Unterschiede bei der Frage, wo Ansatzpunkte für gezielte Veränderungen liegen.

8. Blickwinkel zum psychischen System: Gebiete und Richtungen

In diesem Kapitel wurden grundlegende Aspekte des psychischen Systems skizziert. Mit diesem Gegenstand »psychisches System« kann nun die Wissenschaft in unterschiedlicher Weise »umgehen«.

Eine typische Art dieses Umgangs ist es, nicht alle genannten Aspekte gleichzeitig oder mit gleicher Intensität zu betrachten, sondern einige stärker und andere schwächer. Je nach Schwerpunktbildung ergeben sich dann verschiedene »Gebiete« der Psychologie. Einige Gebiete (»Grundlagengebiete«) leiten ihren Gegenstand aus den grundlegenden Systemaspekten ab (z. B. Entwicklung). Andere Gebiete hingegen werden aufgrund von Fragestellungen gebildet, die sich nicht aus dem psychischen System selbst ergeben, sondern aus bestimmten Lebensproblemen oder beruflichen Anforderungen (z. B. Pädagogische Psychologie).

Des Weiteren kann psychisches Geschehen mit unterschiedlichen »Theorie-Augen« betrachtet werden. Das heißt, es gibt unterschiedliche Auffassungen darüber, wie man sich sozusagen die »Funktionsweise« des Gesamtsystems vorzustellen hat und wie einzelne Komponenten (z. B. die zuvor erwähnte Motivation) inhaltlich auszufüllen sind. Solche Lehrmeinungen oder Richtungen bestimmen die wissenschaftlichen Kontroversen; sie sind aber keine »Gebiete« im vorher beschriebenen Sinne, sondern bestimmte Deutungsweisen.

Zusammengefasst sind es drei Typen von Blickwinkeln, unter denen das psychische System häufig betrachtet wird und die in der psychologischen Literatur daher immer wieder vorkommen:

- Blickwinkel, die sich direkt auf das psychische System beziehen (systembezogene bzw. Grundlagengebiete)
- Blickwinkel, die sich aus Praxisanforderungen ergeben (praxisbezogene oder Anwendungsgebiete),
- bestimmte theoretische Sichtweisen (»Richtungen«, »Schulen«).

Diese Blickwinkel werden in den folgenden Kapiteln näher behandelt.

KAPITEL 4
Systembezogene Blickwinkel (»Grundlagengebiete«)

1. Allgemeine Psychologie

Thema der Allgemeinen Psychologie sind die allgemeingültigen Gesetzmäßigkeiten des psychischen Geschehens. Von zwischenmenschlichen Unterschieden absehend interessiert sie sich gerade für das grundlegend Gleiche, das Gemeinsame im psychischen Geschehen der Menschen. Dabei steht das Wie und nicht das Was im Vordergrund (Müsseler & Prinz 2005). Es geht z. B. mehr um Denkprozesse und weniger um Denkinhalte.

Im Einzelnen beschäftigt sich die Allgemeine Psychologie mit den schon dargestellten Grundprozessen im psychischen System, insbesondere mit dem Wahrnehmen, dem Denken, der Motivation und Emotion sowie mit Lern- bzw. Gedächtnisprozessen. Auch psychologische Aspekte der Sprache, Kommunikation, der Handlungsplanung und -steuerung werden häufig thematisiert. Die Allgemeine Psychologie abstrahiert dabei notwendigerweise von der Wirklichkeit des Alltags, wo psychisches Geschehen an konkrete Personen und Situationen gebunden ist, die ja immer in gewissem Maße verschieden sind. Ihr Ziel ist es, theoretische Konstrukte zu entwerfen, mit denen die Grundprozesse in ihren allgemeinen Abläufen und in ihrem Zusammenwirken beschrieben und erklärt werden können. Allgemeinpsychologische Forschung ist ausgesprochene Grundlagenforschung (vgl. Spada 2005).

Kennzeichnend für das methodische Vorgehen der Allgemeinen Psychologie ist das *Experiment*. Im Experiment, das üblicherweise im psychologischen Labor stattfindet, können unterschiedliche Reizbedingungen, die auf den menschlichen (oder bei tierexperimentellen Untersuchungen auf den tierischen) Organismus wirken sollen, absichtlich und planmäßig hergestellt werden. Ziel solcher Experimente ist es, Veränderungen im psychischen Geschehen (»abhängige Variable«) auf die Variation genau festgelegter Reizbedingungen (»unabhängige Variable«) zurückzuführen. Hierzu ist es notwendig, den

Einfluss anderer, »störender« Reizbedingungen, zu kontrollieren. Außerdem muss die individuelle Variation kontrolliert werden, die jede Versuchsperson durch ihre Dispositionen in das Experiment mit hineinbringt. Die Wissenschaftler arbeiten daher mit mehr oder minder großen Stichproben von Versuchspersonen und sorgen z. B. dafür, dass die Experimentalgruppe, die einem bestimmten Einfluss ausgesetzt wird, und die Kontrollgruppe (die ihm nicht ausgesetzt wird) untereinander vollständig vergleichbar sind. In der Regel wird dies durch eine zufällige Aufteilung der Versuchspersonen auf die beiden Gruppen erreicht. Hinweise zur Planung und Durchführung von Experimenten gibt die psychologische Methodenlehre, die in Verbindung mit statistischen Verfahren die Auswertung komplexer Versuchspläne ermöglicht (vgl. Beller 2004; Huber 2005, Sarris & Reiß 2005).

Ein weiteres Beispiel soll das allgemeinpsychologische Vorgehen verdeutlichen. Lernt man z. B. Namen der Länder Afrikas auswendig und überprüft in bestimmten Zeitabständen, was vom Gelernten noch erhalten geblieben ist, so kann man feststellen, dass anfangs sehr schnell, später jedoch immer langsamer vergessen wird. Der größte Teil wird in den ersten 24 Stunden vergessen. Aufgezeichnet ergibt sich aus diesem Verlauf eine typische *Vergessenskurve*. In *Tafel 27* ist sie für das Behalten von einer Serie sinnloser Silben (z. B. joq, kom, bup) wiedergegeben, wie sie von Hermann Ebbinghaus (1885), dem Pionier der experimentellen Gedächtnisforschung, aufgezeichnet wurde. Allgemeinpsychologische Fragen sind hier: Welche Rolle spielt die Menge des Lernmaterials? Ist der Verlauf bei jedem Lernmaterial gleich oder gibt es z. B. Unterschiede zwischen einer Reihe sinnloser Silben, einer Einkaufsliste und den Kernaussagen eines Textes? Welche Rolle spielen zwischenzeitliche stille Wiederholungen? Welche Rückschlüsse auf Speicherungsvorgänge im Kurz- und Langzeitgedächtnis sind möglich?

Die Allgemeine Psychologie beschäftigt sich aber nicht nur mit einzelnen dieser Grundprozesse, sondern auch mit komplexerem psychischem Geschehen, welches auf dem Zusammenwirken der verschiedenen Grundprozesse beruht. Genannt seien hier etwa die Handlungsregulierung und das komplexe, realitätsnahe Problemlösen, bei denen kognitive Prozesse (d. h. Wahrnehmungs-, Gedächtnis-, Denkprozesse) und emotional-motivationale Prozesse zusammenwirken. Auch im Falle der Vergessensraten wäre z. B. zu untersuchen, in welcher Weise sich Emotionen auf das Behalten auswirken. Die Berück-

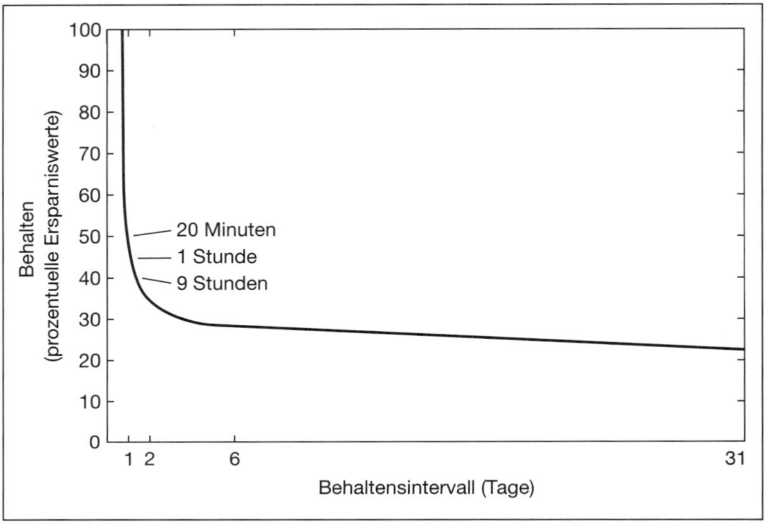

Tafel 27: Die Vergessenskurve nach Ebbinghaus (1885). Das Behalten sinnloser Silben wird durch die Ersparnis beim erneuten Lernen gemessen. Die Behaltensleistung fällt mit zunehmendem Intervall zwischen dem ursprünglichen Lernen und der Reproduktion ab, wobei sich die Vergessensrate verlangsamt (aus: Anderson 2001, S. 173).

sichtigung vieler Komponenten des psychischen Geschehens mündet dann gegebenenfalls in die Konstruktion allgemeiner Funktionsmodelle, die zwar zu komplex sind, um sie als Ganzes zu überprüfen, die aber eine hilfreiche Leitlinie für die Analyse und Formulierung von Hypothesen bieten.

Insgesamt richtet sich die Allgemeine Psychologie an der empirisch-analytischen Forschungstradition der Naturwissenschaften aus. Dies hat unter anderem auch zu mathematisch formalisierten Modellvorstellungen geführt. Darüber hinaus ist es in jüngster Zeit zu einer Verbindung mit der neurophysiologischen Forschung, hier insbesondere mit den kognitiven Neurowissenschaften, gekommen (Engelkamp & Zimmer 2006). Ihnen geht es um die Untersuchung psychologischer Modelle z. B. der Motivation und deren neuronale Grundlagen. Weiterhin ist eine Orientierung an Modellen festzustellen, die von der Informatik entwickelt worden sind. So gibt es vermehrt Ansätze, die Prozesse und Strukturen der kognitiven Aktivitäten des Menschen in

Analogie zur Arbeitsweise des Computers als Prozesse der Informationsverarbeitung beschreiben und analysieren (vgl. Anderson 2001).

2. Differenzielle und Persönlichkeitspsychologie

Dass Menschen sich in ihrem Erleben und Verhalten voneinander unterscheiden, ist jedem klar. Die überwiegende Anzahl der Menschen empfindet sich auch selbst als einzigartige, unverwechselbare Persönlichkeit. In einzelnen Aspekten (z. B. Motive, Selbstbild, kognitiv-intellektuelle Kompetenzen) mögen sie anderen Menschen sehr ähneln. In ihrer »Persönlichkeit«, in der Organisation ihrer gesamten Dispositionen sind sie jedoch einmalig.

Mit den Unterschieden zwischen Personen beschäftigen sich die Persönlichkeitspsychologie und die Differenzielle Psychologie (Weber & Rammsayer 2005). Ziel der Persönlichkeitspsychologie ist es, typisches Erleben und Verhalten der Person in ihrer Einzigartigkeit und relativen Stabilität zu beschreiben, zu verstehen bzw. zu erklären und vorherzusagen. Die Differenzielle Psychologie konzentriert sich eher auf einzelne Persönlichkeitsaspekte. Dementsprechend findet man Lehrbücher, in denen vorrangig Theorien dargestellt werden, die die gesamte Persönlichkeit zum Inhalt haben, und andere, die sich mit einzelnen Dispositionen und den Problemen ihrer Messung beschäftigen.

Differenzielle Psychologie

Will man Menschen trotz ihrer Einmaligkeit nach psychologischen Gesichtspunkten vergleichen, dann müssen gemeinsame Beschreibungsgesichtspunkte gefunden werden, anhand deren sie sich unterscheiden lassen. Die Aufgabe, die sich hier der Wissenschaft stellt, ist aus dem alltäglichen Leben durchaus vertraut: Es werden zumeist mehr oder weniger abstrakte Eigenschaftsbegriffe benutzt (z. B. sensibel, warmherzig, eingebildet), um Menschen zu beschreiben (z. B. »Hans ist ziemlich eingebildet, Beate überhaupt nicht«). Diese Eigenschaftsbeschreibungen beruhen in aller Regel auf unsystematischen, gelegentlichen Beobachtungen. Die Wissenschaft ist bemüht, diese Unzulänglichkeiten zu überwinden und zu einer abgesicherten Systematik der Beschreibung von Personen zu gelangen (Amelang et al. 2006).

Worin sich Menschen unterscheiden

- *Kompetenzen (»Womit?«)*
  Motorisch-physische Kompetenzen: Reaktionsgeschwindigkeit, Handgeschicklichkeit etc. Kognitive Kompetenzen: räumliche Vorstellung, Sprachverständnis, Rechenfertigkeit, logisches Denkvermögen etc.
- *Motive (»Warum?«)*
  Bedürfnis nach Geselligkeit, Leistungsmotiv, Interessen; soziale Einstellungen, politische Werthaltungen etc.
- *Gefühlsneigungen (»Wie?«/»Warum?«)*
  Neigung zu Heiterkeit, Furcht, Ärger, Widerwille, Verachtung etc.
- *Verhaltens- und Erlebnisstile, Temperamente (»Wie?«)*
  Extraversion, emotionale Stabilität, Feinfühligkeit, Schnelligkeit, etc.
- *Selbstbild (»Womit?«/»Warum?«/»Wie?«)*
  Wie Menschen sich selbst beschreiben, z. B. nach Merkmalen wie Willenskraft, Extraversion, Gefühlsbetontheit, Fähigkeiten etc.

Tafel 28: Verschiedene Gruppen von Dispositionen, die Thema der Differenziellen Psychologie sein können

In der Differenziellen Psychologie, werden häufig folgende Merkmale untersucht: Intelligenz, Aggressivität, Ängstlichkeit, Leistungsmotiv, Bewältigungsstile, Erwartungshaltungen und Selbstwertgefühl. Daneben gibt es vernachlässigte Themen wie Sexualität, Sadismus, Masochismus und Machtstreben. Dispositionen aus dem Bereich positiver zwischenmenschlicher Beziehungen, wie das Gesellungsmotiv, soziale Kompetenz, hilfreiches Verhalten, Dankbarkeit oder Vertrauen, finden seit einiger Zeit verstärkt Beachtung in der »positiven Psychologie« (vgl. Auhagen 2004).

Diese und weitere Aspekte der Persönlichkeit lassen sich nach mehreren Gesichtspunkten gliedern (s. auch S. 67). *Tafel 28* gibt einen Überblick. In ihm ist u. a. eine Unterscheidung von Dispositionen aufgenommen worden, die Cattell vorgeschlagen hat. Er unterscheidet Fähigkeiten, Motive und Temperamentsmerkmale (vgl. Fisseni 2008). Wie zu erkennen ist, beschränkt sich die Differenzielle Psychologie nicht nur auf den emotional-motivationalen Bereich, während in den Persönlichkeitstheorien hierauf der Schwerpunkt gelegt wird).

Individuen unterscheiden sich durch ihre Ausprägungen auf diesen Dispositionen; darin besteht ihre Individualität. Rein rechnerisch könnten z. B. schon durch 10 solcher Merkmalsdimensionen mit jeweils 10 Ausprägungsgraden 10 Milliarden (!) Menschen unterschiedlich beschrieben werden.

Persönlichkeitspsychologie

Unter »Persönlichkeit« wird in der Psychologie Verschiedenes verstanden. In den Definitionen wird deshalb auch Unterschiedliches betont. Mal wird z. B. die Dynamik des funktionalen Zusammenspiels einzelner Komponenten hervorgehoben, mal die überdauernden individuellen Unterschiede; mal geht es um die Anpassung, mal um das messbare Verhalten. Eine Übersicht über verschiedene Positionen gibt *Tafel 29*. Eine weithin akzeptierte Auffassung vertritt Theo Herrmann. Mit ihm teilen auch die meisten Persönlichkeitspsychologen die Ansicht, dass Persönlichkeit ein sehr allgemeines theoretisches Konstrukt ist, »dessen hinreichende, empirisch kontrollierte Präzisierung – wenn überhaupt – erst in ferner Zukunft zu erwarten ist« (Herrmann 1991, S. 40).

In der Persönlichkeitspsychologie sind sehr viele und sehr verschiedenartige Theorien entwickelt worden. Um zu einer Übersicht und

Was in der Psychologie unter Persönlichkeit verstanden wird: Einige Positionen

»Das, was eine Vorhersage über das Verhalten einer Person in einer bestimmten Situation erlaubt.« (R. B. Cattell)

»Die dynamische Organisation jener psychophysischen Systeme innerhalb des Individuums, welche dessen einzigartige Anpassung an seine Umgebung bestimmen.« (G. W. Allport)

»Die mehr oder weniger stabile und andauernde Organisation des Charakters, Temperaments, Intellekts und der Konstitution einer Person, die ihre einzigartige Anpassung an die Umwelt bestimmt.« (H. J. Eysenck)

»Die einzigartige Struktur von Wesenszügen einer Person.« (J. P. Guilford)

»Die kennzeichnenden Verhaltensformen, die die Anpassung jeder Person an die Situationen in ihrem Leben charakterisieren.« (W. Mischel)

»Persönlichkeit stellt ein bei jedem Menschen einzigartiges, relativ stabiles und den Zeitablauf überdauerndes Verhaltenskorrelat dar.« (Th. Herrmann)

Tafel 29: Definitionen der Persönlichkeit

Ordnung zu gelangen, werden in den Lehrbüchern gewöhnlich zwei Wege eingeschlagen. Es werden entweder einzelne Theorien dargestellt und anhand vorgegebener Kriterien verglichen oder aufgrund ähnlicher Merkmale werden Theorien zu Gruppen zusammengefasst.

Beim Vergleich einzelner Theorien werden vor allem Kriterien herangezogen wie diese:

- Wird mehr Gewicht auf die »Person« gelegt oder wird die »Situation« oder die »Interaktion« von Person und Situation mehr beachtet?
- Wird die Persönlichkeit von ihrer statischen Struktur her betrachtet, oder wird sie vornehmlich als Prozess, als sich veränderndes System verstanden?
- Stehen mehr die bewussten inneren Prozesse der Person oder eher unbewusste Prozesse und Strukturen im Mittelpunkt?

Häufiger findet man in der Literatur Überblicke, in denen Persönlichkeitstheorien, die mehrere gemeinsame Merkmale aufweisen, zusammengefasst werden (vgl. Laux 2008, Asendorpf 2007a, Fisseni 2008). Diese Klassifizierungen sind nicht einheitlich, weil sie von verschiedenen Unterscheidungskriterien ausgehen. Wir orientieren uns im Folgenden an einer Systematik, die zwischen psychodynamischen, eigenschaftstheoretischen, phänomenologischen, kognitiv-behavioristischen und dynamisch-interaktionistischen Theorien unterscheidet. In der Darstellung beziehen wir zugleich die vorher genannten Vergleichskriterien mit ein.

Die *psychodynamischen* Theorien, als deren bekannteste Vertreter die Tiefenpsychologen Sigmund Freud, Alfred Adler und Carl Gustav Jung zu nennen sind, messen der unbewussten Determination des Erlebens und Verhaltens durch Triebe und Bedürfnisse, der Reifung und der frühkindlichen Erfahrung besondere Bedeutung bei. Sie gewichten zudem die Person weit höher als die Situation und betonen sowohl die Struktur wie die Prozesshaftigkeit der Person. Den Aufbau der Person konzipieren sie unterschiedlich. Freud entwickelte z. B. ein Strukturmodell des »psychischen Apparates« mit den bekannten psychischen »Instanzen« des »Es«, »Ich« und »Über-Ich«.

Eigenschaftstheoretische Ansätze erklären beobachtbares Verhalten bzw. die aktuellen Prozesse durch mehr oder weniger umfassende Dispositionen, die mit Eigenschaftswörtern benannt werden (z. B.

»emotionale Ausgeglichenheit«). Es handelt sich dabei um Beschreibungen, die durch Einschätzung aufgrund mehrerer Beobachtungen zustande kommen. Im Falle der »emotionalen Ausgeglichenheit« sind es z. B. adverbiale und adjektivische Beschreibungen wie: gelassen, nicht aus der Ruhe zu bringen, gründlich, gewissenhaft, beständig. Da hier verschiedene Verhaltens- und Erlebnisweisen zu einem gemeinsamen Merkmal zusammengefasst werden, ergibt sich für die Personbeschreibung der große Vorteil einer Reduktion der Komplexität des Erlebens und Verhaltens. Diese Reduktion ist aber auch eine interpretierende Abstraktion. Das »Gemeinsame« ist in den aktuellen Prozessen bzw. Verhaltensweisen *so* nicht vorhanden. Es ist ein »hypothetisches Konstrukt«, unter dem tatsächlich Verschiedenes, wenn auch Ähnliches und Zusammengehöriges, subsumiert wird. Zwar gehen einige Autoren davon aus, dass diese Eigenschaften – obwohl nicht direkt beobachtbar – im Individuum tatsächlich vorhanden, also reale Größen im Sinne neuropsychischer Strukturen sind. Mehrheitlich wird aber die Auffassung vertreten, diese Dispositionen seien theoretische Hilfskonstruktionen, die der Forscher erfindet – nicht findet! –, um die beobachtbaren Konsistenzen im Erleben und Verhalten von Individuen beschreiben und auch erklären zu können.

Bedeutende Vertreter eigenschaftstheoretischer Auffassungen der Persönlichkeit sind Cattell, Guilford und Eysenck. In ihren faktorenanalytischen Untersuchungen haben sie als einen der grundlegenden Faktoren zur Persönlichkeitsbeschreibung die »Extraversion vs. Introversion« ermittelt. Damit wird die Unterschiedlichkeit der Menschen hinsichtlich ihrer Aktivität, Geselligkeit, Selbstbehauptung und sozialen Anpassung erfasst. Neuere Forschungen (im kritischen Überblick: Asendorpf 2007a) legen nahe, dass es fünf Faktoren sind (»Big-Five-Struktur«, *s. Tafel 16*, S. 70), mit denen die Persönlichkeit grundlegend beschrieben werden kann. Der Faktor »Extraversion vs. Introversion« ist einer von ihnen. Im Unterschied zu anderen Typen von Persönlichkeitstheorien halten die Eigenschaftstheorien Personfaktoren für wichtiger als Situationsfaktoren, konzentrieren sich eher auf die statischen bzw. strukturellen Aspekte. Hinsichtlich der Bedeutung bewusster bzw. unbewusster Determination des Verhaltens sind sie indifferent.

Während das Big-Five-Faktorenmodell der Persönlichkeit eher auf überdauernde Eigenschaften der Person verweist, haben andere Forscher auf die sich verändernden Aspekte von Personen aufmerksam und sie der persönlichkeitspsychologischen Erforschung zugänglich gemacht.

Vor allem durch die *phänomenologischen Theorien* wird eine andere Position vertreten. Sie gehen von der Person als »real existierendem seelischem Sein« aus und sehen in ihr das intentional tätige Subjekt, das aufgrund eigener Entscheidungen handelt (vgl. Graumann & Metraux 1977). Die Persönlichkeit eines Menschen ist demnach letzten Endes die Summe seiner individuellen Entscheidungen, die er in Anbetracht seiner personalen und situativen Möglichkeiten getroffen hat. Eigenschaften einer Person werden danach durchaus nicht »erfunden«, sondern die Forschung muss sie »entdecken« (vgl. Lockowandt 1994). In den phänomenologischen Theorien wird einerseits die Beziehung des Individuums zu sich selbst hervorgehoben, wobei das Selbstkonzept (»Selbstbild«) von besonderer Bedeutung ist. Andererseits interessiert sie die Beziehung des Individuums zu seiner Um- und Mitwelt, genauer: wie diese wahrgenommen und interpretiert wird. Diese Theorien legen ebenso wie die vorgenannten das Schwergewicht auf die Person, betonen dabei aber besonders die Bewusstheit psychischen Geschehens und heben den Prozesscharakter der Persönlichkeit hervor.

Vertreter phänomenologischer Persönlichkeitstheorien finden wir vorwiegend in der humanistisch orientierten Psychologie und ihren existenzialistischen Varianten, so z. B. bei Abraham Maslow, Carl R. Rogers oder Rollo May, die in den 1950er- und 1960er-Jahren ihre Theorien entwickelten. Ein neuerer Ansatz stammt von McAdams (1994). Er unterscheidet z. B. neben grundlegenden Persönlichkeitseigenschaften »persönliche Anliegen«, womit er Ziele, Pläne, Bestrebungen, Projekte, Lebensaufgaben, Bewältigungsstrategien etc. meint, die charakteristisch für eine Person sein können, sich im Laufe des Lebens aber auch verändern. Ein weiterer Aspekt sind die »Lebenserzählungen«, mit denen Personen versuchen, Episoden, Ereignissen und Entwicklungen in ihrem Leben einen Sinnzusammenhang zu geben, und so ein Bild von sich selbst entwerfen (»Selbstkonzept«; Greve 2000). Diese Erzählungen mögen noch veränderlicher sein in Bezug auf die Lebensabschnitte, die eine Person gerade durchlebt oder in Bezug auf die Öffentlichkeit, an die die Erzählung adressiert ist, gleichwohl sind sie Kennzeichen einer bestimmten Person (Laux & Renner 2005).

Die *lerntheoretische Konzeptionen* entstammen der angloamerikanischen behavioristischen Tradition. In den klassischen Ansätzen des

Behaviorismus wird Persönlichkeit gleichgesetzt mit dem Verhaltensrepertoire, welches das Individuum im Laufe seiner Lerngeschichte aufgrund von Bekräftigungen erworben hat. Dieses Verhaltensrepertoire, »Habit-System« genannt, besteht aus einzelnen Gewohnheiten (»Habits«), die durch bestimmte Reize aktiviert werden (vgl. Pervin, Cervone & John 2005).

Zunehmend wurden in den letzten Jahren kognitive Elemente in die behavioristische Analyse des Verhaltens und seiner Erklärung mit einbezogen. Habits können dann auch bestimmte »Wahrnehmungsgewohnheiten« sein wie etwa die, viele Situationen als leistungsbezogen wahrzunehmen, oder auch »Erwartungshaltungen« wie etwa die Überzeugung, dass die Ergebnisse eigenen Handelns unter persönlicher Kontrolle stehen oder dass sie vom Zufall oder Schicksal abhängig sind (sog. internale vs. externale Kontrollüberzeugungen). Wichtige weitere Konzepte wie »Selbstwirksamkeitserwartungen«, »Handlungskontrolle« und »Attributionsstile« sind im Rahmen dieser Theorierichtung entwickelt worden (vgl. Krampen 2000).

Zwar bleiben auch diese inneren Prozesse in ein Reiz-Reaktions-Schema eingebettet, doch »Situation« ist jetzt nicht mehr eine objektive, physikalisch bestimmbare Größe, sondern eine subjektive, vom Individuum wahrgenommene und interpretierte.

Hierauf bauen *dynamisch-interaktionistische Persönlichkeitstheorien* auf. Sie erklären Erleben und Verhalten aus der Interaktion (»Wechselwirkung«) von Person- und Situationsmerkmalen. Sie zählen zu den modernsten und anspruchsvollsten Ansätzen in der Persönlichkeitspsychologie (vgl. Asendorpf 2007b).

3. Entwicklungspsychologie

Die individuellen Dispositionen verändern sich im Laufe der Zeit und mit ihnen die aktuellen Prozesse. In unserem integrierenden Modell ist dieser Aspekt durch die vertikale Achse berücksichtigt. Die Entwicklungspsychologie beschäftigt sich mit solchen »Veränderungen und Stabilitäten im Lebenslauf« (Montada 2002, S. 3), wobei alle Altersstufen, und nicht nur Kindheit und Jugendalter, zu ihrem Gegenstand gehören. Sie werden heute nicht nur aus altersbezogener Perspektive betrachtet und analysiert, sondern vermehrt auch bezüglich der Entwicklung interindividueller Differenzen generell oder bezüglich einzelner Personfaktoren (z. B. Entwicklung von hochbegabten Menschen; Rost, Buch & Sparfeldt 2007). Eine andere neuere Perspektive betrifft die Kulturabhängigkeit der Entwicklung (Keller 2007). Dispositionsveränderungen durch die berufliche Situation, familiäre Belastungen, Trainings, Psychotherapie, Unterricht u. a. m. sind hingegen kein genuines Thema der Entwicklungspsychologie (siehe Klinische Psychologie, Pädagogische Psychologie).

Die Entwicklungspsychologie hat zwei wesentliche Aufgaben: erstens, den Entwicklungsprozess als einen lebenslaufbezogenen Veränderungsprozess zu beschreiben, und zweitens, den Entwicklungsvorgang zu erklären. Zunehmend an Bedeutung gewinnen weitere Aufgaben: die Vorhersage, die Intervention und Optimierung von Entwicklungsverläufen (vgl. Hasselhorn & Schneider 2007). Durch die Verbindung mit der Klinischen Psychologie, Neuropsychologie, Neuroanatomie und Genetik hat die Entwicklungspsychologie in jüngster Zeit ihr Spektrum erweitert und wird diese Aufgaben umfassender wahrnehmen können. Sie wird vielleicht in einer Entwicklungswissenschaft aufgehen, die die bio-psycho-sozialen Mechanismen der menschlichen Entwicklung insgesamt fokussiert (Petermann, Niehank & Scheithauer 2004).

Beschreibung

Die Beschreibung der Entwicklung wird häufig nach *Lebensabschnitten bzw. -phasen* gegliedert. In einer Zusammenschau werden dann Kleinkindalter, Kindheit, Jugendalter, Erwachsenenalter und Alter in den psychologisch wichtigen Aspekten dargestellt. Eine andere typische Beschreibung ist die nach *Funktionsbereichen*. In den Lehrbüchern findet man dann Themen wie: Entwicklung der Wahrnehmung, des Denkens, der Motivation, der Emotion, der Motorik, der Sprache, also die Entwicklung der so oder anders unterschiedenen aktuellen Prozesse sowie auch ihre entwicklungspsychopathologischen Ausprägungen (vgl. Oerter & Montada 2002; Röper, von Hagen & Noam 2001).

Als berühmtes Beispiel der Beschreibung nach Funktionsbereichen sei die Entwicklung des Denkens nach Jean Piaget in einer knappen Übersicht wiedergegeben (*s. Tafel 30*), auch wenn neuere Befunde zeigen, dass er die kognitiven Leistungen kleinerer Kinder deutlich unterschätzt hat und innerhalb einer Altersstufe recht unterschiedliche Leistungen möglich sind (im Überblick: Sodian 2007). Darüber hinaus kann die Entwicklung unter vielen weiteren Fragestellungen beschrieben werden, auch solchen, die eigentlich nicht einzelne Funktionen oder Subsysteme, sondern das psychische Gesamtsystem »im Hinblick auf ...« betreffen. So behandeln einige Lehrbücher z. B. die Persönlichkeitsentwicklung (Herausbildung der individuellen Eigenart), die Entwicklung des sozialen Verhaltens oder der emotionalen Kompetenz (vgl. Schmidt-Denter 2005; von Salisch 2002).

Ebenso können klinisch-psychologische Phänomene wie etwa Essstörungen, Depression, Hyperkinetisches Syndrom oder Delinquenz in ihrer Relevanz für die Entwicklung eines Menschen betrachtet werden (vgl. Oerter, von Hagen, Röper & Noam 1999).

Ungefähres Alter	*Entwicklungsphase*	*Beschreibung*
Geburt bis 2 Jahre	Sensomotorische Phase	Der Säugling lernt, sich selbst von der Umwelt zu unterscheiden; er sucht Stimulation und strebt nach der Wiederholung interessanter Ereignisse. Durch Manipulation an Objekten entsteht das Gegenstands-Schema: Die Dinge bleiben trotz Veränderungen in Raum und Zeit »sie selbst«
2–7 Jahre	Voroperative Phase	Beginn des Symbolgebrauchs; Spracherwerb
2–4 Jahre		Das Kind ist noch unfähig, die Perspektive anderer einzunehmen; es klassifiziert Dinge nach nur einer Haupteigenschaft (Egozentrische Phase)
4–7 Jahre		Das Kind beginnt, in Klassen und Relationen zu denken und mit Zahlen zu operieren. Diese Operationen sind aber noch rein »anschaulich« (Intuitive Phase)
7–11 Jahre	Phase der konkreten Operationen	Das Kind beherrscht in konkreten Situationen logische Operationen wie Umkehrbarkeit, Klassifikationen, Herstellen von Rangordnungen
11–15 Jahre	Phase der formalen Operationen	Übergang zum abstrakten Denken; Fähigkeit, Hypothesen zu testen (»Gedankenexperimente«)

Tafel 30: Piagets Stadien der kognitiven Entwicklung (nach Legewie & Ehlers 1992, S. 338)

Diese zuletzt angesprochenen Problemstellungen verdeutlichen differenziell-psychologische Fragestellungen der Entwicklungspsychologie (vgl. Hasselhorn & Schneider 1998). Relativ selten werden allerdings Allgemeine und Differenzielle Entwicklungspsychologie gleichrangig behandelt (etwa Weinert & Helmke 1997). Im Ganzen dominieren Themen der alterstypischen Entwicklung.

Erklärungen

Nun zur Erklärung, also zur Frage, welche Faktoren die Entwicklung vorantreiben. Zu beachten ist, dass das Alter nicht als Erklärung von Entwicklung herangezogen werden kann, da es selbst nichts verursacht oder bedingt. Als grundlegende Entwicklungsprozesse lassen sich Reifen und Lernen gegenüberstellen. Doch welches Gewicht und welche Rolle man den steuernden »Instanzen« beimisst (vgl. S. 87 ff.), also den Genen (für Reifung), der Umwelt (für Lernen) oder der Person selbst (auch für Lernen), darüber haben sich verschiedene Auffassungen herausgebildet (vgl. Miller 2003; Siegler, DeLoache & Eisenberg 2005). Mit Montada (2002; S. 5 f.) lassen sich vier Positionen unterscheiden (*s. Tafel 31*), je nachdem, ob die Person oder die Umwelt als aktiv oder nicht aktiv am Entwicklungsgeschehen beteiligt gesehen wird:

Endogenistische Theorien: Weder Umwelt noch Individuum sind aktiv an der Entwicklung beteiligt. Entwicklung ergibt sich aus der Reifung bzw. aus den genetischen Programmen. Aufgabe der Umwelt ist es, »entwicklungsangemessene« Bedingungen herzustellen, die diesen Reifungsprozess nicht stören, die z. B. die Kinder nicht unter-, aber auch nicht überfordern. Viele ältere Phasenlehren der Entwicklungspsychologie stützen sich auf diese reifungstheoretische Annahme.

		Umwelt	
		nicht aktiv	*aktiv*
Subjekt	*nicht aktiv*	Endogenistische Theorien	Exogenistische Theorien
	aktiv	Selbstgestaltungstheorien	Interaktionistische Theorien

Tafel 31: Erklärungspositionen der Entwicklung (nach Montada 2002, S. 5)

Exogenistische Theorien: Entwicklung steht unter der Kontrolle einer aktiven Umwelt. Die auf den Menschen einwirkenden Reize, die dem Verhalten vorausgehen oder ihm folgen, werden als Ursachen der Veränderung gesehen. Diese Position ist typisch für die lerntheoretische Erklärung der Entwicklung, wie sie der Behaviorismus (s. S. 182) gibt. Der Mensch kommt als »tabula rasa« auf die Welt. Was er wird, wird er durch Erfahrungen, denen er passiv ausgesetzt ist.

Selbstgestaltungstheorien: Der Mensch steht in einem aktiven Austausch mit der passiven Umwelt. Er reagiert auf die Umwelt nicht mechanisch, sondern durch seine Interpretation der Wirklichkeit. Wirklichkeit ist in diesem Verständnis also nie objektiv, sondern durch das Individuum aufgrund seiner Erfahrung subjektiv konstruiert. Jean Piaget ist der wohl bekannteste Vertreter dieser Gruppe von Entwicklungspsychologen. Seiner Auffassung gemäß entwickelt sich das aktive Individuum in Form von »Selbstkonstruktionen«, indem es auf der jeweiligen Entwicklungsstufe seine Umwelt mit den ihm zur Verfügung stehenden Erkenntnis- und Handlungsmöglichkeiten begreift und bearbeitet. Die Umwelt bleibt dabei in der Rolle einer »Bühne« bzw. eines Aktionsfeldes, sie determiniert die Entwicklung nicht direkt (vgl. Silbereisen 1996).

Interaktionistische Theorien: Ausgangspunkt ist das Gesamtsystem Mensch – Umwelt. Mensch und Umwelt sind beide aktiv am Entwicklungsgeschehen beteiligt, sie verändern sich und wirken aufeinander ein. Das Individuum verarbeitet die wahrgenommene Wirklichkeit nicht nur in subjektiver Weise, sondern ihr entsprechend greift es auch handelnd in seine Umwelt ein und verändert sie. Diese beeinflusst wiederum die Person und so fort in »dynamischer reziproker Wechselwirkung« (vgl. S. 101).

In der exogenistischen und interaktionstheoretischen Position wird die Umwelt als Entwicklungsfaktor stark betont. Aus ihrem Einfluss lässt sich daher auch gut jener Aspekt von Entwicklung erklären, der gemeinhin als *Sozialisation* bezeichnet wird und das Hineinwachsen in die Gesellschaft, die »Sozialwerdung« des Menschen, meint (vgl. Hurrelmann, Grundmann & Walper 2008). Unteraspekte sind etwa die geschlechtstypische und die politische Sozialisation. Diese Sozialisationsprozesse werden, wie die Entwicklung generell, als das ganze Leben umspannend angesehen. Wesentliche »Instanzen« der Sozialisation sind die Familie (»primäre Sozialisation«), Schule und Gleichaltrige (»sekundäre Sozialisation«) sowie Arbeit und Beruf (»tertiäre

altrige (»sekundäre Sozialisation«) sowie Arbeit und Beruf (»tertiäre Sozialisation«). Je nach theoretischer Position (s. o.) wird der Vorgang des Erwerbs gesellschaftlich erwünschter und akzeptierter Erlebens- und Verhaltensweisen anders erklärt: als eine aktive Auseinandersetzung des Individuums mit der aktiv beeinflussenden Umwelt oder als passive Formung durch unterschiedliche gesellschaftliche Einflüsse.

Neben der Beschreibung und Erklärung der Entwicklung beschäftigt sich die Entwicklungspsychologie auch mit Fragen der *Vorhersage* und *Veränderung* von Entwicklungsverläufen. Solche Problemstellungen erwachsen ihr vielfach aus den unterschiedlichen Praxisfeldern. Nach Trautner (2003) lassen sich sechs anwendungsbezogene Aufgabenstellungen der Entwicklungspsychologie unterscheiden: (1) Orientierung über den *Lebenslauf* – Was ist? Wissen über Alters- bzw. Entwicklungsnormen kann in der Praxis hilfreich sein, um die »Entwicklungsangemessenheit« von Interventionsmaßnahmen zu beurteilen (z. B. bei der Förderung eines wenig selbstständigen Jungen). (2) Ermittlung von *Entwicklungs- und Veränderungsbedingungen* – Wie ist etwas entstanden? Wissen über die Entstehung und Aufrechterhaltung eines Entwicklungsproblems (z. B. soziale Gehemmtheit und Ängstlichkeit eines Schulkindes) liefert Grundlagen für die Planung von Interventionen. (3) *Prognose* der Stabilität und Veränderung von Personmerkmalen, Entwicklungs- und Störungsprognose – Was wird? Gibt sich die Schüchternheit des Adoleszenten im Erwachsenenalter wieder? (4) Begründung von *Entwicklungs- und Interventionszielen* – Was soll werden? Die Entwicklungspsychologie kann zur Begründung solcher Ziele beitragen, indem sie z. B. den Nutzen von frühkindlichen Förderungsmaßnahmen bewertet. (5) Planung von *Interventionsmaßnahmen* – Wie können Ziele erreicht werden? Für diese Planungsentscheidungen kann die Entwicklungspsychologie vielfältiges Wissen bereitstellen. (6) *Evaluation* von Entwicklungsinterventionen – Was ist geworden? Die angewandte Entwicklungspsychologie kann zur Abschätzung der Effizienz und Effektivität solcher Interventionen beitragen.

4. Sozialpsychologie

Aus der Interaktion der Menschen untereinander ergibt sich eine soziale, d. h. eine zwischen- oder auch mitmenschliche Perspektive.

Mit ihr beschäftigt sich die Sozialpsychologie. Sie ist eine Grenzwissenschaft zwischen Psychologie und Soziologie. Ihr Gegenstand ist »sowohl die Analyse des sozial determinierten Verhaltens und Denkens von Individuen als auch das Verhalten von Gruppen. Somit sind die Objekte sozialpsychologischen Erkenntnisinteresses individuelle und überindividuelle Phänomene sowie ihre möglichen Wechselwirkungen« (Bierbrauer 2005, S. 31). Der einflussreiche amerikanische Sozialpsychologe Gordon W. Allport definierte es als ihre Aufgabe, »zu verstehen und zu erklären, wie das Denken, Fühlen und Verhalten von Individuen durch die reale, vorgestellte oder implizite Gegenwart anderer beeinflusst wird« (zit. n. Graumann 1974, S. 336).

Mit diesen Definitionen umfasst die Sozialpsychologie mehr als die Interaktion, Kommunikation und soziale Beziehung, so wie wir sie in Kapitel 3 unter dem Grundaspekt »Interpersonale Bezüge« dargestellt haben. Dort ging es ausdrücklich nur um das »Inter« im engeren Sinne, nämlich nur um jene wechselseitige Bezogenheit und Beeinflussung, die in den anderen Grundaspekten noch nicht enthalten und zusätzlich zu beachten sind. Die Sozialpsychologie hingegen thematisiert die interpersonalen Bezüge viel umfassender: auch bezüglich sozial relevanter Prozesse (z. B. Menschen beurteilen), personaler Dispositionen (z. B. soziale Einstellungen) und nicht zuletzt bezüglich situativer Kontexte (z. B. Gruppendruck, Autoritätssysteme). Doch nie geht es um einzelne Menschen für sich, sonder immer mit einem Bezug zu anderen!

Betrachtet man das Themenspektrum der Sozialpsychologie, wie es in Lehrbüchern ausgebreitet wird (vgl. Bierhoff & Frey 2006; Gollwitzer & Schmitt 2006; Jonas, Stroebe & Hewstone 2007), so richtet ein Teil der Themen den Blick vorrangig auf das sozial orientierte Individuum (z. B. soziale Kognitionen, Einstellungen, soziale Motive), während sich andere Themen mit Menschen unter dem direkten Einfluss anderer, insofern stärker mit dem sozialen Kontext beschäftigen (z. B. Kommunikation, Gruppen).

Akzent: Soziales Individuum

Soziale Kognitionen: Hier geht es um die Analyse von Prozessen und Strukturen der »Personwahrnehmung«, um das soziale Verstehen und die soziale Urteilsbildung, um die Zuschreibung (»Attribution«) von Eigenschaften und Intentionen auf sich selbst und andere Personen im Zusammenhang mit sozialen Interaktionen.

Laien gehen hierbei ähnlich, aber nicht so systematisch und methodisch abgesichert vor wie Wissenschaftler. Sie entwickeln »naive« Theorien, mit denen sie das eigene oder das Verhalten anderer Personen mehr oder weniger gut beschreiben, erklären und vorhersagen können (Six & Six-Materna 2006). Dabei werden häufig wenige Informationen schnell zu einem Bild vervollständigt, da zumeist feste Erwartungen darüber bestehen, welche Merkmale zusammengehören (z. B. »Wer lügt, stiehlt auch«). Dass die Verknüpfung von Eigenschaften in der Vorstellung des Beobachters (»implizite Persönlichkeitstheorie«) auch Konsequenzen für das Verhalten gegenüber der wahrgenommenen Person haben kann, liegt auf der Hand (z. B. der Person mit Vorsicht zu begegnen). Auch noch aus einem anderen Grund. Denn die Zuschreibung von Gründen (»Kausalattribution«) für das Verhalten unterliegt dem »fundamentalen Attributionsfehler« (vgl. hierzu Ross & Nisbett 1991). Wie bereits früher erörtert (s. S. 41), neigen Menschen dazu, das Verhalten anderer eher mit Dispositionsbegriffen zu erklären und situative Aspekte zu vernachlässigen.

Früher eher randständig in der Sozialpsychologie behandelt, rücken heute Themen mehr ins Zentrum, die die Wahrnehmung der eigenen oder anderer Personen, die Selbstregulation, das Selbstwertgefühl, die Selbstpräsentation und personbezogene Aspekte der Beziehung zwischen den Menschen bearbeiten (z. B. autoritäre Persönlichkeit, Autoritätsgehorsam, soziale Dominanz, Narzissmus) (Bierhoff & Frey 2006).

Bei der Erforschung der sozialen Kognitionen ergeben sich Bezüge zu der sich entwickelnden soziokognitiven Neurowissenschaft, die die neuronalen und endokrinen Mechanismen mit untersucht, die diesen Prozessen sozialer Informationsverarbeitung zugrunde liegen (Kerschreiter & Mojzisch 2006).

Soziale Einstellungen: Dieser Forschungsbereich überschneidet sich z. T. mit dem der »sozialen Kognitionen«. Der Begriff der Einstellung meint in seiner ursprünglichen Bedeutung eine »Stellungnahme zu etwas, und zwar gegenüber Personen, Gruppen, Objekten, Sachverhalten, ja selbst gegenüber Ideen oder Ideologien« (Bem 1974, zit. n. Bierbrauer 2005, S. 114). »Stellungnahme« heißt, dass Menschen den Gegenständen der sozialen Welt gegenüber gefühlsmäßig mehr oder weniger positiv oder negativ »eingestellt« sind, also Sympathie und Abneigungen empfinden (»Mein Kollege ist mir sympathisch«). Neben dieser *emotionalen* Komponente gehört zur Einstellung auch eine *kognitive* Komponente – ein »Bild« des anderen Menschen, eine

»Meinung« oder »Überzeugung« (»Ich halte ihn für intelligent und kooperativ«). Vielfach wird auch noch eine *verhaltensbezogene* Komponente hinzugerechnet, d. h. die Tendenz, entsprechend den Emotionen und Kognitionen zu handeln (»Ich werde ihn fragen, ob wir nicht enger zusammenarbeiten wollen«). Diese Tendenz ist aber nicht gleichzusetzen mit tatsächlichem Verhalten, denn hier spielen dann situative, aber auch emotional-motivationale Faktoren eine entscheidende Rolle (z. B. eine günstige Gelegenheit, um den Kollegen anzusprechen; Angst, ihn anzusprechen). Diese »Drei-Komponenten-Konzeption« der Einstellung ist sehr populär geworden.

Gegenwärtig wird aber solchen Einstellungstheorien größere Beachtung geschenkt, die davon ausgehen, dass Menschen rational sind und in Übereinstimmung mit ihren Absichten handeln (s. Kognitivismus als theoretische Sichtweise, S. 186 ff.). Die wichtigste dieser Theorien ist die »Theorie des geplanten Handelns« von I. Ajzen (1991; vgl. Bierhoff 2006). Ajzen nimmt an, dass eine Verhaltensintention (z. B. »Ich will mich heute Abend bei der Bürgerversammlung zu Wort melden«) von drei Einflussfaktoren bestimmt wird: (1) von der wahrgenommenen Handlungskontrolle (»Ich bin fähig, mich an der öffentlichen Diskussion zu beteiligen«), (2) der Einstellung gegenüber dem konkreten Verhalten (»Es ist gut, wenn ich mich beteilige«) und (3) der subjektiven sozialen Norm (»Meine Nachbarn fänden es gut, wenn ich das Wort ergreifen würde«). Die Verhaltensintention sagt das tatsächliche Verhalten dann am besten voraus, wenn es für die Person frei wählbar bzw. kontrollierbar ist (der Besuch der Bürgerversammlung sowie die Wortmeldungen sind freiwillig).

Die psychologische Funktion von Einstellungen besteht vor allem darin, dass sie (a) die Komplexität der wahrgenommenen Umwelt reduzieren und dem Individuum helfen, sich schnell zurechtzufinden, (b) die zwischenmenschliche Orientierung erleichtern, (c) zur Rechtfertigung des Verhaltens dienen können.

Einen klassischen, aber immer noch aktuellen Schwerpunkt sozialpsychologischer Einstellungsforschung bilden die Arbeiten zu Vorurteilen (z. B. Ausländerfeindlichkeit) und Stereotypen. Daneben stehen heute vielfach auch Untersuchungen im Vordergrund, die kognitive Prozesse oder Strukturen analysieren, z. B. die Rolle des Selbstbildes als Determinante von Einstellungen.

Spezielle soziale Verhaltensweisen und Motive: Vor allem zwei Varianten sozialen Verhaltens werden immer wieder zum Thema der Sozialpsychologie: a) die prosoziale Variante hilfreiches Verhalten und b) die antisoziale Variante aggressives Verhalten. Motivational akzentuierte Themen sind (c) Streben nach Geselligkeit, nach Kontakt und emotionalen Bindungen, (d) Streben nach Gerechtigkeit und Fairness im sozialen Miteinander und (f) Streben nach Kontrolle und Handlungsfreiheit, (g) interpersonale Attraktion, Zuneigung oder Ablehnung (vgl. Bierhoff 2006).

Sozialisation: Der Aspekt der Sozialisation ist in unserer Systematik unter »Entwicklungspsychologie« erwähnt worden als der sozialbezogene Aspekt der Entwicklung (s. S. 129). Vor allem geht es um die Entstehung und Veränderung sozialen Verhaltens und sozialer Einstellungen, die für die Mitgliedschaft in einer Gesellschaft von Bedeutung sind. Anders als bei der »aktuellen« Interaktion und Kommunikation geht es bei der Sozialisation um das Erlernen sozialer Dispositionen, also um relativ andauernde Veränderungen einer Person.

Akzent: Sozialer Kontext

Wo man mit anderen Menschen zusammen ist, sind diese gewöhnlich der wichtigste Situationsfaktor. Der aktuelle soziale Kontext kann Menschen sogar zu Verhaltensweisen veranlassen, die in Widerspruch zu ihren Einstellungen und anderen Personfaktoren stehen. Besonders deutlich wird dies an den Einflüssen, denen Menschen in einer Gruppe unterliegen. So ist denn auch der Konformitätsdruck in Gruppen ein klassisches Thema der Sozialpsychologie. Ebenso ist der Gehorsam in Autoritätssystemen, wie er zuerst in den spektakulären Experimenten von Stanley Milgram (1974; s. auch S. 99) untersucht wurde, ein Beispiel für die »Macht der Situation«.

Gruppenprozesse: Wann spricht man aber von einer Gruppe, was sind ihre charakteristischen Merkmale? Mit Thomas (1991, S. 97) kann man sie definieren als ein »Aggregat von Personen, die miteinander interagieren und gewisse Normen gemeinsam haben. Da eine Differenzierung der Rollen ein wesentliches Ergebnis des Interaktionsvorganges ist und da das Gefühl zusammenzugehören ein bedeutsames Ergebnis normativer Übereinstimmung ist, kann man auch kurz so definieren: eine Gruppe ist ein Aggregat von Personen, das durch Rollendifferenzierung und Wir-Gefühl gekennzeichnet ist«.

Der Sozialpsychologie geht es im Wesentlichen darum, die Entstehung von Gruppen, die Leistungsfähigkeit von Gruppen (im Vergleich zu der von einzelnen Personen), den Gruppenzusammenhalt (»Kohäsion«), die Gruppenübereinstimmung (»Konformität«) und die verschiedenen Gruppenstrukturen psychologisch zu beschreiben und zu erklären. *Tafel 32* gibt einen Überblick über Phasen der Gruppenentwicklung. All dies sind gruppeninterne Aspekte. Daneben, aber seltener, sind auch die Beziehungen *zwischen* verschiedenen Gruppen Thema der Sozialpsychologie (vgl. Wagner 1994).

Es gibt nun verschiedene Arten von Gruppen, z. B. Verwandtschaftsgruppen (Familie), Beschäftigungsgruppen (Arbeitsgruppe, »Team«), Freundschafts- und Interessengruppen (»Clique«). Menschen gehören in der Regel gleichzeitig mehreren Gruppen an. In manchen sind sie formale Mitglieder (»Mitgliedschaftsgruppe«), anderen fühlen sie sich in ihren Einstellungen zugehörig (»Bezugsgruppe« oder »Peergroup«). Beide Zugehörigkeiten sind im Prinzip

Wie sich Gruppen entwickeln		
Phasen	*Aufgabenstellung*	*Beziehungsdynamik*
Forming	Aufgabenformulierung und Klärung des organisatorischen Rahmens	• Kontaktaufnahme • Unsicherheit im Umgang miteinander
Storming	Klärung der Rollen- und Aufgabenverteilung	• Rangordnung wird ausgehandelt • Häufiger Rollenwechsel • Mögliche Konflikte um Aufgabenverteilung (Rivalität) • Untergruppen bilden sich
Norming	Normen und Werte der Gruppe werden ausgehandelt	• Rangordnung wird etabliert • Gegenseitige Akzeptanz • Aufgaben und Rollen sind geklärt
Performing	Aufgabenausführung / Arbeitsprozess	• Teamstruktur ist funktional zur Aufgabenstruktur • Team ist leistungsfähig und produktiv • Verhandeln des Wie der Arbeitsmethoden

Tafel 32: Phasen der Gruppenentwicklung nach Tuckman (leicht verändert aus: Balz & Spieß 2009, S.121)

auch dann möglich, wenn man mit den anderen Gruppenmitgliedern oder den meisten von ihnen nicht persönlich interagiert. Man ist z. B. laut Pass ein Deutscher oder fühlt sich einer weltweiten religiösen Strömung verbunden. In diesem Fall meint der Begriff der »Gruppe« lediglich eine soziale Kategorie, die dem Einzelnen als Bezugsgröße seiner Selbstbewertung oder seines Handelns dient (vgl. Tajfel & Turner 1986).

Von den vielen Gruppen, in denen Menschen Mitglieder sind und/ oder denen sie sich zugehörig fühlen, kommt der Familie eine besondere Bedeutung zu. Sie ist als »Primärgruppe« die erste, in die Menschen hineinwachsen, von der sie beeinflusst werden und die sie durch ihr Verhalten mitgestalten (»primäre Sozialisationsinstanz«).

Soziale Interaktion und Kommunikation: Hier geht es um die Untersuchung von sprachlichen und nicht sprachlichen Formen des Verhaltens zueinander und den damit verbundenen Informations- und Bedeutungsaustausch (s. auch S. 106). So ist z. B. sozialpsychologisch von Interesse, wie durch soziale Normen und Regeln der Verlauf einer Kommunikation (Vorstellungsgespräch, Partygeplauder usw.) gestaltet wird. Aufseiten der personalen Dispositionen haben die kulturell geprägten Kommunikationsfertigkeiten Beachtung gefunden, denn soziale Kommunikation ist ein kompliziertes Zusammenspiel verbaler und nonverbaler Signale: »Eine Sprache wird nicht nur mit Wörtern, sondern mit dem ganzen Körper gesprochen« (Forgas 1999, S. 133). Die Forschungsergebnisse zeigen, dass mit nonverbalen Zeichen (z. B. Kopfnicken, Blickkontakt, Körperhaltung) der Ablauf eines Gesprächs gesteuert, der emotionale Zustand übermittelt und wichtige Hinweise gegeben werden, wie verbale Äußerungen zu verstehen sind.

Ganz neue Forschungsfelder und Fragestellungen entstehen durch die Entwicklung internetbasierter Kommunikationsformen im privaten und im beruflichen Bereich (E-Mail, Foren, Chat, Blogs und Wikis). Sie gestalten einen virtuellen Raum mit technisch determinierten und soziokulturell bestimmten Gesetzmäßigkeiten netzwerkartiger Kommunikation, dessen Auswirkungen z. B. auf die Ausgestaltung sozialer und beruflicher Beziehungen noch gar nicht abzusehen sind (Stegbauer 2001). Gleiches gilt für die Handynutzung. Die Bedeutung dieses Mediums (z. B. SMS) für die Kommunikation und darüber hinaus für Lebensstile und Identitätserleben ist noch kaum bekannt (Höflich & Gebhardt 2003).

In allen Themengebieten der »Sozialpsychologie« gibt es eine Vielzahl von theoretischen Ansätzen, mit denen die beobachtbaren Phänomene beschrieben und erklärt werden. In dem von Frey & Irle (2002) herausgegebenen dreibändigen Werk der Theorien der Sozialpsychologie werden mehr als 30 Ansätze aufgeführt! Übergreifend lassen sich aber einige Grundströmungen in der sozialpsychologischen Theoriebildung feststellen. Von ihnen sind besonders die kognitiv-behavioristischen und kognitivistisch orientierten Sichtweisen zu nennen. Darüber hinaus ist zu erkennen, dass die »Verankerung menschlichen Erlebens und Verhaltens in ihren sozialhistorischen Bezügen« (Bierbrauer 2005, S. 35) in jüngster Zeit verstärkt thematisiert wird. Die Behandlung solcher Themen wie »Ethnozentrismus und Intergruppenkonflikte« oder »Kulturkonflikte und Migration« als Gegenstände einer angewandten Sozialpsychologie weist in diese Richtung.

Die theoretische Heterogenität und die inhaltliche Vielfalt der Forschungsgegenstände haben zur Folge, dass die Lehrbücher jeweils unterschiedliche Akzente setzen. Einige sind primär aus theoretischer Sicht geschrieben, andere konzentrieren sich stärker auf eine thematische Darstellung, wobei sie die einzelnen Inhalte mit sehr unterschiedlichem Gewicht behandeln. Dies macht es nicht leicht, sich einen Überblick über sozialpsychologische Forschung und ihre Ergebnisse zu verschaffen.

5. Umweltpsychologie

Ebenso wie die soziale liefert die materielle Umwelt Komponenten der »Situationen«, in denen sich Handeln vollzieht. Diese Umwelt fungiert dabei aber nicht als Kulisse, sondern sie ist »Anreger« wie »Ergebnis«, sie ist ein auf Menschen einwirkendes wie von ihnen gestaltetes und genutztes Medium. Beispiele: Eine Person stellt die Möbel in ihrer Wohnung um; diese veränderte Umwelt wirkt als neue Situation auf die Person ein. Sie fühlt sich wohler. Die Umgestaltung eines Wiesengeländes am Stadtrand in eine weitläufige Parklandschaft ermuntert zu Spaziergängen und zum Aufenthalt in der freien Natur.

Die Umwelt lässt sich als ein System verschiedener, untereinander in Zusammenhang stehender »Ebenen« verstehen, die wiederum unterschiedlichen soziokulturellen Einflussgrößen ausgesetzt sind. Solche Ebenen sind z. B »Zimmer«, »Wohnung«, »Haus«, »Wohnblock«, »Stadtteil« etc. Im Weiteren zählen dazu das Land, in dem man lebt, der Erdteil und die Welt als der umfassendste Lebensraum. »Welt« ist eine sehr abstrakte Umweltgegebenheit, auf die der Einzelne praktisch keinen Einfluss hat, die aber z. T. ganz konkrete Auswirkungen auf sein Erleben und Verhalten haben kann. Die weltumspannende Bedrohung durch die sich abzeichnende Klimaveränderung ist dafür ein Beispiel.

Die konkrete Umwelt ist – bezogen auf die Menschen, die in ihr leben – letztlich immer eine soziokulturell geprägte Umwelt. Für Europäer mag z. B. der »Urwald« als ein Beispiel natürlicher Umwelt gelten. Für die in ihm lebenden Menschen ist er dagegen eine Umwelt mit vielen überlebenswichtigen Bedeutungen, mit sozial vermittelten Handlungs- und Entfaltungsmöglichkeiten.

Hatte Kruse (1974, S. 7 ff.) die traditionelle Psychologie als »umweltvergessen« charakterisiert, weil sie sich der ökologischen Fragestellungen nur zögernd angenommen hatte, so ist seit einiger Zeit – auch infolge einer zunehmenden Bewusstheit der Umweltzerstörung durch den Menschen – eine »Ökologisierung« bzw. eine »ökologische Wende« in der Psychologie zu beobachten (vgl. Kruse, Graumann & Lantermann 1996), die sich quer zu den üblichen Teildisziplinen der Psychologie vollzieht. Damit wird deutlich, dass die ökologische Perspektive zu den systembezogenen Grundlagengebieten gezählt werden kann (Lantermann & Linneweber 2008). Darüber hinaus ist sie zum Teil aber auch ein Anwendungsfach geworden.

Aufgabe der *Ökologischen Psychologie* bzw. der *Umweltpsychologie*, wie diese Psychologie heute überwiegend bezeichnet wird (vgl. Homburg & Matthies 1998; Hellbrück & Fischer 1999), sind die Beschreibung, Erklärung und Veränderung umweltbezogenen Erlebens und Verhaltens. Wichtige Themen sind:

- Wahrnehmung, Beurteilung und Bewertung von Umwelten (z. B. Lernumwelten, virtuelle Umwelten),
- Planung und Gestaltung von Umwelten (z. B. für Kinder, Jugendliche und alte Menschen),
- raumbezogenes Verhalten und Mobilität (z. B. Leben und Wohnen in städtischen Regionen),
- Umweltstressoren (z. B. Lärm, Hitze, Gerüche, Schadstoffe, Altlasten),
- soziale Konflikte beim Umgang mit knappen Ressourcen (z. B. Verfügbarkeit von Trinkwasser),

- Umweltbewusstsein und umweltschützendes Verhalten (z. B. Abfallvermeidung),
- Vermittlung bei umweltbezogenen Konflikten.

Des Weiteren sind auch persönlichkeits-, sozial- und entwicklungspsychologische Fragestellungen relevant, z. B. wie unterschiedlich Personen ihre Umwelt wahrnehmen, welches Umweltbewusstsein sie ausbilden, welche Einstellung sie zu Umweltthemen haben oder welche Umwelten sie für ihre Entwicklung benötigen.

Kinderzimmer entwicklungsgerecht gestaltet

Entwicklungsphase	*Entwicklungsaufgabe*	*Anforderungen an das Kinderzimmer*
Kleinkindalter (0–2 Jahre)	Aufbau gefühlsmäßiger Bindungen an Bezugspersonen; Erwerb von Urvertrauen; Ausbildung motorischer Koordination (Krabbeln, Aufrechtstehen, Hand-Augen-Koordination usw.)	Abschirmung und Schutz vor Lärm, Unruhe und anderen störenden Einflüssen; Nähe und Kontakt zu den Bezugspersonen; Dinge zum Greifen und Platz zum Krabbeln
Vorschulalter (2–6 Jahre)	Gefühl der Autonomie; Eigeninitiative; Aneignung von Umwelt durch Spielen	Große Spielflächen; Dinge zum Spielen; Ungestörtheit beim Spielen
Schulalter (6–12 Jahre)	Zusammenspiel mit Gleichaltrigen; schulische Leistungen; Leistungsmotivation	Platz für den Besuch von Schulfreunden; große Spielfläche zum gemeinsamen Spiel mit Gleichaltrigen; Arbeitsplatz für Schularbeiten; Besuchsraum
Jugend (Übergang zwischen Kindheit und Erwachsenenalter)	Aufbau von Freundschaften; Ausbildung eines eigenen Lebensstils; Identitätsfindung; Autonomie von den Eltern, finden eines Partners/einer Partnerin	Ein eigener Raum, der nicht mit einer anderen Person geteilt werden muss, maximale Entfernung von den Aufenthaltsräumen der Eltern; Raum, der nach eigenen Vorstellungen gestaltet werden kann

Tafel 33: Entwicklungsaufgaben in verschiedenen Lebensphasen und Anforderungen an das Kinderzimmer (aus: Flade 2006, S. 129)

Die *Tafel 33* gibt ein Beispiel für einen umweltpsychologischen Befund. Sie zeigt, welche Wohnumwelt, hier das Kinderzimmer, Kinder benötigen, um sich gut entwickeln zu können. Das Konzept der Entwicklungsaufgabe, auf das hier Bezug genommen wird, besagt, dass in jeder Lebensphase spezifische Aufgaben zu bewältigen sind und dass ungünstige Entwicklungsverläufe vorhersehbar sind, wenn dies nicht gelingt.

In ihren Anwendungsfeldern arbeitet sie mit verschiedenen psychologischen und nicht psychologischen Disziplinen (z. B. mit Soziologie, Architektur, Medizin bei Umweltkatastrophen und ihrer Bewältigung) zusammen. Um ein anderes Beispiel aus der Architektur zu geben: Vandalismus an den über 40.000 Schulen in Deutschland verursachte im Jahr 2002 Schäden von ca. 50 Millionen Euro. Will man dem vorbeugen, ist aus architekturpsychologischer Sicht u. a. darauf zu achten, dass Möglichkeiten bestehen, räumliche Bedingungen (Beleuchtung, Beheizung usw.) selbst regulieren zu können, dass eine klare Orientierung bereits am Schuleingang gegeben ist, dass natürliche Belichtung vorhanden ist, die Räume flexibel und multifunktional genutzt werden können, die Klassenzimmer und Gänge gegliedert sind, um Rückzugsmöglichkeiten zu bieten, dass auf Akustik und Schallschutz Wert gelegt wird, dass der Schulhof mit unfallsicheren Spielgeräten ausgestattet ist und, nicht zuletzt, dass bei all diesen Interventionen die Nutzer der Schule (also auch die Schülerinnen und Schüler) Mitspracherechte haben (vgl. Walden & Borrelbach 2002).

Die Umweltgestaltung kann hier neben der Prävention von delinquentem Verhalten zur Förderung der psychischen Gesundheit in der Schule und zu ihrer Bildungs- und Erziehungsqualität beitragen. Insgesamt wird deutlich: Die Umweltpsychologie ist heute nicht nur ein Grundlagengebiet, sondern auch ein sich in viele Lebensbereiche hinein entwickelndes Anwendungsgebiet der Psychologie.

6. Biopsychologie u. a.

In diesem Forschungsfeld werden Zusammenhänge zwischen Erleben/Verhalten und neuronalen Systemen untersucht. Dass solche Zusammenhänge existieren, kennt jeder aus der alltäglichen Selbstbeobachtung: So kommen wir z. B. in peinlichen Situationen »ins

Schwitzen«, haben ein »flaues Gefühl« im Magen, werden »rot«, bekommen »Herzklopfen« usw. Am Beispiel der »Angst« kann der Zusammenhang genauer und zugleich umfassender dargestellt werden (*s. Tafel 34*). Dabei handelt es sich aber immer noch um eine grobe Charakterisierung; die unterstellte psychophysische »Gleichzeitigkeit« ist in Wirklichkeit ein komplizierteres Beziehungsgefüge mit Veränderungen im Zeitverlauf und mit starker individueller Ausgestaltung. Es scheint auch so zu sein, dass das bewusste Erleben erst am Ende ein langen Kette von neurobiologischen Vorgängen steht und nicht am Anfang (Pritzel, Brand & Markowitsch 2003).

Psychisches Geschehen ist untrennbar mit biologischen, vor allem neurobiologischen Vorgängen des Körpers verbunden, hat darin seine materielle Entsprechung. Deshalb wird dieses Gebiet auch als Biologische Psychologie bzw. Biopsychologie bezeichnet (vgl. Pinel & Pauli 2007; Gauggel & Herrmann 2007). Sie hat die bisher übliche Bezeichnung »Physiologische Psychologie« abgelöst. Diese wird jetzt als eine ihrer Teildisziplinen angesehen. Die Biologische Psychologie ist wiederum eine der Teildisziplinen der Neurowissenschaften (vgl. Kandel, Schwartz & Jessell 1996; Dudel, Menzel & Schmidt 2001).

Die Biologische Psychologie sucht nach grundlegenden neurobiologischen Mechanismen, die den Bewusstseinsprozessen und dem Verhalten zugrunde liegen. Sie ist überwiegend allgemeinpsychologisch orientiert, ist auf Theoriebildung ausgerichtet und arbeitet vielfach experimentell im kontrollierten Laborversuch. Die Auswirkungen elektrischer Stimulation bestimmter Hirnareale, die neurochemische Manipulation bestimmter Botenstoffe der Reizübertragung im Nervensystem oder die Verhaltensfolgen von neurochirurgischen Eingriffen sind Beispiele für Untersuchungsdesigns in dieser Forschungsrichtung. Ziel ist es, die gewonnenen Erkenntnisse zur Erklärung menschlichen Erlebens und Verhaltens anzuwenden. Weitere Forschungsfelder sind z. B. die Entschlüsselung der Basisprozesse der visuellen Wahrnehmung, die Erkundung der neurophysiologischen Grundlagen des Lernens, die Analyse der Wechselwirkung von Hormonen und Verhalten.

Innerhalb der Biologischen Psychologie gibt es eine Reihe von Schwerpunktbildungen mit verschiedenen Bezeichnungen: Physiologische Psychologie, Psychophysiologie, Neuropsychologie, Psychosomatik und Psychopharmakologie (vgl. Schandry 2006).

Die *Psychophysiologie* untersucht das Zusammenwirken von

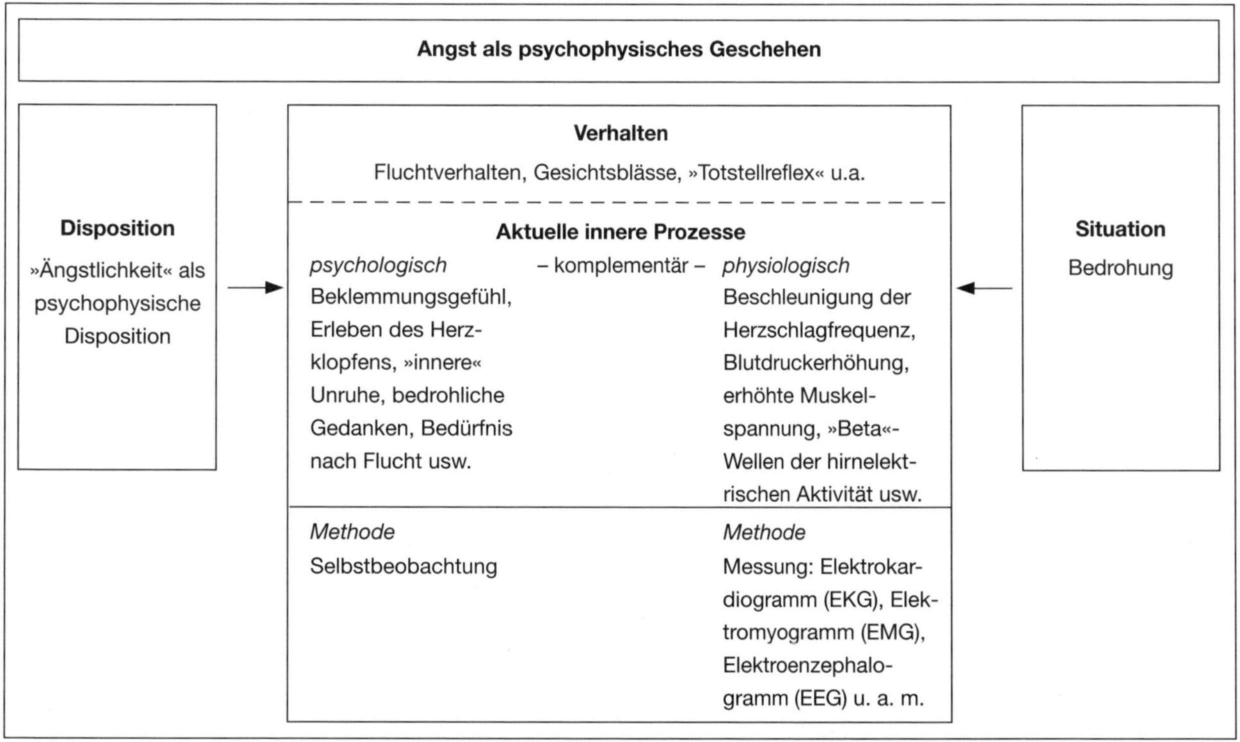

Tafel 34: Angst als psychophysisches Geschehen. Aktuelle Prozesse, dispositionelle und situative Bedingungen

physiologischen Prozessen, subjektivem Erleben und beobachtbarem Verhalten beim Menschen. (Fahrenberg 2008b). Typische Forschungsgegenstände sind z. B. Schlaf, Stress, Emotion, Belastung am Arbeitsplatz oder die Analyse perzeptiver und kognitiver Prozesse auf der Basis von Gehirnfunktionen (vgl. Carlson 2004). Die Untersuchung der Angst (*s. Tafel 34*) ist ein Beispiel für einen solchen »Mehr-Ebenen-Ansatz«. Die Psychophysiologie arbeitet eher differenziell-psychologisch und unter Einbeziehung physiologischer und/oder biochemischer Vorgänge, wie z. B. der muskulären Aktivität, der elektrischen Hirnrindenpotenziale oder der zellbiologischen Indikatoren des Hormon- und des Immunsystems. Eines ihrer zentralen Themengebiete ist die »Aktivierung« bzw. »Aktivation«. Jedes psychische Geschehen ist in irgendeiner Form durch psychophysische Aktivierung (Prozesse) und Aktivation (Zustände) charakterisiert. Einfachere Aktivierungsprozesse sind das Erröten oder Reflexe. Bei Gefühlen wie Freude, Trauer und Motivationen wie etwa die Leistungsmotivation sind die Aktivierungsvorgänge in ihren Mustern sehr komplex und sehr personabhängig. So konnten z. B. die beiden basalen Emotionen »Ärger« und »Furcht« auf physiologischer Ebene bislang nicht eindeutig unterschieden werden, weil diese Prozesse physiologisch interindividuell unterschiedlich ausfallen. Weitere wichtige Themen der Psychophysiologie sind: (1) Untersuchung des Verlaufs und der Anpassung vegetativer und zentralnervöser Reaktionen auf neue Reize (»Orientierungsreaktion des Organismus«); (2) Untersuchung der willentlichen Steuerung vegetativer, zentralnervöser und muskulärer Prozesse (»Bio-Feedback«); (3) Untersuchung der hirnelektrischen Potenziale bei Gedächtnis-, Aufmerksamkeits- und Sprachverarbeitungsprozessen (»Kognitive Psychophysiologie«).

Die *Neuropsychologie* als stark anwendungsbezogene Disziplin beschäftigt sich mit Störungen im Erleben und Verhalten von Menschen, die auf Schädigungen des Gehirns durch Erkrankungen, Verletzungen oder neurochirurgische Eingriffe zurückzuführen sind.

Psychosomatik bezeichnet eine Forschungsrichtung, die körperliche Erkrankungen (z. B. Asthma, Magengeschwür, Bluthochdruck) in Entstehung und Entwicklung ursächlich mit psychischen Konflikten in einem Zusammenhang sieht (vgl. Uexküll u. a. 2002; s. auch S. 171).

Die *Psychopharmakologie* untersucht die Wirkung von Pharmaka und Drogen (z. B. Neuroleptika, Antidepressiva, Tranquilizer) auf das menschliche Erleben und Verhalten. Sie kann auch zum Verständnis der Wirkungsweise körpereigener psychoaktiver Substanzen beitragen, und sie kann Anstöße zur Entwicklung und Prüfung neuer Pharmaka geben.

Zurzeit gibt es noch keine umfassenden Theorien der empirisch beobachtbaren psychophysischen Zusammenhänge. Die Beziehungen sind offenbar sehr verwickelt und erfordern komplizierte Versuchsplanungen und aufwendige statistische Auswertungsverfahren. Hinzu treten Probleme durch die Unterschiedlichkeit der Methodik der Psychologie, Neurologie und Physiologie. Neue Analysetechniken, wie z. B. die bildgebenden Verfahren, die insbesondere die zentralnervösen Prozesse genauer erfassen, werden es aber möglich machen, die Interaktion von Gehirnprozessen und Verhalten auf qualitativ höherem Niveau zu untersuchen (vgl. Schandry 2006).

Ungelöst bleibt bei allen Forschungsansätzen aber die grundsätzliche Beziehung zwischen physischem und psychischem Geschehen, zwischen »Psyche« und »Soma«, »Körper« und »Geist«, »Leib« und »Seele«, geistig-immateriellen Vorgängen und körperlich-materiellen (Fahrenberg 2008a). Dieses Problem, bekannt als das »Leib-Seele-

Monismus (= ein Prinzip)	Idealismus	Körpergeschehen ist ein Epiphänomen (Wirkung, Widerspiegelung, Produkt) psychischen Geschehens
	Materialismus	Psychisches Geschehen ist ein Epiphänomen des Körpergeschehens
Dualismus (= zwei Prinzipien)	Interaktionismus	Körpergeschehen und psychisches Geschehen beinflussen sich gegenseitig
	Parallelismus	Körpergeschehen und psychisches Geschehen laufen beide exakt parallel, aber völlig unabhängig voneinander in perfekter Harmonie
Kompromiss	Identität/ Doppelaspekt	Psychisches und Körpergeschehen sind zwei Aspekte eines Prinzips

Tafel 35: Grundlegende Auffassungen zum »Leib-Seele-Problem«

Problem«, hat nicht erst die Psychologie beschäftigt, sondern die ganze abendländische Philosophie. Von ihr sind verschiedene Ideen entwickelt worden, die in *Tafel 35* kurz skizziert sind. Die psychologische Theoriebildung ist davon stark beeinflusst worden. Heute ist dieses Thema durch die Hirnforschung neu entfacht worden. Einige ihrer Ergebnisse scheinen die Willensfreiheit und die Autonomie des Bewusstseins und damit auch die Verantwortungs- und Schuldfähigkeit des Menschen infrage zu stellen. So hat z. B. der Neurophysiologe Daniel Libet (2004) in Experimenten nachgewiesen, dass jeder bewussten Handlungsentscheidung Hirnaktivitäten mit einem Vorsprung von ca. 350 Millisekunden vorausgehen, die die Handlung bereits festgelegt haben.

Neben den spekulativen Überlegungen zur »Willensfreiheit des Menschen«, die durch solche Befunde ausgelöst wurden, hat sich aber eine Forschungsfrage in den Vordergrund geschoben, die Fahrenberg (2008a, S. 30) so formuliert: »Welche Hirnstrukturen sind beteiligt bzw. müssen intakt sein, damit Bewusstseinsphänomene auftreten können?«

KAPITEL 5
Praxisbezogene Blickwinkel (»Anwendungsgebiete«)

Angewandte Psychologie lässt sich mit Liebel (1999) in dreifacher Hinsicht kennzeichnen. In einem eher traditionellen Sinn ist Angewandte Psychologie als Oberbegriff für bestimmte Teildisziplinen der Psychologie zu verstehen. Dann wird Angewandte Psychologie auch häufig als Sammelbezeichnung für Berufsfelder, in denen Psychologen tätig sind, verstanden. Schließlich wird Angewandte Psychologie als eine Psychologie aufgefasst, die auf der Grundlage psychologischer Theoriebildung mit wissenschaftlichen Methoden zum einen Praxisfelder erforscht und zum anderen Fragestellungen, die aus der Praxis kommen, bearbeitet, um daraus dann Empfehlungen für das praktische Handeln abzuleiten (Rosenstiel & Neumann 1992). Typische Praxisfelder sind: Prävention und Behandlung psychischer Auffälligkeiten, Erziehung und Unterricht, Arbeit und Organisation, Gesundheit und Krankheit. Mit ihnen werden wir uns anschließend ausführlicher befassen. Zunächst aber einige andere Beispiele in Kurzform, um die »Buntheit« des Spektrums Angewandter Psychologie zu illustrieren (vgl. auch Schorr 2003; Frey, v. Rosenstiel & Graf Hoyos 2005).

Anders als die Grundlagengebiete, die vorrangig bestimmte Seiten des psychischen Systems betrachten (s. Kapitel 4), ist in den Anwendungsgebieten immer das psychische *Gesamt*system von Interesse, weil man es in der Praxis mit »ganzen Menschen« zu tun hat. Das heißt: Es kommen in diesen Gebieten im Prinzip immer alle Grundaspekte (s. Kapitel 3) zur Geltung, wenn auch, je nach Praxisfeld, mit wechselndem Gewicht. Die Anwendungsgebiete unterscheiden sich vor allem darin, mit welchen Fragestellungen sie auf das psychische System schauen – das macht ihren jeweiligen Blickwinkel aus.

1. Vielfalt der Praxisfelder: Recht, Sport, Verkehr etc.

Rechtspsychologie: Ihr Gegenstand ist die Interaktion rechtlicher und psychologischer Problemstellungen. Sie umfasst die forensische Psychologie (z. B. Überprüfung der Glaubwürdigkeit von Zeugen, der strafrechtlichen Verantwortlichkeit, der Schuldfähigkeit einer Person), die Kriminalpsychologie, der es um die Erscheinungsformen und die Entstehung von Verbrechen geht, die Psychologie im Strafvollzug (z. B. Straftäterbehandlung im Straf- und Maßregelvollzug) sowie die Polizeipsychologie (z. B. Verhandlungen bei Geiselnahmen, Verhalten in Gegenwart größerer Menschenansammlungen bei Demonstrationen oder in Fußballstadien, Vernehmungssituationen). Während in diesen Teildisziplinen die Rechtspsychologie der Rechtsanwendung zuzuordnen ist und im weitesten Sinne eine dienende Funktion hat, geht es der Rechtspsychologie aber auch um eine kritische Betrachtung der Rechtsanwendung unter psychologischer Perspektive (z. B. Verfahrensgerechtigkeit, richterliche Urteilsbildung und Strafzumessung) (vgl. Volbert & Steller 2008; Kröber & Steller 2000; Stein 2003)

Sportpsychologie: Sie beschäftigt sich mit psychologischen Aspekten der Bewegung, mit der Analyse motorischer Lernprozesse, mit psychomotorischen Funktionsstörungen, mit der Förderung sportlicher Leistungen. Sie entwickelt psychologische Trainingsmethoden (z. B. für mentales Training) und analysiert psychische Beanspruchungen in Wettkampfsituationen (z. B. in der Vorstartphase eines Ski-Abfahrtslaufes). Sie beschäftigt sich mit den sozialen Aspekten des Sports, etwa unter dem Gesichtspunkt der Förderung sozialer Kompetenzen. Weiterhin greift sie z. B. Probleme des Schulsports auf, um Verbesserungsmöglichkeiten zu erschließen. Die Untersuchung der präventiven und therapeutischen Funktion des (Gesundheits-)Sports ist ein anderes sich ausweitendes Forschungs- und Praxisfeld (vgl. Bös & Brehm 1998; Alfermann & Stoll 2005).

Verkehrspsychologie: Sie beschäftigt sich mit Gefahrensituationen im Verkehr, mit Auswirkungen der Verkehrsordnung, der Beschaffenheit der Straße und der Konstruktionsmerkmale der Fahrzeuge auf das Erleben und Verhalten der Verkehrsteilnehmer (z. B. Wahrnehmbarkeit von Verkehrszeichen, Rück-, Brems- oder Blinklichtanlagen). Auch die Untersuchung der Fahrtüchtigkeit und Fahreignung spielt in der Praxis eine große Rolle. Die Verkehrspsychologie entwickelt zudem Konzepte für die Fahrausbildung, für die Verkehrserziehung und -aufklärung. In jüngster Zeit werden auch ökologische Fragestellungen behandelt. Es geht darum, wie die Mobilitätsgewohnheiten der

Bevölkerung verändert werden können, um die Umweltbelastungen durch den motorisierten Individualverkehr zu reduzieren (vgl. Schade & Engeln 2008; Schlag 2004).

Tourismuspsychologie: Ihre Aufgabenbereiche sind unter anderem die Erstellung von Urlaubertypologien, die Untersuchung von Urlaubsmotiven, die Erhebung von Einstellungen gegenüber Urlaubsregionen (Meer, Gebirge), Reisetypen (Kreuzfahrten, Campingurlaub, Trampen) und Reiseformen (Auto, Flugzeug, Fahrrad), aber auch die Analyse sozialer Interaktionen der Reisenden untereinander und mit den Einheimischen (»Bereiste«) sowie die Ermittlung der Kundenzufriedenheit. Zukünftig werden der Abbau von Vorurteilen gegenüber den Einheimischen und der Aufbau verständigungsorientierter Kommunikation mit ihnen an Bedeutung gewinnen. Die Tourismuspsychologie ist erst in der Entwicklung begriffen. Sie arbeitet mit anderen Wissenschaften der Tourismusforschung (z. B. Ökonomie, Kulturwissenschaften, Gesundheitswissenschaften) sowie mit der Tourismus-Praxis zusammen (vgl. Hahn & Kagelmann 1993; Lohmann & Aderhold 2000; Opaschowski 2002).

Werbepsychologie: Sie befasst sich mit den psychologischen Grundlagen der Werbung und ihrer Wirkungsweise. Werbung wird als Kommunikationsmaßnahme verstanden, die den Absatz von Produkten (Ideen, Gütern, Dienstleistungen) steigern soll. Analysiert werden Werbemittel (z. B. Werbeeinblendungen im Fernsehen, im Internet), Werbeträger (z. B. Radio), Gestaltungsmittel (z. B. zeitliche Länge, Verständlichkeit, Emotionalitätsgehalt), Werbeziele und Werbestrategien (z. B. Erhöhung des Bekanntheitsgrades der Verpackung, Schaffung positiver Einstellungen zum Werbeobjekt). Weitere Aufgaben bestehen darin, die Werbewirkung zu messen und zu erklären. Die Werbepsychologie ist Teil der Wirtschafts- bzw. Marktpsychologie, die sich auch mit Aspekten wie der Preispolitik, Produktgestaltung und der Konzeption der Absatzwege als Maßnahmen zur Beeinflussung des Konsumentenverhaltens beschäftigt (vgl. Moser 2002; Felser 2007).

Eine Vorstellung von der Vielgestaltigkeit der Anwendungsgebiete gibt *Tafel 36*. Diese Auflistung ist aber nicht erschöpfend, denn mit dem gesellschaftlichen und technischen Wandel entwickeln sich immer wieder neue Aufgaben und Praxisbezüge.

Das Spektrum der Angewandten Psychologie – eine bunte Vielfalt

Anwendungsgebiet Arbeit und Beruf
- Organisation, Organisationsstruktur und Organisationsentwicklung
- Personalauslese, Training und Personalentwicklung in Organisationen
- Individuum und Organisation
- Gestaltung von Mensch-Maschine-Systemen
- Arbeitsstrukturierung und Arbeitsanalyse
- Arbeitsschutz
- Neue Technologien: Mensch-Computer-Interaktion, Multimedia
- Berufswahl und Laufbahnentwicklung

Anwendungsgebiet Markt und Werbung, Volkswirtschaft
- Werbung, Öffentlichkeitsarbeit und Marketing
- Konsum- und Kaufverhalten
- Volkswirtschaft und ökonomische Verhaltensforschung

Anwendungsgebiet Umwelt
- Gestaltung von Umwelt
- Entsorgungsprobleme
- Umweltstress
- Psychologie des Energiesparens
- Transport und Verkehr

Anwendungsgebiet Öffentlichkeit und Gesellschaft
- Politik
- Recht
- Militär und Polizei

Anwendungsgebiet Gesundheit
- Gemeinde, Schule, Betrieb
- Gesundheit und Medizin
- Belastung, Beanspruchung, Fehlanpassung und ihre Folgen
- Alter und Altern

Anwendungsgebiet Kultur und Freizeit
- Kultur und Religion
- Musik
- Tourismus
- Medien und Massenkommunikation
- Sport
- Freizeit

Allgemeine Probleme
- Versuchsplanung mit Evaluation
- Grundlagenforschung und Anwendung
- Entscheidungshilfesysteme
- Berufsbild des Psychologen

Tafel 36: Spektrum der Angewandten Psychologie (ohne Klinische und Pädagogische Psychologie) (nach Frey, Hoyos & Stahlberg 1992)

Wir nennen die Anwendungsgebiete auch »praxisbezogene Blickwinkel«, um deutlich zu machen, dass es nicht neue psychische Vorgänge sind, mit denen man zu tun hat, sondern es nur um eine andere *Perspektive* geht: Psychische Phänomene werden im Hinblick auf Anforderungen in speziellen Praxisfeldern untersucht. Entsprechend unserem integrierenden Modell können diese Besonderheiten sowohl in der Situation des Praxisfeldes liegen als auch in den personalen Dispositionen der beteiligten Individuen. Typische Situationen sind z. B. der Computerarbeitsplatz, das Krankenzimmer auf der Station, das Klassenzimmer in der Schule, das Einkaufszentrum in der Stadt. In diesen Praxisbereichen agieren üblicherweise Personen aus typischen Altersgruppen, mit typischem Ausbildungsgrad, typischen Berufsinteressen usw. Sie erfüllen bestimmte Rollen oder Funktionen, so etwa als Angestellter, als Patient, als Schüler, als Konsument.

Trotz der praxisbezogenen Perspektive können die angewandten Psychologien in gewissem Sinne auch zu den Grundlagengebieten gerechnet werden (s. o.), weil nur sie die »Lebenswirklichkeiten« dieser Praxisfelder eigenständig thematisieren und durch Forschung erschließen. Umgekehrt haben manche Grundlagengebiete sich selbst auch in den Bereich Angewandter Psychologie hineinentwickelt. Man spricht dann z. B. von einer Angewandten Entwicklungspsychologie oder Angewandten Sozialpsychologie. Zwischen Grundlagendisziplinen und angewandten Psychologien besteht also keine strikte Trennung, eher ein Ergänzungsverhältnis (vgl. Liebel 1999).

In ihrer Gesamtheit ist Angewandte Psychologie ethischen Beurteilungen ausgesetzt. Indem sie für die Praxis fruchtbar werden will, muss sie sich auch fragen, welchen Zielen und Interessen diese Praxis dient. Man denke nur an die Funktion der Psychologie in der Werbung oder an die Psychologie im Dienste der Kriegsführung. Psychologie wird zudem nicht nur von Psychologen angewandt, auch fachfremde Berufsvertreter bedienen sich psychologischer Erkenntnisse.

Hiermit werden grundsätzliche Fragen berührt, etwa die, ob Forscher für die Anwendung ihrer Ergebnisse mitverantwortlich sind. Bekannt ist das Problem besonders aus der Atomphysik: War Robert Oppenheimer, der maßgeblich zur Entwicklung der Atombombe beigetragen hat, auch mitverantwortlich für den Einsatz der Atombombe in Hiroshima und Nagasaki? Wir können solche Fragen hier nur am Rande erwähnen. Sie reichen weit über die Psychologie hinaus.

2. Klinische Psychologie

Die Klinische Psychologie wird zwar nicht ganz einheitlich definiert, gemeinsame Tendenz der meisten Definitionen ist jedoch, dass sie sich mit der Beschreibung, Erklärung und Veränderung »psychischer Störungen« oder »psychischer Probleme«, unabhängig von deren Genese, beschäftigt (vgl. Davison & Neale 2003, Bastine 1998). Dabei zieht sie primär psychologische Theorien und psychologische Methoden heran. Da psychische Störungen aber auch durch physiologische, neurologische und endokrinologische Faktoren mit determiniert werden, ist in der Praxis die Zusammenarbeit vor allem mit den medizinischen Disziplinen der Psychiatrie, Neurologie und Endokrinologie sowie mit der Pharmakologie wichtig. Beispiele hierfür sind neurologisch bedingte psychische Störungen wie die Aphasien, die als erworbene Sprachstörungen oftmals infolge von Schlaganfällen auftreten (De Bleser 2008).

Was aber ist eine »psychische Störung«? Viele Autoren heben das Leiden des betreffenden Menschen hervor: Ein Mensch, der an sich selbst leidet (z. B. wegen starker Ängste oder Depressionen), ist »gestört«. Aber man kann auch die Perspektive der Außenstehenden einnehmen; so leiden etwa Familienangehörige oder »die Gesellschaft« unter dem gewalttätigen Verhalten eines Menschen und bewerten es deshalb als gestört. Klinische Psychologen berücksichtigen gewöhnlich beide Perspektiven und gehen im Übrigen mehrheitlich davon aus, dass der Übergang von »normal« zu »gestört« fließend ist (Vollmoeller 2005).

Typische Störungen, mit denen sich die Klinische Psychologie in der Praxis beschäftigt, sind unter anderem: ausgeprägte Ängste, Selbstunsicherheit, Lern- und Leistungsstörungen, depressive Verstimmungen, aggressives Verhalten, Beziehungsprobleme, aber auch – meist in Zusammenarbeit mit der Medizin – Suchtprobleme, psychotisches Erleben und Verhalten (z. B. Schizophrenie) oder psychosomatische Krankheiten.

Zwischen den verschiedenen »Störungen« oder »Problemen« gibt es vielfältige Übergänge und Verbindungen. Das macht es schwer, zu einer allgemein akzeptierten Einteilung psychischer Störungen zu gelangen. Mit dem ursprünglich amerikanischen »Diagnostic and Statistical Manual of Mental Disorders« (DSM-IV, deutsche Ausgabe: Saß, Wittchen & Zaudig 2003) gibt es allerdings ein umfassendes und inzwischen verbreitetes Klassifikationssystem. Faktisch sind die Einteilungen, an denen sich die klinisch-psychologisch Tätigen orientieren, auch stark von der jeweiligen theoretischen »Schule« abhängig (s. auch »theoriegeleitete Betrachtungsweisen«, S. 174 ff.).

Erklärungsansätze

Die Klinische Psychologie wird wie kein anderes praxisbezogenes Gebiet von der Konkurrenz *unterschiedlicher theoretischer Standpunkte* beherrscht (vgl. Reinecker 2003, Davison & Neale 2003). Lediglich einige Gesichtspunkte, nach denen sich die Hauptrichtungen unterscheiden, seien hier erwähnt.

Im Rahmen der grundlegenden Aspekte des psychischen Systems (vgl. hierzu *Tafel 37*) ergibt sich eine erste wichtige Charakterisierung aus der Frage, wieweit und in welcher Weise die Störung als ein Problem der »Person« betrachtet wird. Obwohl die *personale* Seite auf den ersten Blick besonders auffällig ist und im Allgemeinen auch nur

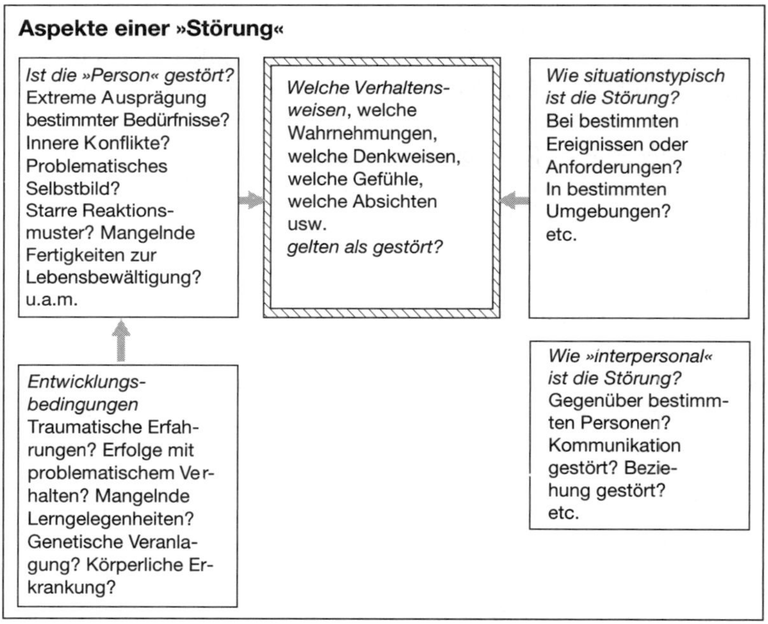

Tafel 37: Einige Fragen zur Beschreibung und Erklärung psychischer Störungen, orientiert an den grundlegenden Aspekten des psychischen Systems

dann von einer Störung gesprochen wird, wenn die problematischen Verhaltens- und Erlebensformen bei einem Individuum längere Zeit andauern, gibt es doch Sichtweisen, die personale Erklärungen durch situative und interpersonale Kontextaspekte relativieren.

Zum einen kann die »gestörte« Disposition auf eine enge, *situationsspezifische* Reaktion begrenzt sein (z. B. Angst vor Spinnen, Wutausbrüche des Kindes bei einem Nein der Mutter). Dieser situative Aspekt wird besonders von der (aus behavioristischer Tradition abgeleiteten) Verhaltenstherapie beachtet, und zwar auch dann, wenn es sich um generalisiertere und komplexere Störungen handelt (z. B. Selbstunsicherheit); sie werden in kleinere, situationsbezogene Komponenten aufgegliedert.

Zum anderen kann die Störung ein *interpersonales* Problem sein. Dieser Gedanke ist vor allem für Probleme in Familien, Zweierbeziehungen, in der Erziehung usw. von Interesse, wo mehrere Personen ein »soziales System« bilden. Hier sind möglicherweise nicht einzelne Personen gestört (jede mag für sich als normal und vernünftig gelten), sondern ihre *Beziehung* zueinander, die Art ihrer Interaktion und Kommunikation. Insofern existiert das Problem nicht ohne die jeweiligen anderen. Solche Auffassungen werden vor allem von »Kommunikations«- und »System«-Theoretikern vertreten (vgl. Watzlawick, Beavin & Jackson 1969, im Überblick: Schlippe & Schweitzer 2007).

Ansätze mit ausgeprägter *Person*-Orientierung nehmen hingegen an, dass im Individuum Eigenheiten des psychischen Geschehens vorliegen, die gegenüber dem »Normalen« qualitativ andersartig sind. Man spricht bei dieser Auffassung auch vom »intrapsychischen Krankheitsmodell« (analog zum organischen der Medizin), während die vorangehenden Ansätze von einem »psychosozialen Störungsmodell« ausgehen.

Intrapsychische Krankheitsmodelle werden von der Psychoanalyse und anderen tiefenpsychologischen Ansätzen vertreten (vgl. Kap. 6). Sie sehen fortdauernde unbewusste – und daher unbewältigte – Konflikte als wichtigste Bedingung von Persönlichkeitsstörungen an. Deren Ursprung wird wiederum in traumatischen Erfahrungen der frühen Lebensjahre gesehen, wobei von vorrangiger Bedeutung ist, wie sich die Beziehungen zu den Eltern und anderen Familienmitgliedern in der Person subjektiv niedergeschlagen haben. Die Wirkung der vergangenen Umwelt erhält hier also besonderes Gewicht, während die gegenwärtige Umwelt gewissermaßen als »Reaktivierer« der unbewusst verarbeiteten Erfahrung fungiert. Demgegenüber halten die rein interaktionsorientierten Auffassungen das Wechselspiel mit der gegenwärtigen Umwelt für das Wesentlichere.

Ansätze der sog. Humanistischen Psychologie konzentrieren sich ebenfalls auf das Individuum, auf seine blockierten Selbstverwirklichungstendenzen, sein verzerrtes Selbstbild usw. (vgl. etwa Rogers 1959/1991, Perls 1973/2007). Sie gehen jedoch nicht von einem eigenen Bereich des Unbewussten aus, sondern von unterschiedlichen Graden des genauen Erlebens von eigenen Gefühlen, Bedürfnissen und Konflikten. Und sie beschäftigen sich mehr mit der Gegenwart als mit der Vergangenheit.

Psychotherapie

Mit der jeweiligen Theorie zur Erklärung der Störungen hängen auch die *Formen der Therapie* zusammen. Ihre Vielfalt ist mittlerweile kaum noch zu überschauen. So werden im Handbuch von Corsini (2000) 70 Therapieformen beschrieben. Sie lassen sich allerdings nach mehreren Richtungen gruppieren, und viele Therapien haben nur geringe Verbreitung gefunden (zum Überblick s. auch Perrez & Baumann 2005, Reimer et al. 2007).

Die meisten Therapieformen, vor allem solche aus tiefenpsychologischen und humanistischen Richtungen, beschäftigen sich in erster Linie mit psychischen »Kräften«, das heißt mit Motivationen und Emotionen. Sie versuchen, den Klienten zur gezielten Auseinandersetzung mit eigenen Gefühlen, Bedürfnissen, Lebenszielen, Einstellungen und Werthaltungen anzuregen, wobei Konflikte, also der Widerstreit verschiedener Kräfte, von besonderem Interesse sind.

Zu den humanistischen Ansätzen gehören unter anderem die Klientenzentrierte Gesprächspsychotherapie (»Personzentrierter Ansatz«) und die Gestalttherapie. Die *Gesprächstherapeuten* bemühen sich, aus den Mitteilungen der Klienten das subjektive Erleben, insbesondere die Gefühle, herauszuhören und aufzugreifen (einfühlendes Verstehen), um so die »Selbstexploration« zu fördern; daneben wird eine menschlich »echte« und wertschätzende Haltung betont (Rogers 1951/1978, vgl. Biermann-Ratjen, Eckert & Schwartz 2003). Die *Gestalttherapie* (Perls, Hefferline & Goodman 1951/2006) richtet ihr Augenmerk mehr auf das nicht sprachliche Ausdrucksverhalten der Klienten (Körperhaltung, Mimik etc.) als Weg zum Verständnis der Bedürfnisse, Gefühle usw. und arbeitet stärker mit Mitteln der Konfrontation zur Aktualisierung des Erlebens.

Die von Freud begründete *Psychoanalyse* – die bekannteste tiefenpsychologische Therapie – betont stärker als die humanistischen Ansätze die Bewusstmachung von Vergangenem und Unbewusstem. Unter anderem werden Träume, »freie Assoziationen« und Handlungsweisen des Klienten als Zeichen unbewusst motivierter Vorgänge gedeutet.

Die aus der behavioristischen Richtung stammende *Verhaltenstherapie* legt den Akzent zum großen Teil auf das »Verhaltensrepertoire«, das eine Person für bestimmte Situationen mitbringt. Daher versucht die Therapie, »falsche« eingeschliffene Verhaltensgewohnheiten und emotionale Reaktionen abzubauen sowie »Verhaltensdefizite« auszugleichen, also neue Fertigkeiten der Situationsbewältigung aufzubauen. Die Therapie hat daher meist einen trainingsartigen Charakter. Bei diesem Umlernprozess macht man sich vor allem die früher beschriebenen Lernarten des klassischen Konditionierens, des Bekräftigungslernens und des Modell-Lernens zunutze, mit denen die Störungen auch erklärt werden (zum Methodenspektrum der Verhaltenstherapie s. Linden & Hautzinger 2000, Margraf 2008).

Seit den 1980er-Jahren haben sich »*kognitive* Verhaltenstherapien« und »kognitive Therapien« entwickelt. Sie legen den Schwerpunkt auf Denkvorgänge bei der Situationsverarbeitung und -bewältigung. Unter anderem leiten sie an zu einer realistischeren Bewertung der Umwelt und der eigenen Person sowie zur Handlungssteuerung durch Selbstinstruktionen oder Problemlösungsstrategien (vgl. Ziesing & Pfingsten 2008; Kanfer, Reinecker & Schmelzer 2004,). Eine bekannte Form kognitiver Therapie ist die Rational-Emotive Therapie von Ellis (Ellis & Hoellen 1997; Ellis, Schwartz & Jacobi 2004), die sich auf das Analysieren und Verändern des »inneren Selbstgespräches« konzentriert.

Systemische Therapien interessieren sich nicht primär für die einzelne Person, sondern für ein ganzes »Interaktionssystem«, meist die Familie. Behandelt wird daher das Individuum *samt* seinem zugehörigen Umfeld (sozusagen mit den »anderen« als typischer Kontextbedingung, s. auch Zusatzaspekt »Interpersonale Bezüge« S. 102 ff.). Viele dieser Therapien sind zugleich durchaus einer der vorangehenden Richtungen verhaftet; z. B. gibt es psychoanalytische oder personzentrierte Formen der Familientherapie. Andere Ansätze haben hingegen ihre eigenen Methoden entwickelt (vgl. Watzlawick, Beavin & Jackson 1969, Simon & Stierlin 2004).

Die Übergänge zwischen den Therapieschulen sind häufig fließend, und in der Praxis hängt es maßgeblich vom jeweiligen Therapeuten ab, was in der Therapie, die unter dem Namen einer bestimmten Richtung durchgeführt wird, tatsächlich geschieht. Es ist oft kaum möglich, einzelne Therapieausschnitte einer bestimmten Richtung zuzuordnen (vgl. Schelp & Kemmler 1988). Im Übrigen gibt es seit den 1970er-Jahren Versuche, Wirkfaktoren einzelner psychotherapeutischer Verfahren herauszufiltern, um sie zu einer Integrativen Psychotherapie zu verbinden (vgl. Bergin & Garfield 1994). Daneben gibt es seit einigen Jahren Ansätze, die nach schulübergreifenden Prinzipien von Psychotherapie suchen und eine Allgemeine Psychotherapie entwickeln wollen. Grawe (1995; Grawe, Donati, & Bernauer 2001) meint aufgrund seiner umfangreichen therapievergleichenden Metaanalysen vier *allgemeine* Wirkfaktoren benennen zu können, die für positive Veränderungsprozesse in der Psychotherapie von ausschlaggebender Bedeutung sind (*s. Tafel 38*). Darüber hinaus hat er mit dem konsistenztheoretischen Modell des psychischen Geschehens einen theoretischen Rahmen entwickelt (im Überblick Grawe 2005).

Allerdings sind mögliche psychologische Maßnahmen bei psychischen Problemen nicht auf Psychotherapie im engeren Sinne beschränkt. Auch Sozialarbeit, Sozialpädagogik, Elternberatung, schulische Maßnahmen, Selbsthilfegruppen usw. sind psychologisch wirksam. Viele Mitmenschen und viele Institutionen des täglichen Lebens können so auch zur Verminderung und Prävention psychischer Störungen bzw. durch Stärkung personaler und situativer Ressourcen zur Förderung der Gesundheit beitragen (s. S. 166 ff.).

Was gute Psychotherapie leistet – jenseits der »Schulen«

Problemaktualisierung:	Konzentration auf aktuelle Probleme des Klienten
Ressourcen-aktivierung:	Stärkung der Selbstheilungskräfte des Klienten
Problembewältigung:	Aktive Hilfe und Unterstützung bei der Lösung konkreter Probleme des Klienten
Klärung:	Analyse und sinnstiftende Deutung der Probleme des Klienten

Tafel 38: Allgemeine psychotherapeutische Wirkfaktoren nach Grawe, Donati & Bernauer (2001)

3. Pädagogische Psychologie

Pädagogische Psychologie ist, knapp formuliert, pädagogisch relevante Psychologie. Genauer: Sie erschließt die psychologische Seite von pädagogischen Kontexten – und »pädagogisch« sind alle Kontexte, die mit der Förderung von Lernenden in Richtung auf Erziehungs- und Lehrziele zu tun haben. So verstanden ist die Pädagogische Psychologie umfassender als die Psychologie von Erziehung und Unterricht. Dies sind zwar die Kernbereiche, doch das Themenspektrum geht darüber hinaus. Neben pädagogischen Aktivitäten wie Erziehung und Unterricht können beispielsweise auch die Gewalt unter Schülern, Gründe für einen Studienabbruch oder Burn-out im Lehrerberuf ein Thema für die Pädagogische Psychologie sein, denn auch dies sind Sachverhalte in pädagogischen Kontexten.

Zwischen den Fächern *Pädagogik* und *Pädagogische Psychologie* gibt es Überschneidungen, aber auch Unterschiede. So gehört die Beschäftigung mit Erziehungs- und Bildungszielen, Lehrplänen und pädagogischen Institutionen (Kindergarten, Schule, Erwachsenenbildung etc.) zu den Aufgaben der Pädagogik, während die Psychologie immer dort einsetzt, wo es um die »Akteure« des pädagogischen Feldes geht, also um die Erziehenden und Erzogenen: um ihr Verhalten, um ihre Motivationen, die personalen Unterschiede und nicht zuletzt um die Lernprozesse in pädagogischen Kontexten.

Die pädagogische Blickrichtung lässt sich in unserem Zwei-Achsen-Modell etwa in der dargestellten Weise abbilden (*s. Tafel 39*): Eine »pädagogische Situation« soll personale Dispositionen der Lernenden bzw. Erzogenen auf bestimmte Ziele hin verändern (vgl. »Verändern als Förderung«, S. 218). Pädagogisches Handeln ist insofern auf die *Beeinflussung der künftigen Entwicklung* gerichtet. Zieldispositionen sozial-emotionaler Art sind dabei beispielsweise Selbstvertrauen, Ehrlichkeit, Rücksichtnahme und Selbstkontrolle, mögliche Leistungsziele sind z. B. Lesekompetenz, sprachliche Kompetenzen, motorische Fertigkeiten sowie Sachwissen in verschiedenen Gebieten.

Bei einer näheren Betrachtung des inhaltlichen Spektrums der Pädagogischen Psychologie kann man grob unterscheiden zwischen Themen, die sich mit der Seite der Lernenden oder Erzogenen beschäftigen, und anderen, die sich mit den Lehrenden und Erziehenden befassen. Hierzu einige Erläuterungen, die zugleich Bezüge zu den Grundaspekten aus Kapitel 3 herstellen.

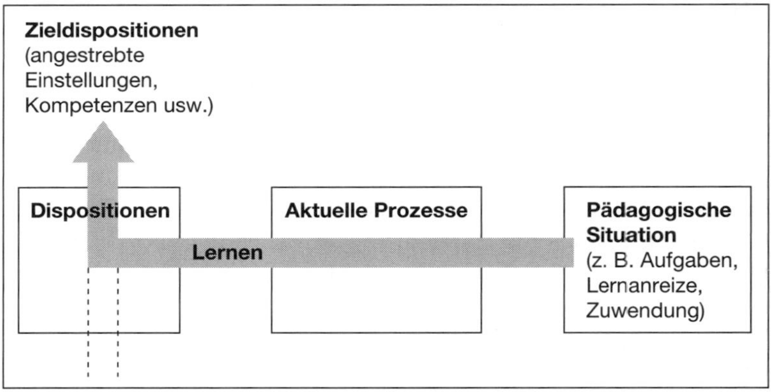

Tafel 39: Die »pädagogische Perspektive«: Welche pädagogischen Situationen lösen Prozesse aus, durch die angestrebte Dispositionen erlernt werden?

Lernende, Erzogene

Pädagogische Einflussnahmen sind nur möglich, weil Menschen lernen können. Die Beschäftigung mit Lernvorgängen ist daher ein Standardthema in der Pädagogischen Psychologie, wobei meist sowohl verhaltensbezogenes als auch wissensbezogenes Lernen (s. S. 78 ff.) behandelt werden. Aber anders als die Allgemeine Psychologie untersucht die Pädagogische Psychologie diese Prozesse nicht »als solche«, sondern mit Bezügen zu pädagogischen Kontexten. Statt um kognitive Lernprozesse allgemein geht es also beispielsweise um Wissenskonstruktion (s. S. 83) unter dem Einfluss verschiedener Lehrformen oder Lernstrategien. Statt um Motivation geht es z. B. um den Zusammenhang von Leistungsmotivation und Leistungsbewertung oder um pädagogische Möglichkeiten, individuelle Misserfolgsängstlichkeit zu vermindern und Erfolgszuversicht zu stärken (vgl. Rheinberg & Krug 2005).

Ein wiederkehrendes Thema aus jüngerer Zeit ist das selbstregulierte Lernen, denn effektive Selbstregulation ist nicht nur ein wichtiges pädagogisches Ziel, sondern zugleich eine Voraussetzung für erfolgreiches Lernens in jeglichem Unterricht. Selbstregulation ist dabei weit umfassender zu verstehen als Lern-»Methoden« (vgl. Landmann & Schmitz 2007). Auch hier stützt man sich zwar zum Teil auf allgemeinpsychologische Forschungen zu Prozessen, die an der Selbstregulation beteiligt sind, wie etwa Motivations-, Volitions- und (insbesondere metakognitive) Denkprozesse (s. S. 62, S. 51). Doch ist dieses Geschehen in pädagogischen Kontexten zu untersuchen, etwa bei Anforderungen wie dem Lernen aus Texten oder dem Lösen mathematischer Aufgaben.

Die *personalen* Faktoren der Lernenden sind ebenfalls häufig ein Thema der Pädagogischen Psychologie. Hier geht es beispielsweise um intellektuelle Fähigkeiten, um Interessen, um Ängstlichkeit oder Aggressivität von Schüler/innen. Abweichende Ausprägungen wie etwa Lernstörungen und Lernbehinderungen oder auch Hochbegabung werden besonders oft thematisiert (z. B. Lauth, Grünke, Brunstein 2004, Holling & Kanning 1999). Mit den personalen Aspekten der Lernenden ergibt sich zugleich ein wichtiges Anwendungsfeld der pädagogisch-psychologischen Diagnostik.

Auch die psychische Entwicklung im Kindes- und Jugendalter (die ja ebenfalls personale Aspekte betrifft) kann zum Thema der Pädagogischen Psychologie werden. Die Entwicklungspsychologie kann beispielsweise zur »Schulreife« (Schulfähigkeit) und zu einer entwicklungsgemäßen Lernförderung Auskünfte geben. Auch die klassische Frage nach den Einflüssen von Anlage und Umwelt (s. hierzu S. 88 ff.) ist selbstverständlich für die Möglichkeiten von Erziehung und Unterricht von fundamentaler Bedeutung.

Lehren und Erziehen

In pädagogischen Feldern geht es, wie dargelegt, letztlich immer um eine Förderung von Menschen in Richtung auf Erziehungs- und Lehrziele. Während in der »Erziehungs«-Wissenschaft die Erziehung ein Oberbegriff ist, der auch Bildung, Unterricht, Training u. Ä. mit einschließt, bezieht sich Erziehung im *engeren* Sinne primär auf die Förderung sozialer Verhaltensdispositionen, Unterricht hingegen primär auf die Förderung von Leistungen, insbesondere kognitiven Leistungen. Im Großen und Ganzen lassen sich die beiden Zielbereiche auch unterschiedlichen Institutionen zuordnen. Für die Erziehung im engeren Sinne ist vor allem die Familie zuständig, manchmal auch Einrichtungen der Jugendhilfe. Für den Unterricht bzw. für Leistungsziele sorgen vor allem Schulen unterschiedlichster Art, von der Grundschule über die Hochschule bis zur Fahrschule. Allerdings betreiben zumindest die allgemeinbildenden Schulen immer auch Erziehung (und sei es nur im Dienste eines reibungslosen Unterrichts), während in der Familie vielfach auch »unterrichtet« wird.

Da diese Tätigkeiten überwiegend von Menschen ausgeübt werden (Texte, Lernsoftware etc. kommen hinzu) und sie dies offensichtlich unterschiedlich tun, werden *personale Aspekte der Erziehenden und Lehrenden* und deren Folgen für die Lernenden immer wieder ein Thema, wobei nicht so sehr Personmerkmale im Sinne der Differenziellen Psychologie (s. S. 119f.) im Vordergrund stehen, sondern pädagogische Einstellungen und Handlungsmuster. So sind elterliche Erziehungsstile und ihre Wirkungen auf Kinder ein klassisches Thema, das mit der Unterschiedlichkeit erzieherischer Verhaltensdispositionen zu tun hat. Gleichfalls von Interesse ist die Suche nach Merkmalen jener Lehrer/innen, die herausragende Unterrichtserfolge vorweisen können (»gute« Lehrer) (im Überblick Helmke 2003). Hier geht es z. B. um Merkmale wie Verständlichkeit der Sprache, Strukturierung des Unterrichts, Klarheit der Leistungserwartungen und die Art der Klassenführung, also jene Lehrerhandlungen, die auf die Aufrechterhaltung guter Mitarbeit und die Eindämmung von Störungen gerichtet sind (Nolting 2007). Teilweise ist das individuelle Lehrerverhalten auch Ausdruck allgemeinerer Personfaktoren, etwa der kognitiven Fähigkeiten, der sozialen Kompetenz oder der emotionalen Belastbarkeit.

Neben den direkten Handlungen der »pädagogischen Personen« sollen diverse Aspekte der »pädagogischen Situation« bzw. der Lernumgebung dazu beitragen, die gewünschten Lernprozesse auszulösen. Vom Lernenden aus gesehen umfasst die »pädagogische Situation« externe Faktoren wie die Aufgaben, die Themen, die Lehrmedien (Texte, Bilder, Computer etc.) und die Lehrformen (direkte Unterweisung, Gruppenarbeit usw.). Im erweiterten Sinne gehören zur Lernumgebung z. B. auch die Besonderheiten der jeweiligen Schule (Verhaltensregeln, Angebote, Förderkultur usw.) oder auch das Schul- und das Klassen-»Klima«.

Diese letzten Aspekte haben zum Gutteil schon *interpersonalen* Charakter. Rein »interpersonale Themen« der Pädagogischen Psychologie sind unter anderem die Lehrer-Schüler-Interaktion und Eltern-Kind-Interaktion, aber auch die Schulklasse mit Cliquenbildungen, Rangordnungen, Freundschaften, Feindschaften sowie negativen Verhaltensweisen gegen Mitschüler (Mobbing, Ablehnung von »Strebern« etc).

Lehrbücher zur Pädagogischen Psychologie unterscheiden sich zum Teil erheblich darin, welche Inhalte sie ausführlich berücksichtigen, welche weniger und welche gar nicht. Schon die Gewichtung der beiden Bereiche Lehren/Unterrichten und Erziehung ist unterschiedlich. Viele Bücher legen (wie es der englischen »Educational Psychology« entspricht) den Schwerpunkt auf Unterricht und Schule (z. B. Hasselhorn & Gold 2006, Mietzel 2007, Tücke 2005, Woolfolk 2008). Andere Werke berücksichtigen, entsprechend der Tradition der deutschsprachigen Pädagogischen Psychologie, sowohl den Bereich des Lehrens/Unterrichtens als auch die Erziehung (Krapp & Weidenmann 2006, Nolting & Paulus 2004, Rost 2006, Schneider & Hasselhorn 2008, Wild & Gerber 2006). Werke, die sich primär mit der Erziehung im engeren Sinne beschäftigen, machen dies schon im Titel deutlich und heißen gewöhnlich nicht »Pädagogische Psychologie« (z. B. Tausch & Tausch 1998, Fuhrer 2005). Insgesamt dominieren heute Themen, die mit Lehren und anderen Aspekten der Lernförderung bis hin zu Lernstörungen und ihrer Prävention und Korrektur zu tun haben.

Weit weniger als die Klinische Psychologie wird die Pädagogische Psychologie von Kontroversen zwischen den *theoretischen Strömungen* beherrscht. Insgesamt überwiegen kognitivistische Ansätze, zum Teil in der Variante des Konstruktivismus (s. S. 189). Das hat sicherlich auch mit der größeren Zahl von lehrbezogenen gegenüber erziehungsbezogenen Themen zu tun (Thema und Theorie fördern sich oft gegenseitig). Der Kognitivismus kommt aber unter anderem auch in der theoretischen Deutung von Lernvorgängen zur Geltung, die früher eher behavioristisch gesehen wurden (z. B. Steiner 2007).

Bei der sozial-emotionalen Erziehung kommen auch einflussreiche Beiträge aus der »personzentrierten« Richtung, die sich aus der entsprechenden Therapieform von Carl Rogers herleitet (vgl. S. 154 sowie S. 189 f. über Humanistische Psychologie). Sie betont Haltungen wie Wärme, Akzeptanz und Echtheit, die Einfühlung in das Erleben des Kindes bzw. Kommunikationspartners (»aktives Zuhören«), das Mitteilen eigener Empfindungen (»Ich-Botschaften«) und das gleichberechtigte Aushandeln von Konfliktlösungen (vgl. Tausch & Tausch 1998; Gordon 1994). Vom Behaviorismus und seiner Lernpsychologie stammen Techniken zur »pädagogischen Verhaltensmodifikation«. Anfangs war dies in erster Linie der richtige Einsatz von positiver Bekräftigung, Nichtbekräftigung und Bestrafung. Inzwischen ist auch die Verhaltensmodifikation »kognitiver« geworden, wodurch die Problemklärung, Selbststeuerung und Selbstbewertung usw. mehr Gewicht erhalten (im Überblick Rost & Schilling 2006).

4. Arbeits- und Organisationspsychologie

Die Praxisfelder »Arbeit« und »Organisation« sind miteinander verknüpft, da Arbeit typischerweise in Organisationen geleistet wird. Deshalb werden die zugehörige Arbeits- und Organisationspsychologie oftmals auch in einer Wortverbindung genannt (Kals 2006). Dennoch setzen sie unterschiedliche Akzente.

Arbeitspsychologie
Die Arbeitspsychologie richtet ihr Augenmerk auf Probleme der wechselseitigen Anpassung von Mensch und Arbeit (vgl. Ulich 2005). Sie beschäftigt sich dabei zum Teil mit personbezogenen Problemstellungen, z. B. mit der Feststellung der beruflichen Eignung und optimalen Selektion der Bewerber, mit Maßnahmen zur Verbesserung der Arbeitszufriedenheit und -motivation und mit Fragen der Aus- und Weiterbildung der Mitarbeiter.

Bei der *Eignungsfeststellung*, die differenziell-psychologisch orientiert ist, wird eine Aussage darüber getroffen, ob der Bewerber die individuellen Voraussetzungen für die berufliche Tätigkeit mitbringt. Dabei stützt man sich auf Ergebnisse von Leistungs- und Persönlichkeitstests, Interviews und Gruppendiskussionen. Zur Ermittlung der Anforderungen, nach denen die Eignung gemessen werden soll, werden Tätigkeitsanalysen und psychologische Merkmale der im Beruf Tätigen herangezogen. Die Aufgabe besteht dann in einer optimalen Zuordnung des Dispositionsgefüges eines bestimmten Bewerbers zum Profil der beruflichen Tätigkeit (»Person-Job-Fit«).

Die *Auslese* ist von der Eignung zu trennen, da in sie auch nicht psychologische Kriterien mit eingehen (z. B. Ertragslage des Unternehmens, Rationalisierungsmaßnahmen). Seit einiger Zeit haben »Assessment-Center« als eine multiple Verfahrenstechnik zur Einschätzung beruflicher Kompetenzen und zur Prognose beruflicher Entwicklungen von Führungskräften an Bedeutung gewonnen. Sie bestehen aus mehreren eignungsdiagnostischen Instrumenten und leistungsrelevanten Aufgaben. An einem solchen Beurteilungsverfahren nehmen üblicherweise mehrere Personen als Beurteilte und auch mehrere Personen als unabhängige Beurteiler teil (vgl. Höft 2007, Schuler & Funke 2004). Zur Abschätzung des Leistungsverhaltens der Führungskräfte haben sich Persönlichkeitsmerkmale als starke Prädiktoren erwiesen, die mit hoher Leistungsmotivation, intellektuellen Fähigkeiten, sozialen Kompetenzen zu tun haben (vgl. Weinert 2004). Der Führungserfolg wird aber maßgeblich durch zwei weitere Merkmale bestimmt: Geschlecht und Sozialschicht. Es zeigt sich, dass Spitzenpositionen fast ausschließlich mit Männern besetzt sind, die überwiegend aus gehobenen Sozialschichten stammen (Kals 2006, S. 106 f.).

Auf die *Arbeitssituation* beziehen sich solche Fragestellungen, die die betriebliche Arbeitstätigkeit und ihre Rahmenbedingungen zum Gegenstand haben. Hierzu zählen vor allem die Arbeits- bzw. Aufgabengestaltung, die Gestaltung des Arbeitsplatzes, der Arbeitsumgebung und des zeitlichen Rahmens (Schuler & Sonntag 2007, S. 163 ff.). Aspekte, die hier eine Rolle spielen sind z. B. räumliche Bedingungen (Großraumbüro, »Nomadenbüro«), Licht/Beleuchtung, Farbe, Lärm, Klima, Flexibilisierung der Arbeitszeit. *Tafel 40* gibt einen Überblick über Strategien der Gestaltung und der angestrebten Ziele.

Wichtig ist auch die Art der zu erledigenden Arbeitsaufgaben. Sind sie motivations-, persönlichkeits- und gesundheitsfördernd gestaltet? Sind sie nach diesen Gesichtspunkten ausgerichtet, können sie Arbeitsmotivation und Gesundheit, die fachliche Qualifikation und soziale Kompetenz sowie die Selbstwirksamkeit und Flexibilität der

Strategien der Arbeitsgestaltung	**Ziele der Arbeitsgestaltung**
Korrektive Arbeitsgestaltung	Korrektur erkannter Mängel (z. B. Beschaffung ergonomisch angemessener Stühle, *nachdem* Nacken- bzw. Rückenschmerzen eingetreten sind).
Präventive Arbeitsgestaltung	Vorwegnehmende Vermeidung gesundheitlicher Schädigungen und psychosozialer Beeinträchtigungen (z. B. Beschaffung geeigneten Mobiliars, *bevor* Beschwerden auftreten können).
Prospektive Arbeitsgestaltung	Schaffung von Möglichkeiten der Persönlichkeitsentwicklung (z. B. Angebot verschiedener Formen der Arbeitsgestaltung, zwischen denen die Betroffenen, etwa Sekretärin und Sachbearbeiterin, *wählen* und die sie gegebenenfalls *verändern* können).

Tafel 40: Strategien und Ziele der Arbeitsgestaltung (leicht verändert aus Ulich 2007, S. 222)

Beschäftigten fördern. Arbeitsaufgaben, die nur geringe Entscheidungskontrolle erlauben und die mit hohen psychischen Anforderungen verbunden sind, bergen hingegen ein hohes Stressrisiko (Ulich 2007).

Die *Folgen* können psychischer Art (z. B. Beeinträchtigung der intellektuellen Flexibilität) oder psychophysischer Art sein (z. B. Ermüdung, psychosomatische Störung). So wurde z. B. festgestellt, dass Schichtarbeiter ein bis zu achtmal höheres Risiko haben, an Magengeschwüren zu erkranken, als Arbeiter unter regulären Bedingungen (vgl. Frieling & Sonntag 1999). In den letzten Jahren ist der Frage, wie Individuen ihre Arbeitsbelastungen bewältigen können (»Coping« und »Stressmanagement«), vermehrt Aufmerksamkeit geschenkt worden (vgl. Bamberg 2007).

Mit den *Wandlungen der Arbeitswelt* verändert auch die Arbeitspsychologie ihr Profil: Immer mehr Menschen sind in Verwaltung und Dienstleistungsbereichen beschäftigt, wo planerische, koordinierende und überwachende Tätigkeiten die früher vorherrschenden körperlichen Tätigkeiten in der Produktion abgelöst haben und das Informationsmanagement eine immer bedeutendere Rolle zu spielen beginnt. Kommunikations-, Medien- und Informationstechnologien gewinnen deshalb einen beherrschenden Einfluss in der Arbeitswelt. Die Arbeitsgestaltung des herkömmlichen »Mensch-Maschine-Systems« macht zunehmend der Gestaltung einer »Mensch-Multimedia-Interaktion« im Verbundsystem einer teamorientierten Organisationsstruktur Platz (vgl. Winterhoff-Spurk 2002; Weinert 2004).

Organisationspsychologie

Die Organisationspsychologie beschäftigt sich mit dem »Erleben und Verhalten von Menschen in Organisationen, genauer gesagt damit, das Verhalten (und, soweit möglich, das Erleben) zu beobachten, zu beschreiben und zu erklären, in Entscheidungszusammenhängen zu prognostizieren und in Interventionsfällen auch zu intervenieren« (Schuler 2004, S. 1). Organisationen sind strukturierte, zielorientierte und überdauernde soziale Gebilde, zu denen z. B. Schulen, Parteien, Kirchen, Verwaltungen und Betriebe zählen. Dabei stehen Fragen der Personalführung und Kommunikation im Vordergrund.

Die *Organisationspsychologie* hat person-, gruppen- und organisationsbezogene Schwerpunkte (Rosenstiel, Molt & Rüttinger 2005). Zu den personbezogenen zählen die Interaktion des Individuums mit der ihm gestellten Aufgabe (z. T. identisch mit Aufgaben der Arbeitspsychologie) und Konzepte der *Personalentwicklung*, die sich mit systematisch geplanten Maßnahmen zur Ausbildung, Erhaltung und Wiedererlangung der beruflichen Qualifikationen beschäftigen (vgl. Holling & Liepmann 2004).

In ihren mehr *gruppen*bezogenen oder auch *interpersonalen* Schwerpunkten beschäftigt sich die Organisationspsychologie mit den Interaktionen der Individuen in ihren organisatorisch vorgegebenen Rollen (Vorgesetzter, Nachgeordneter, Gleichgestellter), mit der Interaktion von Individuum und umfassender Organisation, mit Fragen der Personalführung, der Gestaltung von Arbeitsgruppen und ihrer inneren Aufgabenteilung, mit der Lösung von Sachproblemen und der Bewältigung sozialer Konflikte in Organisationen (vgl. Rosenstiel, Molt & Rüttinger 2005; Weinert 2004). *Organisations*bezogene Fragestellungen sind z. B. die Einstellungen zur Organisation in ihrer Gesamtheit (»Organisationsklima«), geteilte Werte und Normen (»Organisationskultur«) oder Sozialisationseffekte von Organisationen auf ihre Mitglieder (Kleinmann, König & Melchers 2007).

Seit geraumer Zeit wird auch die Organisation insgesamt in ihrem Aufbau und Ablauf betrachtet. Diese Sichtweise ist in der Forschung und Praxis der *Organisationsentwicklung* aufgegriffen worden (vgl. Gebert 2004). Sie ist ein geplanter, gelenkter und systematischer Prozess, der »unter Einbeziehung und Einbindung der Betroffenen, durch aufeinander abgestimmte Interventionen, die sowohl bei den Strukturen, Systemen, Prozessen und der Kultur einer Organisation als auch bei dem individuellen Denken, Fühlen und Verhalten ansetzen, die Effektivität und Effizienz der Unternehmensleistungen erhöht und die organisationale sowie individuelle Lernfähigkeit fördert« (Elke 2007, S. 754). Deshalb hat auch seit einigen Jahren das Konzept der »Lernenden Organisation« an Bedeutung gewonnen. Es macht darauf aufmerksam, dass es für Organisationen immer wichtiger wird, sich anbahnenden gesellschaftlichen Wandlungsprozessen proaktiv zu stellen und sich nicht nur reaktiv den Veränderungen anzupassen. Unternehmen können durch »generatives Lernen« ihre Organisationsziele und die damit zusammenhängenden Werte und Einstellungen neu bewerten und sich dadurch ihre Kreativität und Innovationskraft erhalten (Greif, Runde & Seeberg 2004; Guldin 2004).

In der Arbeits-, Betriebs- und Organisationspsychologie sind verschiedene *theoretische Positionen* vertreten worden. Auch hier haben in den vergangenen Jahren kognitivistische Ansätze eine dominante Rolle eingenommen (vgl. 186). Durch die tiefgreifenden gesellschaftlichen Wandlungsprozesse, die auch die Arbeitswelt verändert haben, ist die Nachfrage nach psychologischem Know-how sehr angestiegen. Beiträge der empirisch fundierten Arbeits- und Organisationspsychologie zur Mitgestaltung der Arbeitswelt werden deshalb in der Wirtschaft, aber auch innerhalb der Psychologie heute mehr beachtet als früher (vgl. Lück 2004; Kals 2006, S. 9ff.).

5. Gesundheitspsychologie, Medizinische Psychologie u. a.

Aus psychologischer Sicht werden Gesundheit und Krankheit, anders als in der Biomedizin, nicht auf rein somatisches Geschehen begrenzt. Dies entspricht auch der Gesundheitsdefinition der Weltgesundheitsorganisation WHO: »Gesundheit ist der Zustand des vollständigen körperlichen, geistigen und sozialen Wohlbefindens und nicht nur die Abwesenheit von Krankheit und Gebrechen.« In der Literatur finden sich häufig auch die folgenden Merkmale von Gesundheit: Störungsfreiheit, Leistungsfähigkeit, Rollenerfüllung, Homöostase/Gleichgewichtszustand, Flexibilität, Anpassung, Wohlbefinden (Becker 2006). Gesundsein und Kranksein sind danach an eine erlebende und sich verhaltende Personen gebunden: Es ist der Mensch und nicht einfach nur ein körperlicher Organismus, der in seiner Lebenswelt unter den Bedingungen und Anforderungen seines Lebens erkrankt bzw. gesund bleibt. Gesundheit und Krankheit sind deshalb immer zugleich in ihren psychischen, sozialen, ökologischen und physischen Bezügen zu sehen: Gesundsein bzw. Kranksein resultiert aus den wechselseitigen, aktiv gestalteten Beziehungen des Menschen mit seiner Umwelt.

Näher betrachtet stellt sich Gesundheit in dieser Perspektive als ein aktives und erfolgreiches Bemühen der Person dar, (a) die kulturellen Anforderungen (z. B. schulische und berufliche) zu meistern (»Produktive Anpassung«) und (b) eigene Wünsche und Vorstellungen (z. B. ein Sänger zu werden, eine Familie zu gründen) in seinem Leben zu verwirklichen (»Selbstverwirklichung«) und (c) dabei eine dynamische Balance zwischen diesen einzelnen Anforderungen und Aspirationen herzustellen.

Die Komponente der Produktiven Anpassung repräsentiert die kognitiv-behavioristische Anforderungs-Ressourcen-Forschung, die vor allem in die Stressforschung Eingang gefunden hat. An zentraler Stelle steht dort das Konzept des »Coping«. Damit sind die sich ständig verändernden kognitiven und verhaltensmäßigen Bemühungen einer Person gemeint, mit spezifischen Anforderungen fertig zu werden, die von der Person so eingeschätzt werden, dass sie ihre eigenen Ressourcen beanspruchen oder übersteigen (Lazarus & Folkman 1984, S. 141; Faltermaier 2005, S. 99f.). Werden die Formen der Bewältigung als persönliche Dispositionen verstanden, spricht man auch von Coping- bzw. Bewältigungsstilen (z. B. Bagatellisierung, Ersatzbefriedigung, Positive Selbstinstruktion, Selbstbeschuldigung, Entspannung; z. B. Erdmann & Janke 2008 zu Erwachsenen; Hampel, Petermann & Dichow 2001 zu Kindern).

Die Komponente der »Selbstverwirklichung« entstammt der humanistisch-psychologischen Tradition in der Psychologie, die die individuelle Entfaltung von Motiven und Kompetenzen, die Selbstbewusstwerdung, die Wert- und Zielverwirklichung und das kongruente Selbsterleben als zentrale Elemente des Gesundseins bzw. Gesundwerdens thematisiert (vgl. Paulus 1994).

Subjektives Wohlbefinden, das die Weltgesundheitsorganisation als zentrales Element in ihrer berühmten Gesundheitsdefinition benennt, ist Begleiterscheinung und Folge dieser beständig neu auszutarierenden Balancierungen (*s. Tafel 41*). Ob es einer Person gelingt, ihre Balance zu erreichen, hängt davon ab, welche Ressourcen bzw. Risikofaktoren sie als Person in die jeweilige Situation mitbringt und welche in ihrer Umwelt vorhanden sind (vgl. auch Becker 1997).

Im Kern wird dieses Konzept nicht nur in der Psychologie, sondern auch in den angrenzenden Sozialwissenschaften weithin akzeptiert. Es gilt sicherlich für viele der heute vorherrschenden chronischen Erkrankungen (z. B. Rheuma, Krebs, Herz-Kreislauf-Erkrankungen). Diese sind in hohem Maß von kulturell geprägten Lebensweisen des einzelnen Menschen abhängig (50 % geschätzter prozentualer Anteil). Die anderen Faktoren, die sich ebenfalls auf die Gesundheit und Krankheit auswirken, sind die biologisch-genetischen Gegebenheiten (20 %), die vorherrschenden Umwelt- und Lebensbedingungen (15–20%) und die Qualität des Gesundheitssystems (10 %) (vgl. Waller 2006, S. 127).

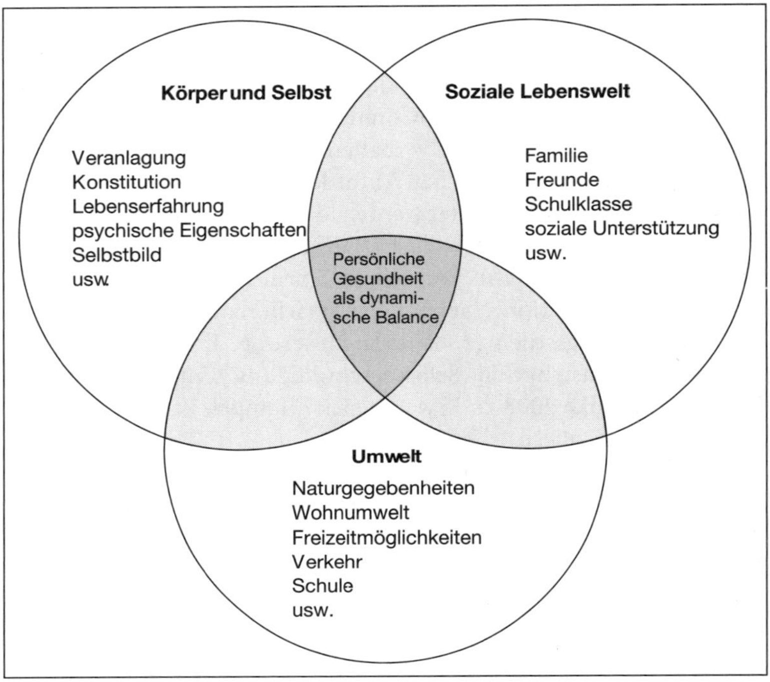

Tafel 41: Persönliche Gesundheit als dynamische Balance am Beispiel der Lebenswelt eines Schülers

Gesundheitspsychologie

Mit Fragen und Problemstellungen, die um das Themenfeld Gesundheit kreisen, beschäftigt sich die Gesundheitspsychologie (Faltermaier 2005). Sie kann verstanden werden als ein »wissenschaftlicher Beitrag der Psychologie zur (1) Erhaltung und Förderung von Gesundheit, (2) Krankheitsvorbeugung, (3) Identifizierung von gesundheitsförderlichen und gesundheitsbeeinträchtigenden Faktoren, (4) Bestimmung der Definition, der Ätiologie und Genese sowie der Diagnose von Gesundheitszuständen und Gesundheitsverhalten und (5) Analyse, Evaluation und Optimierung des Gesundheitssystems« (Dlugosch & Schmidt 1992, S. 124; Schwarzer 2004, S. 3). In all diesen Feldern hat diese psychologische Disziplin rasch Fortschritte erzielt und komplexe gesundheitspsychologische Modelle für ihren Gegenstandsbereich entwickelt (zur Übersicht: Faltermaier 2005; Schwarzer 2004; Franke

2006; Hurrelmann 2006). Innerhalb der sich ebenfalls entfaltenden Gesundheitswissenschaften hat sie eine wichtige Position erlangt (vgl. Hurrelmann, Laaser & Razum 2006, Waller 2006). Dort hat sie vor allem der Gesundheitsförderung und Prävention neue Impulse verliehen (Naidoo & Wills 2003, Hurrelmann, Klotz & Haisch 2004).

Für die Modellbildungen hat das von Aaron Antonovsky (1979, 1997) entwickelte Konzept des Kohärenzgefühls besondere Bedeutung erlangt (vgl. Franke 1997; Wydler, Kolip & Abel 2006). In ihm sind drei Merkmale zusammengefasst, die mittlerweile als wesentliche persönlichkeitspsychologische Determinanten von Gesundheit gelten können: Verstehbarkeit, Bewältigbarkeit, Sinnhaftigkeit. Verstehbarkeit umschreibt das Ausmaß, in dem Reize und Situationen des alltäglichen Lebens als sinnvoll, nachvollziehbar und vorhersagbar erlebt werden. Bewältigbarkeit meint das Ausmaß, in dem die Anforderungen des Alltags mit den verfügbaren Ressourcen als bewältigbar wahrgenommen werden. Sinnhaftigkeit bezieht sich auf das Ausmaß, in dem die Probleme und Anforderungen des alltäglichen Lebens als solche erlebt werden, für die es sich einzusetzen lohnt (vgl. Bengel, Strittmatter & Willmann 2001).

Neuerdings gewinnt auch das Konzept der »Resilienz« an Bedeutung. Es akzentuiert den Aspekt der »Machbarkeit« des Kohärenzgefühls. Resilienz meint die psychische Widerstandsfähigkeit (von Kindern) gegenüber biologischen, psychologischen oder psychosozialen Entwicklungsrisiken (Opp & Fingerle 2007; Wustmann 2004). In der Fachdiskussion werden deshalb auch häufig die Begriffe Stressresistenz, psychische Robustheit, psychische Elastizität synonym für Resilienz verwendet. Das Gegenteil ist »Vulnerabilität«.

Mit der Ausrichtung auf das Gesundheitsverhalten hat die Gesundheitspsychologie ein weites und neues Themenfeld aufgespannt, das sich deutlich von der *Klinischen Psychologie* abgrenzt, in deren Zentrum Auffälligkeiten und Störungen des Erlebens und Verhaltens stehen. Sie hat aber Gemeinsamkeiten mit ihr im Bereich der Prävention, wo es um die Vorbeugung, Vermeidung oder Minimierung von psychischen Gesundheitsrisiken in der Umwelt, aber auch im Verhalten der Menschen geht.

Medizinische Psychologie

Die Medizinische Psychologie bearbeitet im Vergleich mit diesen beiden Disziplinen ein begrenztes Feld und schließt Fragestellungen der

Krankheitsentstehung und -bewältigung sowie der Kommunikation vor allem in der Arzt-Patient-Beziehung und anderen Gruppen ein (Berth, Balck & Brähler 2008). Zu ihnen zählen die Patienten, die Angehörigen und das Pflegepersonal. Im Mittelpunkt stehen aber die Analyse der Arzt-Patient-Beziehung, die Sensibilisierung und Schulung der (angehenden) Ärzte für diese Beziehung. Sie bildet das Fundament für eine gelingende Gesundheitsberatung, Diagnostik, Therapie und Rehabilitation. Weitere Themen der Medizinischen Psychologie sind: (1) das Erleben und Verhalten der Patienten: Wie erleben sie z. B. ihre eigene Erkrankung? Wie empfinden sie das Klima des Krankenhauses bzw. der Station? Mit welchen Gefühlen und Gedanken begleiten sie medizinische Eingriffe? Inwieweit befolgen sie ärztliche Anweisungen? Welche Vorstellungen haben sie darüber, was krank und was gesund macht? etc. (2) die Pflegepersonal-Patient-Beziehung: Wie gestaltet sich der Umgang mit den Patienten? Wie kann mit schwierigen oder schwerkranken Patienten angemessen umgegangen werden? Welche Belastungen empfinden Pflegepersonen im Umgang mit Patienten? etc. (3) das Verhältnis von Pflegepersonal und Ärzten zu Angehörigen: Wie können Angehörige in die Therapie oder den Pflegeprozess eingebunden werden? Wie sind sie angemessen auf die Rückkehr des Patienten vorzubereiten? etc. (4) die intra- und interprofessionelle Kooperation zwischen Ärzten und Pflegepersonal im Krankenhaus, der Praxis etc.

Anders als in der Klinischen Psychologie ist der Gegenstand der Medizinischen Psychologie also nicht primär das abnorme Erleben und Verhalten und dessen Behandlung im Sinne von Beratung und Therapie. Es gibt allerdings auch hier Überschneidungen. So muss in schwierigen medizinischen Situationen den Patienten geholfen werden, die psychischen Begleiterscheinungen angemessen zu verarbeiten. Neben Kindern im Krankenhaus ist z. B. an chronisch kranke Patienten zu denken, an Erkrankungen, die sehr schmerzhaft sind, und an solche, die mit gravierenden Einbußen der Lebensqualität einhergehen (z. B. Brustamputationen, Niereninsuffizienz). Diese Patienten sind oftmals überfordert und benötigen klinisch-psychologische Hilfestellung. Aber nicht nur sie, sondern auch das betreuende Pflegepersonal ist in solchen Situationen auf professionelle psychologische Unterstützung angewiesen. Zuweilen wird die Medizinische Psychologie deshalb auch als ein Teilgebiet der Klinischen Psychologie aufgefasst, hat aber mit ihrem Fokus auf Krankheit und ihre Behandlung einen deutlich anderen Schwerpunkt (Strauß, Berger, Troschke & Brähler 2004; Buser, Schneller & Wildgrube 2007).

Mit der Gesundheitspsychologie teilt die Medizinische Psychologie die Ausrichtung auf die Förderung der Gesundheit, die das letzte Ziel der medizinischen und pflegerischen Interventionen ist. Kenntnisse über die »Salutogenese« (die Entstehung von Gesundheit) können den Blick auf die Ressourcen lenken, die in der Person des Patienten und in seinem Umfeld liegen (vgl. Bartsch & Bengel 1997). Darüber hinaus hat die Medizinische Psychologie aber, wie gesagt, auch deutlich andere Akzente als die Gesundheitspsychologie (Faller & Lang 2006). Das Gleiche gilt für die Psychosomatik und Verhaltensmedizin. Auch sie haben eine andere Ausrichtung als die Gesundheitspsychologie, teilen mit ihr aber die Ressourcenorientierung der salutogenetischen Sichtweise (vgl. Lamprecht & Johnen 1997). Im engeren Sinn befassen sie sich mit der Rolle von Erlebens- und Verhaltensfaktoren in der Ätiologie, Genese und Behandlung von Erkrankungen.

Psychosomatik

Die Psychosomatik geht von psychischen Ursachen von Erkrankungen aus und hat damit stärker die Person im Blickfeld. Sie bringt inadäquate Erlebnisverarbeitung mit funktionalen Störungen (z. B. Tics) oder auch Organschädigungen (z. B. Magengeschwüren) in einen Zusammenhang. Psychosomatische »Spezifitätstheorien«, die von psychoanalytisch beeinflussten Theoretikern vertreten werden, nehmen an, dass die Art der körperlichen Erkrankung sich bestimmten unbewussten frühkindlichen Konflikten zuordnen lassen. In den sog. »Non-Spezifitäts-Theorien« wird hingegen behauptet, dass die körperliche Symptomatik mit einer erworbenen oder angeborenen Verletzlichkeit (»Vulnerabilität«) bestimmter Organsysteme zu erklären sei, nicht aber mit einer bestimmten Art von Konflikten. Seit einiger Zeit wird vor allem das *Stresskonzept* als integrierender nicht spezifischer Ansatz zur Erklärung psychosomatischer Erkrankungen genutzt (Kaluza & Vögele 2001).

Im psychologischen Stressmodell von Lazarus (s. auch S. 188) ist vor allem die Diskrepanz zwischen der erlebten Anforderung und den selbst eingeschätzten Bewältigungsmöglichkeiten für die Entstehung von Stress bedeutsam. Als Auslöser (»Stressoren«) kommen in Betracht: äußere Reize (Lärm, Gefahrensituationen, Leistungsanforderungen), soziale Reize (soziale Isolation, soziale Ungleichheit, zwischenmenschliche Probleme) oder akute innere Konflikte. Treten gravierende Stressoren ein (z. B. Tod des Lebenspartners) können daraufhin mittel- bis längerfristig häufiger psychosomatische Erkrankungen auftreten.

Ein solcher Zusammenhang ist aber nicht regelhaft. Verschiedene personale Faktoren spielen hier mit hinein. In Verbindung mit den angedeuteten »Vulnerabilitäten« können z. B. die Neigung zu depressiven Verstimmungen und Hilflosigkeitserlebnissen, Ängste oder Ärger das Auftreten von Erkrankungen begünstigen. Personale Faktoren können aber auch als Schutz- und Bewältigungsdispositionen, etwa Selbstwirksamkeitserwartungen, bzw. als Kohärenzgefühl oder Resilienz gesundheitserhaltend wirken (vgl. Faltermaier 2005, S. 157 ff.).

Andere verursachende Momente von Erkrankungen können im eigenen gesundheitsriskanten Verhalten liegen: Menschen schädigen ihre Gesundheit, indem sie sich (a) falsch ernähren, (b) im Übermaß Genussmittel zu sich nehmen, (c) sich kaum oder nur einseitig körperlich bewegen, (d) unzureichende Körperhygiene betreiben oder (e) sich leichtsinnig im Straßenverkehr und am Arbeitsplatz verhalten. Auch solche gesundheitsschädigenden Verhaltensweisen können in einen Zusammenhang mit dem Stresskonzept gebracht werden. Sie sind dann als nicht gelungene Versuche zu verstehen, konflikthafte, belastende oder überfordernde Lebenssituationen angemessen zu bewältigen. Für den Bereich gesundheitlicher Belastungen von Kindern und Jugendlichen gibt es dazu inzwischen reichhaltige Befunde (vgl. z. B. Thyen & Scriba 2007; Hurrelmann, Klocke, Melzer & Ravens-Sieberer 2003).

Verhaltensmedizin

Die Verhaltensmedizin verfolgt gegenüber der Psychosomatik einen breiteren Ansatz (Flor, Hahlweg & Birbaumer 2001), Gesundheit und Krankheit werden als komplexes multisystemisches Geschehen betrachtet, wobei die »Gesundheits- und Krankheitsmechanismen unter Berücksichtigung psychosozialer, verhaltensbezogener und biomedizinischer Wissenschaften erforscht werden sollen und die empirisch geprüften Erkenntnisse und Methoden in der Prävention, Diagnostik, Behandlung und Rehabilitation eingesetzt werden« (Ehlert 2002, S. 4). Der Verhaltensbegriff wird hier sehr weit gefasst. Körperzelle, Organ, Mensch und Umwelt »verhalten« sich regelgebunden in miteinander vernetzten Systemen. Die Forschung auf den unteren Systemebenen in den Feldern der Psychoendokrinologie, Psychoneurobiologie, Psychoimmunologie, Psychoneurologie steht allerdings erst am Anfang. Auf den Systemebenen Organ, Mensch und Umwelt gibt es durch die verhaltenstherapeutische Forschung eine Vielzahl von empirisch abgesicherten Erkenntnissen und Belegen für die Wirksamkeit verhaltensmedizinischer Interventionen (z. B. Gestaltung medizinischer Aufklärungsgespräche, Schmerzlinderungsmethoden für unterschiedliche Erkrankungen, Stärkung eigenen Kompetenzgefühls zur Unterstützung ärztlicher Primärbehandlung).

KAPITEL 6
Theoriegeleitete Betrachtungsweisen (»Richtungen«)

Wer sich mit der wissenschaftlichen Psychologie beschäftigt, sieht sich nicht nur einer verwirrenden Fülle von Befunden gegenüber, sondern auch einer Vielfalt von »Theorien«. Darunter sind »Minitheorien«, die sich nur auf eng umgrenzte Phänomene beziehen (z. B. auf eine optische Täuschung). Dann gibt es Theorien mittlerer Reichweite, die komplexere Problembereiche wie z. B. Angst, Aggression, Hilfsbereitschaft, Leistungsmotivation oder psychische Gesundheit umfassen. Schließlich gibt es grundlegende theoretische Strömungen, Richtungen oder »Paradigmen«: Sie schaffen einen Bezugsrahmen, aus dem die unterschiedlichsten psychischen Phänomene in jeweils typischer Art beschrieben und erklärt werden. Im übertragenen Sinne liefern sie spezifische »Brillen«, mit denen man psychisches Geschehen betrachtet (vgl. Mietzel 2006; Walach 2005).

Diese Orientierungen können nach verschiedenen Kriterien unterschieden werden. Nach Allport (1959, S. 16) scheiden sich die Geister ganz grundlegend an Fragen wie diesen: »Wird das System von außen oder von innen bestimmt? Ist es nur reaktiv oder ist es aktiv, ist es mechanisch bestimmt oder bis zu einem gewissen Grade spontan?« Nach solchen und anderen Kriterien lassen sich in der heutigen Psychologie zumindest drei Hauptströmungen unterscheiden: Tiefenpsychologie, Behaviorismus und Kognitivismus (z. B. Schönpflug 2006). Daneben wird vielfach noch die Humanistische Psychologie als eine eigenständige Position angeführt (z. B. bei Zimbardo & Gerrig 2008). Darüber hinaus haben in der Psychologie weitere Perspektiven an Gewicht gewonnen (vgl. Myers 2005). Die biopsychologische, evolutionsbiologische und soziokulturpsychologische Perspektive machen deutlich, dass die Psychologie verstärkt mit anderen wissenschaftlichen Disziplinen kooperiert, um ihren Gegenstand, das Erleben und Verhalten des Menschen, besser, d. h. umfassender, verstehen zu können. Neben diesen Sichtweisen hat »systemisches« Denken so sehr an Bedeutung gewonnen, dass wir es als eine weitere Richtung anführen möchten.

Besondere Betonung bei	**Psychoanalyse**	**Behaviorismus**	**Kognitivismus**	**Humanistische Psychologie**
aktuellen Prozessen	Motivation, Motivations-Konflikte, größtenteils unbewusst	Äußeres Verhalten (Bewegungen)	Denken, Informationsverarbeitung	Ganzheitlich kognitiv-emotionale Prozesse
Personfaktoren	Eigenschaften (Charakterzüge)	Habits (Verhaltensgewohnheiten)	Kognitive Strukturen (z. B. Pläne, Begriffe)	Selbstkonzept, Werthaltungen u. a.
Entwicklungsfaktoren	Angeborene Triebe, verschiedene Reifungsstadien, prägender Einfluss früher Lebenserfahrungen	Verhalten wird über die gesamte Lebensspanne hinweg gelernt (konditioniert)	Lernprozesse, vor allem kognitive; Individuum als Mit-Gestalter der Entwicklung; z. T. auch Reifungsprozesse	Kognitives Lernen; Individuum als Selbstgestalter, Selbstverwirklichungstendenz
Rolle der Situation	Subjektive Situationsbedeutung, mitbestimmt durch unbewusste Impulse Stärkere Gewichtung der Person gegenüber der Situation	Objektive Situation als Auslöser, Hinweisreiz oder Bekräftiger Stärkere Gewichtung der Situation gegenüber der Person	Subjektive Situationsbedeutung, bestimmt durch gedankliche Verarbeitung Dynamische Wechselwirkung zwischen Person und Situation	Subjektive Situationsbedeutung, »individuelle Welt« Stärkere Gewichtung der Person gegenüber der Situation

Tafel 42: Charakterisierung von theoriegeleiteten Betrachtungsweisen (»Richtungen«) im Rahmen der grundlegenden Aspekte des psychischen Systems

Diesen Ansätzen liegen, wie sich teilweise schon in den Bezeichnungen andeutet, verschiedene Auffassungen über die menschliche Natur zugrunde. Wie weit sie grundsätzlich angemessen sind, kann wohl kaum durch die psychologische Forschung entschieden werden; hiermit beschäftigt sich die philosophische Anthropologie. »Menschenbilder« geben aber gedankliche Gerüste vor, aus denen heraus psychologische Theorien entwickelt werden. Diese können sich als mehr oder weniger geeignet zur Erklärung psychischen Geschehens erweisen und damit wiederum bestimmte anthropologische Annahmen stützen oder in Frage stellen (Fahrenberg 2007).

Da aber durch sie letztlich keine Entscheidung darüber möglich ist, was das »Wesen« des Menschen ist, was das »Wesentliche« des Menschseins ausmacht, kann es auch nicht die »eine«, »richtige« psychologische Theorie geben, die alle psychischen Phänomene erklären kann. Es gibt vielmehr verschiedene theoretische Perspektiven, deren Bedeutung mit den Epochen, den Gesellschaftssystemen und den Kulturen wechseln kann (vgl. auch Lück 2002; Schönpflug 2004).

Wir fassen zunächst die Grundannahmen von vier Strömungen vereinfachend zusammen, die in der Geschichte der Psychologie besonders einflussreich waren oder noch sind:

- *Psychoanalyse und andere Tiefenpsychologien:* Der Mensch ist bestimmt durch unbewusste Antriebe. In die grundlegenden Ziele und Motive seines Handelns hat er nur geringe Einsicht.
- *Behaviorismus:* Der Mensch ist das Produkt allgemeingültiger Lernprozesse. Er ist letztlich determiniert durch Umweltgegebenheiten.
- *Kognitivismus:* Der Mensch handelt als vernunftorientiertes Wesen aus bewusster Erkenntnis und Einsicht.
- *Humanistische Psychologie:* Der Mensch ist Gestalter seiner selbst. Sein inhärentes Ziel ist es, sich selbst zu verwirklichen.

Man kann diese Richtungen auch im Rahmen unserer theorieneutralen Grundaspekte charakterisieren, wie wir es in *Tafel 42* versucht haben.

Durch diese Kennzeichnungen könnte der Eindruck entstehen, die theoretischen Richtungen existierten weitgehend unabhängig voneinander. Dies trifft aber nicht zu: Trotz der Unterschiede in den grundsätzlichen Positionen gibt es vielfältige Überschneidungen. Die zahl-

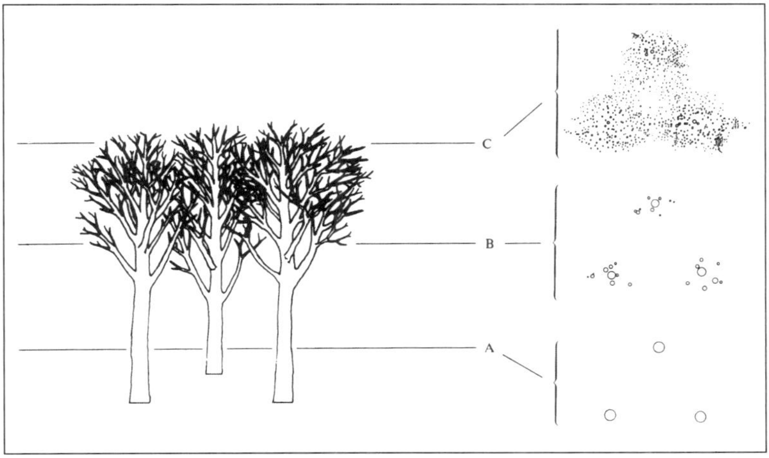

Tafel 43: Theorierichtungen und ihre Verzweigungen: Während die gemeinsamen Stämme jeder Richtung streng voneinander geschieden sind (Schnittebene A), ergeben sich mit der Vielfalt der Verzweigungen Berührungen und Zwischenstellungen (Schnittebene C) (bildliche Darstellung aus Schelp & Kemmler 1988, S. 12 f., dort auf Therapieansätze bezogen)

reichen Varianten, die sich aus jeder Theorierichtung entwickelt haben, weisen eine mehr oder weniger große Nähe zu anderen Richtungen auf. So kann z. B. die Individualpsychologie Alfred Adlers als »Ableger« der Tiefenpsychologie gelten, sie enthält aber zugleich wesentliche Elemente der Humanistischen Psychologie. Der kognitive Behaviorismus hat, wie schon der Name sagt, neben den grundsätzlichen Positionen des Behaviorismus auch viele Elemente des Kognitivismus in sich aufgenommen (z. B. in der sozial-kognitiven Lerntheorie von Albert Bandura). Und die Persönlichkeitstheorie von Carl Rogers umfasst neben ihrer grundsätzlichen humanistisch-psychologischen Orientierung auch zentrale Elemente der kognitivistischen Position. Diese Aufzählung ließe sich fortführen. *Tafel 43* macht die Berührungen und Zwischenstellungen psychologischer Theorien anschaulich.

1. Psychoanalyse und andere Tiefenpsychologien

Schon in der Bezeichnung »Tiefenpsychologie« kommen mehrere Besonderheiten dieser Theorierichtung zum Ausdruck (Elhardt 2006).

Zum einen wird damit auf die zeitliche Tiefe verwiesen, auf die große Bedeutung, die den frühkindlichen Erfahrungen und ihrer Verarbeitung beigemessen wird. Zum anderen geht die Tiefenpsychologie von einem »Schichtenmodell« der Persönlichkeit aus und beschäftigt sich – bildlich gesprochen! – mit den tieferen Schichten, dem »Unbewussten« hinter dem Erleben und Verhalten. Hierin liegt im Übrigen auch ein aufklärerischer Aspekt der Tiefenpsychologie: Sie warnt vor »Oberflächlichkeit« im Studium psychischen Geschehens und will verborgene Bereiche der menschlichen Erkenntnis öffnen.

Begründer und zugleich auch bekanntester Vertreter dieser Theorierichtung ist Sigmund Freud (1856–1939). Die von ihm entwickelte »Psychoanalyse« wird zuweilen von Laien fälschlich mit der Psychologie insgesamt gleichgesetzt. Näher betrachtet ist die Psychoanalyse dreierlei zugleich: eine Persönlichkeitstheorie, eine Untersuchungsmethode und eine Therapiemethode (s. Freud Studienausgabe 2000; zur Übersicht: Mertens 2004; Köhler 2007).

Als *Persönlichkeitstheorie* betrachtet sie den Menschen als ein Energiesystem, dessen Basis in angeborenen Trieben besteht. In seinen letzten theoretischen Entwürfen nahm Freud zwei Triebe an: einen Sexual- und einen Todestrieb (nach außen als Aggressionstrieb wirksam). Ursprünglich hatte er nur den Sexualtrieb vorgesehen.

Die entscheidenden Vorgänge spielen sich nach Freud im Bereich des »Unbewussten« ab. Die Inhalte dieser psychischen Region sind stark mit Triebenergie besetzt und – da verpönt – aus dem Bewusstsein verdrängt worden. Das »Bewusstsein« selbst umfasst das Erleben, welches dem Individuum aktuell gegenwärtig ist; es hat in der Psychoanalyse relativ wenig Gewicht. Die wirklichen Ursachen und Ziele »hinter« den bewussten Vorgängen und Inhalten können vom Individuum nicht erkannt werden.

Freud ordnet die von ihm angenommenen Vorgänge drei Instanzen der Person zu, die er zusammen den »psychischen Apparat« nennt (vgl. Freud 1940/1994). Die erste Instanz ist das »Es«, das die unbewussten Impulse des Sexual- und Todestriebes enthält, die auf sofortige Triebbefriedigung bzw. maximalen Lustgewinn drängen (»Lustprinzip«). Die zweite Instanz ist das »Ich«, das vorwiegend bewusste Funktionen wie Wahrnehmung, Denken usw. umfasst, die der Realitätsanpassung dienen (»Realitätsprinzip«). Das »Ich« hat zwischen den Impulsen des »Es« und den Erfordernissen der Realität zu vermitteln. Zugleich muss es auch die Anforderungen des »Über-Ich«

berücksichtigen. Dieses »Über-Ich« als dritte Instanz repräsentiert moralische Verbote und Gebote. Insgesamt gesehen stehen »Es« und »Über-Ich« antagonistisch zueinander, und das »Ich« ist Schauplatz der Kompromissbildung im Sinne der von ihm gesteuerten Realitätsanpassung (*s. Tafel 44*).

Die Psychodynamik der antagonistischen Instanzen führt dazu, dass keine feste Beziehung zwischen den inneren Eigenschaften und dem sichtbaren Verhalten besteht. Hohe Aggressivität als unbewusste Disposition muss sich nicht in aggressivem Verhalten zeigen, da »Abwehrmechanismen« des »Ich« (z. B. »Verdrängung«) ein ganz entgegengesetztes äußeres Erscheinungsbild bewirken können.

Die Persönlichkeits*entwicklung* ist nach Freud eng gebunden an die verschiedenen Reifungsstadien, die der Sexualtrieb in Kindheit und Jugend durchläuft (orale, anale, phallische und genitale Phase), und

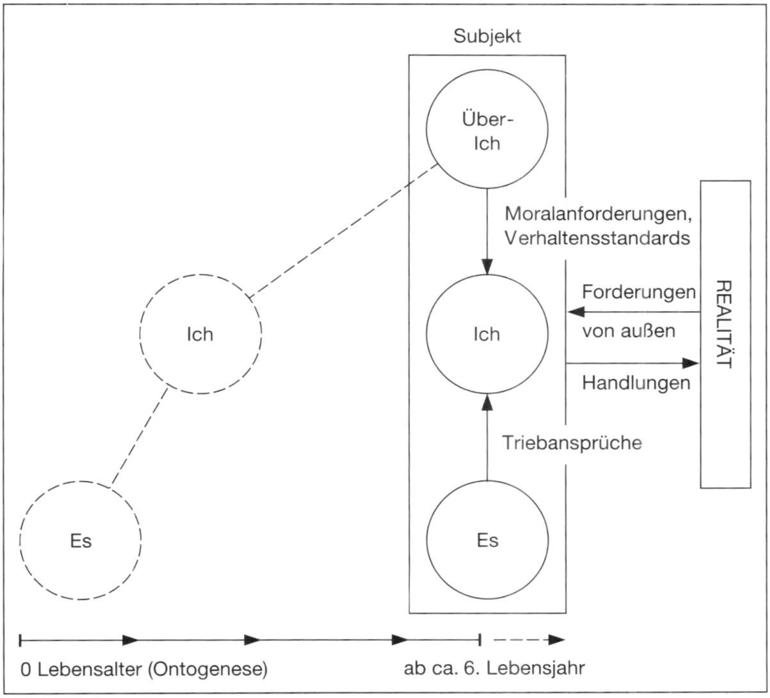

Tafel 44: Die Instanzen des psychischen Apparates: ihre Entwicklung und Dynamik (nach: Tillmann 2007, S. 58)

an die Entwicklung des »psychischen Apparates«. Die Erfahrungen in den ersten Lebensjahren gelten dabei als besonders wichtig für die gesamte weitere Entwicklung der Persönlichkeit (Mertens 1996/1997).

Außer einer Persönlichkeitstheorie ist die Psychoanalyse auch eine *Untersuchungsmethode,* die versucht, unbewusste Bedeutungen des Redens und Handelns, der Träume und Fantasien oder auch der Wahnvorstellungen psychisch Kranker durch »Deuten« offenzulegen.

Schließlich ist die Psychoanalyse auch eine *Therapiemethode.* Ihr geht es um die Aufdeckung und Aufarbeitung bislang unbewusster Strebungen und Gefühle. Die Therapie konzentriert sich dabei besonders auf frühkindliche Erfahrungen und dadurch bedingte unbewusste Konflikte ihrer Patienten (im Überblick: Thomä & Kächele 2006).

In Bezug auf unser integrierendes Modell zeigt sich: Die Psychoanalyse beschäftigt sich bei den aktuellen Prozessen vor allem mit der Motivation, wobei diese überwiegend unbewusst sein soll. Das individuelle Verhalten und Erleben ergeben sich aus den Dispositionen (»Charakterzügen«), die ein Mensch bezüglich der drei Instanzen »Ich«, »Es«, »Über-Ich« besitzt (z. B. »schwaches Ich« »strenges Über-Ich«) und die ihrerseits auf frühkindliche Erfahrungen zurückgeführt werden. Die personalen Faktoren spielen also in der Psychoanalyse eine weit größere Rolle als die situativen (s. auch *Tafel 42,* S. 175).

Freuds Psychoanalyse hat vielfache Abweichungen und Veränderungen erfahren (vgl. Kriz 2007). Schon früh haben sich Carl Gustav Jung (1875–1961) und Alfred Adler (1870–1937), beide zunächst Schüler und Mitarbeiter Freuds, von ihm getrennt und eigene tiefenpsychologische Schulen gegründet.

Im Unterschied zu Freud betont Adler (1920/2006) in seiner *Individualpsychologie* stärker soziale Faktoren und bewusste Denkprozesse. Aggressive und sexuelle Motive werden geringer bewertet. Auch wird kein deutlicher Trennungsstrich zwischen Bewusstem und Unbewusstem gezogen. Das Unbewusste ist der noch unverstandene Teil der Ziele und Absichten des Handelns. Zentral sind für Adler die Erfahrung des *Minderwertigkeitsgefühls* und der Versuch seiner Überwindung im Geltungsstreben (»Kompensation«). Dies kann letztlich nur in der Gemeinschaft, in einer auf den Mitmenschen bezogenen Lebensweise, verwirklicht werden. Deshalb erhält die Förderung des *Gemeinschaftsgefühls,* vor allem in der Familie, eine besondere Bedeutung. Die »Individualpsychologie« betont gerade, dass der Mensch ein soziales Wesen ist, also das Gegenteil von dem, was man vielleicht aufgrund des Wortes »Individualpsychologie« vermuten mag. In der Bezeichnung soll zum Ausdruck kommen, dass der Mensch ein »unteilbares«, ganzheitliches Wesen ist. Nach Adler erwirbt er im Laufe seiner Entwicklung, in der Auseinandersetzung mit den Umweltanforderungen, die für ihn charakteristischen Personmerkmale und findet einen für ihn typischen Weg (»Lebensstil«) zur Überwindung der Mängelsituation (zur Übersicht: Ansbacher & Ansbacher 2004).

Auch Jung (1925/1995) wendet sich in seiner *Analytischen Psychologie* gegen die starke Betonung der Sexualität im Persönlichkeitssystem von Freud. Er hält zwar am Konzept der sexuellen Triebenergie fest, erweitert sie aber zu einer allgemeinen Lebensenergie. Er akzeptiert wie Freud die Bedeutung des Unbewussten, weitet den Begriff allerdings erheblich aus durch die Annahme eines *kollektiven Unbewussten.* Es beinhaltet die verdichteten Erfahrungen der gesamten Menschheitsgeschichte, die als »Urbilder« mit symbolischer Bedeutung, als sogenannte »Archetypen«, in der Analyse erfahrbar werden (Kast 2007). Solche Symbole seien z. B. auch in Märchen, Mythen, in der Religion und in der Kunst zu finden (z. B. das »Mandala«). Die Deutung der »Archetypen« ist der wichtigste Bestandteil der analytischen Therapie. Dagegen spielt die Analyse unbewusster affektiv-triebhafter Impulse eine geringere Rolle. Ziel der menschlichen Entwicklung ist nach Jung die Selbstintegration (»Selbstverwirklichung«, »Individuation«). Gegenüber Freuds eher naturwissenschaftlich-mechanistischer Psychoanalyse erscheint Jungs »Analytische Psychologie« eher philosophisch und religiös-mystisch (zur Übersicht: Jacobi 2006, Roth 2007).

In weiteren Entwicklungen der Psychoanalyse ergeben sich andere Schwerpunktbildungen. So wird in der sog. *Ich-Psychologie* das »Ich« stärker autonom gesehen als bei Freud, wodurch die Psychoanalyse ein weniger mechanistisches Gepräge bekommt (s. Drews & Brecht 1982, Blanck & Blanck 1999).

Die *Neopsychoanalyse* (z. B. Horney, Fromm, Sullivan, Schultz-Hencke, Alexander), die sich vor allem in den USA entwickelte, lehnt die ausschließliche Orientierung an der Triebtheorie Freuds ab und betont stärker soziale und gesellschaftliche Einflüsse auf die menschliche Entwicklung und Persönlichkeit. Auch die Instanzenlehre wird weitgehend verlassen, und das Unbewusste als eigene Schicht wird eher zu einem Randphänomen. Ebenso wird der Aufschlüsselung von Träumen, Symbolen etc. keine besondere Bedeutung mehr beigemessen (vgl. Benesch 1995; Rattner 1995).

Seit einiger Zeit erlangen *Objektbeziehungstheorien* große Bedeutung, die vor allem von Kernberg (1997) in die Diskussion gebracht worden sind (vgl. Masterson 2003). Wie die Bindungstheorie (Bowlby 1988/2008, Grossmann & Grossmann 2008) gehen sie davon aus, dass die realen frühkindlichen Beziehungen, zumeist die Mutter-Kind-Beziehung, für die Entwicklung des Kindes von entscheidender Bedeutung sind. In ihnen verwirklicht das Kind seine angeborenen Neigungen, kognitive und affektive Bindungen zu Objekten in der Welt herzustellen. Diese Theorien wollen ein besseres Verständnis für die in der heutigen psychotherapeutischen Praxis vielfach anzutreffenden psychischen Störungen bieten, in denen Beziehungs-, Selbstwert- und Selbstgefühlsprobleme zentral sind. Sie lassen sich nach diesem Ansatz auf reale Konflikte zwischen »Selbst«, äußerer Umgebung und dem innerem Milieu der betroffenen Person zurückführen, wie sie in den frühen Beziehungsformen der Kindheit bestanden haben (vgl. Stern 2003).

Diese Theorien haben sich damit schon weit entfernt von der ursprünglichen Position der freudschen Psychoanalyse, weil in ihnen die interpersonalen Bezüge ein stärkeres Gewicht bekommen haben. Sie zählen aber noch zu den tiefenpsychologischen Ansätzen, da unbewusste psychische Kräfte und frühkindliche Erfahrungen auch bei ihnen eine bedeutende Rolle spielen.

2. Behaviorismus

Der Behaviorismus, der vor allem in den Vereinigten Staaten populär wurde, geht in seiner ersten Ausformulierung auf den amerikanischen Psychologen John B. Watson (1878–1958) zurück. Ein weiterer bedeutender Vertreter dieser Richtung ist Burrhus F. Skinner (1904–1990). Es existieren verschiedene Richtungen innerhalb des Behaviorismus; wir erwähnen hier nur den »orthodoxen« und den »kognitiven« Behaviorismus (vgl. Baum 2006).

Im *orthodoxen Behaviorismus* werden innere Prozesse, die nur der Introspektion (Selbstbeobachtung) zugänglich sind, von der wissenschaftlichen Analyse ausgeschlossen, da sie sich nicht eindeutig objektivieren lassen. Sie werden nur insoweit in die Betrachtung genommen, als sie durch Operationalisierung beobachtbar und messbar zu machen sind; z. B. kann Hunger (als subjektiver Zustand) in ein objektiv beobachtbares Phänomen verwandelt werden, wenn er als Zeit seit der letzten Nahrungsaufnahme definiert wird. Dieses Vorgehen ist für den gesamten Behaviorismus ein charakteristisches Merkmal. Seine naturwissenschaftlich-methodische Grundhaltung, die Beobachtbarkeit und intersubjektive Überprüfbarkeit, wird zum wichtigen Kriterium wissenschaftlicher Erkenntnis. Orthodoxe Behavioristen, wie z. B. Watson (1913) und Skinner (1982a,b), verneinen die Notwendigkeit der Annahme kognitiver Prozesse und Strukturen in der Person. Eine ausführliche Beschreibung des Verhaltens, seiner auslösenden Reize und seiner Konsequenzen (»Verhaltensanalyse«) genügen, um es »erklären« und um Voraussagen über die Auftretenswahrscheinlichkeit des Verhaltens machen zu können. Dieser Behaviorismus wird daher auch als »deskriptiver Behaviorismus« charakterisiert (*s. Tafel 45*).

Verhaltensdispositionen beruhen nach dem Behaviorismus auf Lernen. Der Einfluss von Reifungsprozessen und individuellen Unterschieden in den Erbanlagen wird gering eingeschätzt. Der Mensch ist das, was er gelernt hat. Die Individualität des Einzelnen liegt in seiner individuellen Lerngeschichte begründet. Die Lernprozesse selbst werden zumeist als Verknüpfungen zwischen situativen Reizen und Reaktionen aufgefasst; die Lernarten der »klassischen Konditionierung« und der »operanten Konditionierung« (vgl. S. 77 ff.) werden als Lernvorgänge schlechthin betrachtet. Sie sind in ihren Bedingungen

S –	**O** –	**R** –	**KV** –	**C**
Stimulus	*Organismus*	*Reaktion*	*Kontingenzverhältnis*	*Konsequenzen*
Hinweisreiz auf Verstärkung oder Bestrafung	Bedürfniszustand	Auf verschiedenen Ebenen: – Beobachtbares Verhalten – Körperliche Reaktionen	Zeitlich-räumlicher Zusammenhang, in dem bestimmte Konsequenzen auf eine Reaktion erfolgen (z. B. immer, manchmal, nur im Elternhaus)	– Verstärkung (positiv, negativ) – Bestrafung (aversiv, Verlust) – Keine

Tafel 45: »Verhaltensgleichung« im deskriptiv behavioristischen Ansatz

objektiv analysierbar. Von den allgemeingültigen Lerngesetzen her gesehen, nimmt der Mensch keine Sonderstellung ein, sondern gleicht sogar nicht-menschlichen Lebewesen wie Ratten, Mäusen, Tauben, an denen die Lerngesetze vornehmlich untersucht worden sind.

Hier knüpft vielfach die Kritik an: Menschen sind doch keine Ratten! Menschliches Erleben und Verhalten sind viel komplexer. Kritisiert werden auch die z. T. extreme Betonung situativer Einflüsse und die Vernachlässigung der biologisch-genetischen Ausstattung des Menschen.

Allerdings schätzen andere Urteiler durchaus den Optimismus, der der menschlichen Entwicklung und Lebensgestaltung entgegengebracht wird: Durch Veränderung der Umwelteinflüsse lässt sich Verhalten verändern. In dieser Einsicht liegt einer der wesentlichen Ausgangspunkte für die Entwicklung der Verhaltenstherapie. Sie ist eng mit der Geschichte des Behaviorismus verbunden (vgl. Margraf 2003/2005).

Betrachtet man den Behaviorismus aus der Sichtweise unseres integrierenden Modells, so liegt das Schwergewicht auf den situativen Anregern, auf der Verhaltensreaktion des Individuums und auf den darauf folgenden situativen Konsequenzen: Ausgangs- und Endpunkt ist also die Situation. Die Veränderung und damit die Entwicklung des Individuums geschehen durch Lernprozesse (Steiner 2006). Als Dispositionen werden gelernte situationsspezifische Verhaltensgewohnheiten (Habits) angenommen, die zu Habitsystemen organisiert sind und das Verhaltensrepertoire, das verfügbare Verhalten des Individuums, darstellen.

Seit den Zeiten Watsons hat sich der Behaviorismus verändert. Anfänglich ganz auf die Analyse beobachtbaren Verhaltens konzentriert, hat er seit den 1960er-Jahren eine »kognitive Wende« genommen. Immer mehr kognitive Prozesse, die sich nicht direkt beobachten lassen, werden seitdem in die Verhaltensbeschreibung und -erklärung mit einbezogen (vgl. Bartling, Echelmeyer & Engberding 2008).

Dadurch ist aus dem ursprünglichen Behaviorismus der *Kognitive Behaviorismus* hervorgegangen (vgl. Bandura 1979, Schorr 2002). Mit dieser Wende wird aber nicht die grundsätzliche Vorstellung aufgegeben, nach der das Verhalten letztlich ausgelöst und aufrechterhalten wird durch situative Einflüsse. Gelerntes Verhalten ist damit immer »Reaktion« (ein »Response« in der Terminologie des Behaviorismus). Doch werden zwischen Reiz und Reaktion vermittelnde Prozesse und

Strukturen (z. B. Ergebnis- und Selbstwirksamkeitserwartungen; Attribuierungsgewohnheiten) angenommen (Bandura 1997, Schwarzer & Jerusalem 2002; s. auch *Tafel 46*).

Zugleich wird dem Individuum eine, wenn auch begrenzte, aktive Rolle gegenüber der Umwelt und bei der Steuerung von Lernprozessen zugesprochen. Dies bedeutet auch, dass durch die Veränderung des eigenen Verhaltens die Verknüpfungen (»Kontingenzen«) mit den Konsequenzen verändert werden können. Bandura (1979, S. 221) formuliert dies so: »Der oft gehörte Satz: Verändere die Kontingenzen, und du veränderst das Verhalten, sollte reziprok ergänzt werden: Verändere das Verhalten, und du veränderst die Kontingenzen.«

Mit diesen Auffassungen werden die Übergänge zum Kognitivismus als weiterer Theorierichtung fließend. Im Gegensatz zu diesem ist aber für den Behaviorismus entscheidend, dass auch die vermittelnden kognitiven Prozesse auf reizgebundenem Lernen beruhen. Das Individuum kann sie nicht aus eigener »geistiger« Aktivität heraus erschaffen. Sie unterliegen in ihrer Entstehung und Veränderung den gleichen Lerngesetzmäßigkeiten wie anderes Verhalten auch (vgl. Bodenmann 2004).

S –	WP –	IV –	V –	C
Situation	*Wahrnehmungsprozess*	*Innere Verarbeitung*	*Handeln/ Erleben*	*Konsequenzen*
Überdauernde bzw. akute interne bzw. externe Vorbedingungen und Ereignisse (z. B. räumliche, zeitliche, materielle Bedingungen; Bedürfnislage, Gedanken, Vorhaben des Handelnden)	Orientieren, Aufnehmen und Kodieren von Information	Interpretation und Bewertung der Situation; Selbstwirksamkeits- und Ergebniserwartungen; Handlungsvorbereitung	Auf verschiedenen Ebenen: – Beobachtbares Verhalten – Subjektives Erleben – Körperliche Reaktionen	– Verstärkung (positiv, negativ) – Bestrafung (aversiv, Verlust) – Keine

Tafel 46: »Verhaltensgleichung« im kognitiv-behavioristischen Ansatz (in Anlehnung an Bartling, Echelmeyer & Engberding 2008, S.36)

3. Kognitivismus

Der Kognitivismus (lat. cognitio = Erkenntnis) ist eine breite Strömung der heutigen Psychologie, die die Interaktionen des Menschen mit seiner Umwelt als Ausdruck eines kontinuierlichen Informationsaustauschs betrachtet (vgl. Anderson 2001). Ein früher Vorläufer kann in der *Bewusstseinspsychologie* Wilhelm Wundts (1832–1920), des Begründers der erfahrungswissenschaftlichen Psychologie, gesehen werden. Die war zu Zeiten Freuds aktuell, und seine Psychoanalyse kann auch als eine Reaktion auf diese Strömung, die das psychische Geschehen mit den bewussten psychischen Vorgängen gleichsetzte, verstanden werden. Zu den Wegbereitern des Kognitivismus zählt auch die *Gestaltpsychologie,* die einen Höhepunkt in den 20er- und 30er-Jahren des letzten Jahrhunderts erlebte (Lück & Miller 2005). Sie konnte zeigen, dass die Wahrnehmung und das Denken, wie Verhalten und Erleben generell, Resultate von kognitiven Prozessen der Strukturierung und Umstrukturierung sind. Aus dem Bereich der Wahrnehmungsprozesse sei ein Beispiel zur Verdeutlichung angeführt (*s. Tafel 47*).

Kognitivistische Anschauungen gibt es in vielen Varianten. Auch in den beiden zuvor dargestellten theoriebezogenen Betrachtungsweisen gibt es kognitivistische Anklänge, z. B. in Gestalt der psychoanalytischen Ich-Psychologie und des Kognitiven Behaviorismus. Bezugnehmend auf diese Entwicklungen wird deshalb auch ganz allgemein von einer »*kognitiven Wende*« in der Psychologie gesprochen, die sich ab ca. 1960 vollzogen hat (vgl. Gardner 1989). Die Kognitivisten ge-

Diese Bildvorlage entspricht dem Prinzip der »Vexierbilder« in den Rätselecken von Zeitungen. Man kann sie als »Bild einer jungen Frau« oder als »Portrait einer Hexe« sehen. Das »Umkippen« des einen Seheindrucks in den anderen wird durch den Wechsel des Fixationspunktes erreicht. – Hier wird deutlich: Der Wahrnehmungseindruck ist nicht das Ergebnis der Einwirkung einer bestimmten Summe von Einzelreizen. Entsprechend ist vielmehr die nach Gestaltprinzipien erfolgende Verarbeitung und Organisation dieser Reize.

Tafel 47: Verarbeitung und Organisation von Wahrnehmungsreizen nach Gestaltprinzipien (aus Thomae & Feger 1976, S. 24)

hen davon aus, dass das Verhalten von Menschen typischerweise von komplexeren *Handlungsplänen und -steuerungen* zur Erreichung von Zielen bestimmt wird (»Wie kann ich mein körperliches Idealgewicht erreichen?«, »Wie kann ich erreichen, dass die Kollegen meinem Vorschlag zustimmen?«, usw.). Um diese kognitive Selbststeuerung zu betonen, bevorzugen Kognitivisten den Begriff des »Handelns« gegenüber dem des »Verhaltens«. Von unserem integrierenden Modell aus betrachtet, werden im Kognitivismus die Prozesse und Strukturen *zwischen* Reizaufnahme und Verhalten betont (vgl. Solso 2005). In den schon angesprochenen kognitiven Neurowissenschaften (s. S. 118) werden diese kognitiven Prozesse mit neuralen Funktionskreisen (»Modulen«) in Verbindung gebracht, die die visuelle Wahrnehmung, das Hören, den Erwerb der Sprache und des Sprachverstehens sowie emotionale Bereitschaften wie Angst, Aggressivität und sexuelles Begehren regulieren.

Mit der Betonung der erkennenden Funktionen werden auf der Seite der Person auch deren schöpferische Fähigkeiten hervorgehoben: Sie ist kein reaktiv Informationen verarbeitender Organismus, sondern ein seine Umwelt erschließendes und vernunftorientiert handelndes Subjekt. Das Individuum erzeugt somit selbst Information, verleiht dem, was es wahrnimmt, seine eigene *individuelle Bedeutung,* die als sein Wissen wiederum sein weiteres Handeln bestimmt. Durch das Handeln verändert das Subjekt die Situation, die es wiederum wahrnimmt und der es Bedeutung verleiht, usw. So steht der Mensch in einem beständigen Wechselverhältnis zur ihn umgebenden Situation bzw. aktuellen Umwelt. Man findet hier interaktionistische Auffassungen wieder, die unter anderem auch in der Entwicklungspsychologie (s. S. 125 ff.) und in der Persönlichkeitspsychologie (s. S. 121 ff.) zur Geltung kommen.

Durch ihre kognitiven Tätigkeiten bauen sich Menschen eine *kognitive Ordnung der Wirklichkeit, eine Wissensstruktur* auf. Sie gewinnen Einsicht in die vielfältigen Zusammenhänge der Situationen (»Verstehensprozesse«) und funktionalen Abhängigkeiten (»Erklärungsprozesse«). Aus solchen strukturierten Erfahrungen bilden sie z. B. Erwartungen über eigene Kompetenzen (»Selbstwirksamkeitserwartungen«, z. B.: »Die Prüfung zu bestehen, traue ich mir zu«) oder über Handlungsergebnisse (»Ergebniserwartungen«: »Wenn ich viel und fett esse, schade ich meiner Gesundheit«) oder sie bestimmen Ursachen von Ereignissen (»Kausalattributionen«: »Umweltbelastungen gefährden meine Gesundheit«).

So haben kognitivistische Auffassungen beispielsweise in der psychologischen Stressforschung eine herausragende Bedeutung erlangt – bei einem Phänomen also, das vielen Menschen primär körperlich-affektiver Natur zu sein scheint. In dem bekannten Stressmodell von Richard Lazarus (vgl. Knoll, Scholz & Rieckmann 2004) ist das Erleben von Stress ein Ergebnis von zwei Einschätzungen der Person (*s. Tafel 48*): (1) Nimmt sie ein Ereignis als persönliche Bedrohung, als verlustbringend oder – positiv – als Herausforderung wahr? (2) Bewertet sie die eigenen Bewältigungschancen (z. B. eigene Kompetenz; Hilfen der Umwelt) als gut oder schlecht?

Groeben und Scheele (1977; Groeben, Wahl, Schlee & Scheele 1988) haben ganz im Sinne des Kognitivismus für die Einführung eines erkennenden Subjektes (»epistemologisches Subjektmodell«) in die Psychologie plädiert. Als entscheidendes Argument gegen das »behaviorale Subjektmodell« führen sie das Selbstanwendungsargument an: Der behavioristische Psychologe und Forscher sieht sich selbst

Erleben von Stress unter der kognitivistischen Lupe

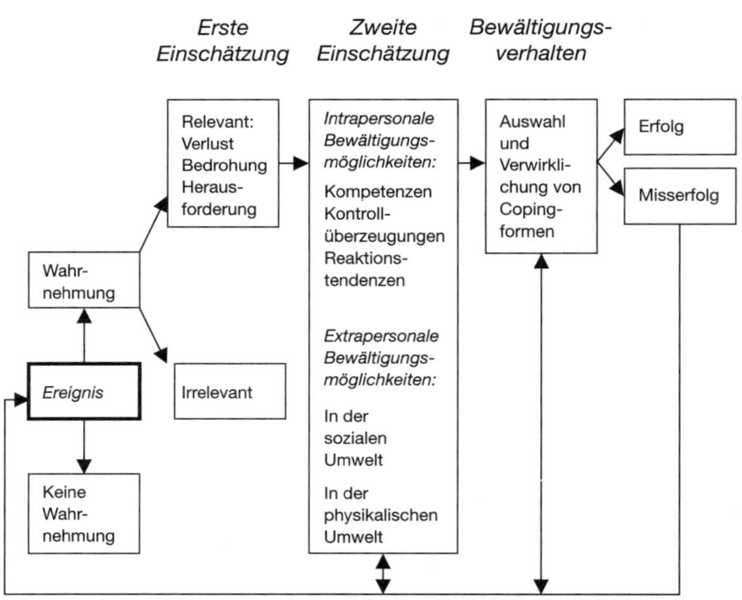

Tafel 48: Ein Modell stressrelevanter Prozesse (nach Lazarus & Folkman 1984)

kognitivistisch, als erkennendes, aktives Subjekt, welches sich z. B. bestimmte Experimente überlegt, sie durchführt, auswertet und die Ergebnisse interpretiert. Seine Versuchspersonen sieht er – gemäß orthodoxer behavioristischer Auffassung – als überwiegend umweltabhängig und reizdeterminiert, weder zur Reflexivität und Rationalität noch zur Autonomie befähigt. Diese Auffassung läuft auf zwei Psychologien hinaus: dort die weitgehend determinierte Versuchsperson, hier der zu Einsicht und autonomer Entscheidung befähigte behavioristische Psychologe und Forscher. In der kognitiv orientierten Psychologie wird zwischen Wissenschaftler und Laien eher eine Gleichrangigkeit angestrebt. Kognitivistische Psychologie knüpft deshalb auch mehr als andere Richtungen am Denken der Alltagsmenschen an und macht auch deren »Naive Psychologie« oder »Alltagspsychologie« zum Gegenstand ihrer Forschung. Sie nimmt an, dass sich Menschen mithilfe solcher Alltagstheorien die Gefühle, Wahrnehmungen und Gedanken anderer Menschen erklären und dadurch mehr oder weniger gut in der Lage sind, ihre Verhaltensweisen einzuschätzen (Myers 2008, S. 965).

Konstruktivistische Auffassungen gehen noch einen Schritt weiter. Sie gehen mehr oder weniger radikal davon aus, dass der Mensch sich die Wirklichkeit selbst kognitiv konstruiert und in einer Welt aus individuellen Wahrnehmungen und Wissensbeständen lebt. In einem selbstgesteuerten Lernprozess eignet sich der Lernende diese Wissensbestände an (vgl. S. 83). Sie bilden die Folie für alle weiteren Erfahrungen, verändern sich ständig, sind einzigartig und bestimmend für das jeweilige Individuum. Das erworbene Wissen ist demnach kein Kopie der Wirklichkeit, sondern eine idiosynkratische Konstruktion, abhängig von der individuellen subjektiven Erfahrung. Sie ist demnach auch kein »äußerer« Gegenstand, der sich vom Lehrenden zum Lernenden transportieren lässt und der ihm dann »eingetrichtert« werden kann (Greif & Kurtz 1998; Reinmann & Mandl 2006).

4. Humanistische Psychologie

Mitte der 1950er-Jahre entwickelte sich in den USA die sog. Humanistische Psychologie, zu deren Vertretern vor allem Charlotte Bühler, Abraham Maslow, Carl R. Rogers, Fritz Perls und Viktor E. Frankl gehören. Die Humanistische Psychologie verstand sich neben klassischer Psychoanalyse und orthodoxem Behaviorismus als »dritte Kraft« (Maslow 1973/1994) und wandte sich vor allem gegen die mechanistischen Menschenbilder, wie sie seinerzeit in diesen beiden Richtungen vertreten wurden (vgl. Quitmann 1996). Heutzutage sind die Unterschiede nicht mehr so gravierend. Mit der Weiterentwicklung von Psychoanalyse, Behaviorismus und Humanistischer Psychologie ergaben sich in den letzten Jahrzehnten auch Berührungspunkte. Ein verbindendes Glied ist neben anderen der Kognitivismus, der alle drei Theorierichtungen beeinflusst hat.

In den anthropologischen Annahmen der humanistisch-psychologischen Grundströmung finden sich daher auch viele Übereinstimmungen mit dem Kognitivismus. Sie übernimmt aber nicht dessen rationalistische Sicht vom Menschen, sondern betont vielmehr die emotional-motivationalen Komponenten (vgl. Hagehülsmann 1994).

Von zentraler Bedeutung ist das *bewusste Erleben*, worunter eine Ganzheit von Kognitionen, Emotionen und Motivationen der sich selbst und die Umwelt erfahrenden Person zu verstehen ist (vgl. Rogers 1961/2006). Die humanistischen Psychologen gehen vor allem der Frage nach, wie Individuen sich selbst erleben, was sie über sich denken, welche Gefühle und Motivationen sie bei sich selbst wahrnehmen (»Selbstkonzept«) und wie sie ihre Umwelt und die Mitmenschen erleben. Neben der Ganzheitlichkeit betonen diese Theoretiker den *Prozesscharakter* des Erlebens: Es befindet sich in einem ständigen Vorgang des »Sichentwickelns« und »Sichklärens« (vgl. Lockowandt 1994, Kollbrunner 1995).

Die Mehrzahl der humanistischen Psychologen nimmt an, dass die Entwicklung vorangetrieben wird durch eine dem Menschen innewohnende Tendenz zur *Selbstverwirklichung*. Unter günstigen Umweltbedingungen kommt es zur Entfaltung individueller Motive und Kompetenzen und zu einer vertieften Selbst-Bewusstwerdung. Handelt der Mensch in Einklang mit der Selbstverwirklichungstendenz, führt sie ihn zu größerer Autonomie, Selbsterfüllung und Sinnfindung (vgl. Paulus 1994). Maslow (1954/2005) hat hierzu ein hierarchisches Modell menschlicher Bedürfnisse entwickelt. Damit sich das Wachstumsmotiv der Selbstverwirklichung voll entfalten kann, müssen danach erst andere wichtige »Defizit«-Bedürfnisse hinreichend befriedigt worden sein (*s. Tafel 49*).

Dagegen messen die existenzialistisch-humanistisch orientierten Psychologen (z. B. Frankl, May) einer inhärenten Selbstverwirkli-

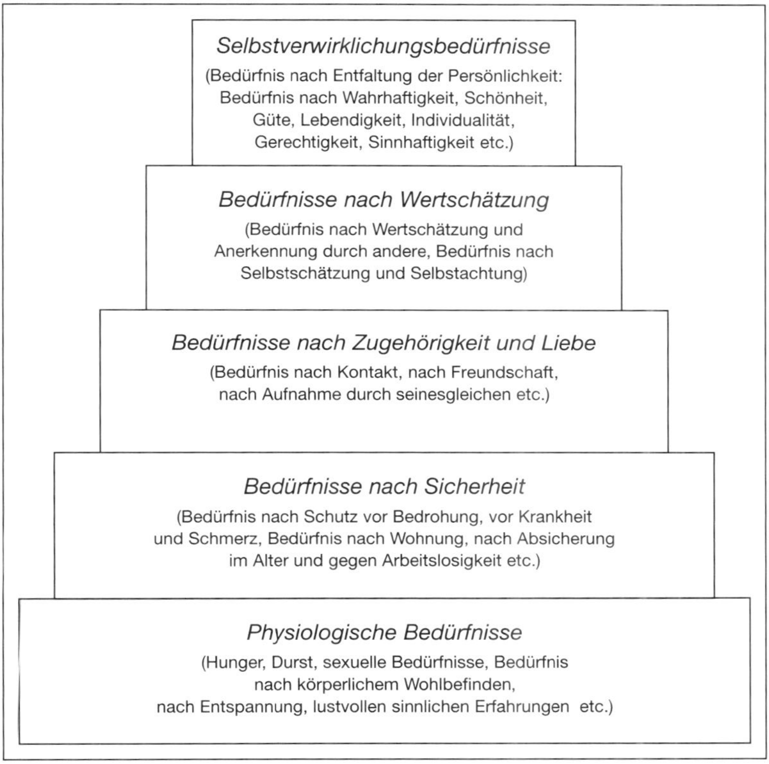

Tafel 49: Hierarchie der Bedürfnisse nach Abraham Maslow

chungstendenz keine große Bedeutung bei. Für sie bedeutet Selbstverwirklichung die vom Individuum immer wieder zu leistende Aufgabe, in sich wandelnden selbstbestimmten Lebensentwürfen dem Leben und der eigenen Existenz Sinn zu verleihen. Auf diese Weise wird das Individuum zum »Schöpfer« seiner selbst und kreiert sich immer wieder neu. Sich dieser Aufgabe zu stellen und damit auch das Risiko einzugehen, im Leben zu scheitern, ist nach existenzialpsychologischer Überzeugung die grundlegende Bedingung für ein authentisches, psychisch gesundes Leben. Die Scheu, in lebenswichtigen Fragen Verantwortung für sich zu übernehmen, sich zu entscheiden und damit Verpflichtungen einzugehen, führt zu Sinnkrisen und existenziellem Schulderleben (vgl. Frankl 1956/2007).

5. Weitere theoretische Sichtweisen

Neben den vier skizzierten »Grundströmungen« haben sich weitere Richtungen oder Perspektiven herausgebildet. Sie spiegeln wider, mit welchen wissenschaftlichen Disziplinen die Psychologie in Verbindung steht (Myers 2005, Zimbardo & Gerrig 2008).

So spielt die *neuro- bzw. biopsychologische* Perspektive heute eine immer bedeutendere Rolle. Wir haben sie bereits als Grundlagengebiet, als Blick auf die organische Seite des psychischen Systems, dargestellt. Die Biopsychologie kann aber auch als theoretischer Zugang zum Verständnis psychischen Geschehens begriffen werden. Deren zentrale Fragen sind: Wie werden durch die Funktionsweisen des Gehirns, des Nervensystems, des endokrinen Systems und der Gene Emotionen, Erinnerungen und sensorische Erfahrungen überhaupt möglich?

Von gleicher Relevanz ist die *evolutionspsychologische* Perspektive. Sie stellt die weitergehende Frage, warum bestimmte psychische Phänomene (z. B. Emotionen, Problemlösen) bzw. deren zugrunde liegende neuronale Module sich überhaupt in der Phylogenese entwickeln konnten. Welchen Zweck haben sie und welche Reproduktionsvorteile bringen sie (Euler 2000; Hoffrage & Vitouch 2002)? Denn aus Sicht der Evolutionspsychologie besteht das Gehirn in seinen unterschiedlichen Bereichen aus einer Vielzahl solcher Module, die durch natürliche Selektion entstanden sind, um wie Werkzeuge (»Tools«) bestimmte Aufgaben zu erledigen (Buller 2005).

Bedeutsam ist auch die *soziokulturelle* Perspektive geworden. Ihr geht es um die inter- und intrakulturellen Unterschiede im Erleben und Verhalten, deren Ursachen und deren Konsequenzen für das Erleben und Verhalten. Myers (2005, S. 13) schreibt hierzu: »Wir sind Afrikaner, Asiaten, Australier, Europäer oder Amerikaner. Worin gleichen wir uns als Mitglieder der einen menschlichen Familie? Worin unterscheiden wir uns als Angehörige verschiedener Umwelten?« Diese Fragen sind von besonderer Brisanz gerade im Hinblick auf die Multikulturalität moderner Gesellschaften. Verschiedene Umwelten bedeuten häufig auch soziale Ungleichheiten. Sie sind mit ungleich verteilten Gesundheits- und Bildungschancen verbunden, die z. T. weitreichende Folgen für das Erleben und Verhalten der Menschen haben (z. B. Anfälligkeit für psychische Störungen).

Sozusagen quer zu allen vorgestellten Richtungen hat in den letzten

Jahrzehnten eine *systemische* Sichtweise an Bedeutung gewonnen. Sie überträgt Einsichten aus der »Allgemeinen Systemtheorie« (Bertalanffy) auf die Beschreibung und Erklärung psychischen Geschehens. Allgemein gesprochen bestehen Systeme aus Elementen, die »sich in Wechselwirkungen (einschließlich Rückwirkungen auf sich selbst) befinden oder sich gegenseitig konstituieren (erzeugen), sodass sie ein strukturiertes, von der jeweiligen Umwelt unterscheidbares Gesamt bilden« (Schiepek 1998, S. 625). Als ein solches System kann das psy-

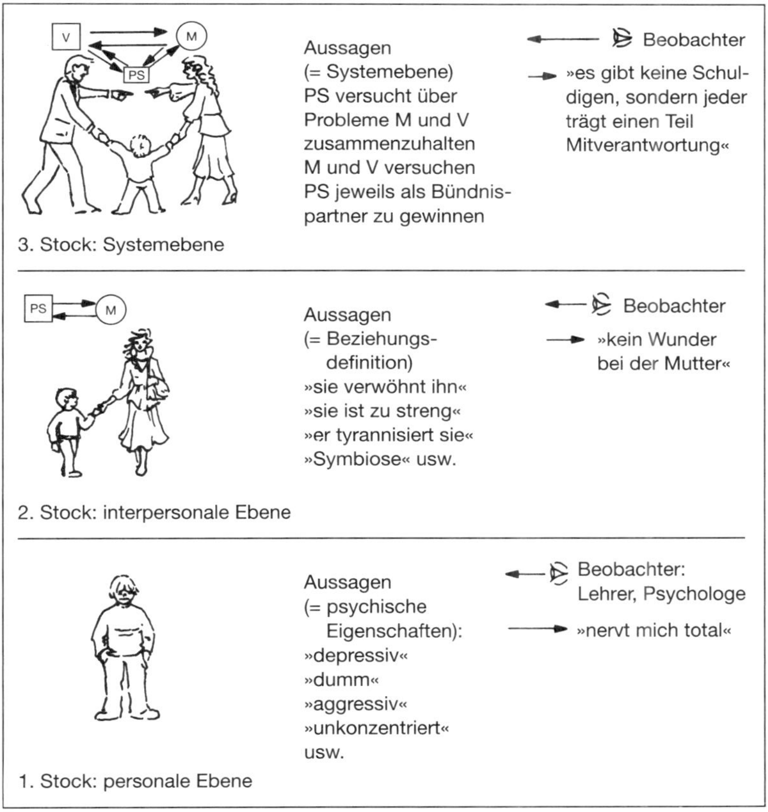

Tafel 50: »Stockwerksmodell« nach Hennig & Knödler (2000): »Der systemische Ansatz in der schulpsychologischen Einzelfallhilfe ist nicht irgendeine neue Therapieform, sondern eine neue Sichtweise des Problemschülers. Es geht darum, auf welcher Ebene, auf welchem Stockwerk ich den Schüler in seinen Verhaltensauffälligkeiten sehe und erlebe« (S. 39). (M = Mutter; PS = Problemschüler; V = Vater)

chische Geschehen in einem Individuum gelten, aber auch die Beziehung zwischen mehreren Individuen (z. B. Familie) oder zwischen Individuen und »nicht menschlichen Objekten« (z. B. Organisationen). Je nach Forschungsfrage bzw. je nach geplanter Intervention ist ein System mehr oder weniger umfassend definiert.

Am Beispiel eines Schülers mit problematischem Verhalten lässt sich zeigen, wie durch die systemische Perspektive seine Verhaltensauffälligkeiten (z. B. »depressiv«, »dumm«) in einem neuen Licht erscheinen und dem Beobachter (Lehrer, Berater) ein umfassenderes Verständnis ermöglichen (*s. Tafel 50*). Interpersonale Bezüge spielen in diesem theoretischen Ansatz eine bedeutende Rolle.

Die systemische Sichtweise ist zunächst vor allem in der Klinischen Psychologie aufgegriffen worden. Eine Vielzahl von Familientherapien und -beratungsansätzen (Schlippe & Schweitzer 2007) ist dort entwickelt worden, zumeist aus einer Verbindung »herkömmlicher« Theorierichtungen mit systemtheoretischen Überlegungen (vgl. Textor 2002). Darüber hinaus hat der systemische Ansatz in dem sich entwickelnden Anwendungsfeld der Familienpsychologie starken Einfluss (vgl. Schneewind 2008). Über die Familie hinaus ist der systemische Ansatz in der Organisationspsychologie, -entwicklung und -beratung (vgl. Weinert 2004) und in der Ökologischen bzw. Umweltpsychologie (vgl. Hellbrück & Fischer 1999) verbreitet. Sein Einfluss reicht aber viel weiter. Er hat auch die anderen theoretischen Grundrichtungen um diesen Aspekt ergänzt und zum Teil zu Neuinterpretationen veranlasst.

KAPITEL 7
Grundlegende »Tätigkeiten« im Umgang mit psychologischen Fragen

Auch Laien tun, was Psychologen tun. Sie versuchen, menschliches Verhalten und Erleben

- zu beschreiben (»Der Otto sitzt immer nur still da und sagt nichts«),
- zu erklären (»Weil er wegen der Kündigung so bedrückt ist«),
- vorherzusagen (»Bald zieht der sich noch ganz von der Welt zurück«),
- zu beeinflussen (»Könnten wir nicht was tun, um ihn etwas aufzumuntern?«),

und manchmal geben sie dabei auch Wertungen ab – wenn sie nämlich äußern, dass sie etwas »problematisch«, »angemessen«, »befriedigend« bzw. irgendwie positiv oder negativ finden (»Der packt das auch ganz falsch an«).

Im Prinzip sind solche Tätigkeiten die Aufgabe jeder Wissenschaft, nicht nur der Psychologie. Zumindest gilt dies für das Beschreiben und Erklären. Ein Sonderfall ist das Bewerten. Ob es zum wissenschaftlichen Tun gehört, ist in der Psychologie zumindest umstritten; ganz vermeiden lässt es sich aber nicht (s. S. 222).

Im Unterschied zu Laien achten Wissenschaftler gewöhnlich darauf, die genannten Tätigkeiten deutlich zu unterscheiden (statt sie zu vermischen) und sie sehr sorgfältig und präzise auszuüben. Wer Psychologie lernt, soll letztlich »besser« beschreiben, erklären usw., und »besser« heißt unter anderem: genauer, begründeter, systematischer und oftmals auch: vorsichtiger.

1. Beschreiben

Ohne eine Beschreibung der relevanten Sachverhalte sind alle anderen Tätigkeiten nicht sinnvoll möglich. Will man etwas erklären oder vorhersagen, muss man angeben, *was* man erklären oder vorhersagen will. Das mag trivial erscheinen, und doch ist diese Forderung oft gar nicht so leicht zu erfüllen. So entstehen beispielsweise mühselige Diskussionen darüber, ob man durch »Autorität« Menschen zu »mündigen« Staatsbürgern erziehen kann – ohne dass »Autorität« und »Mündigkeit« präzise und übereinstimmend beschrieben wurden.

(a) Ist-Aussagen: Beobachtungen, Messungen, Schätzwerte

Allgemein gesprochen besteht das Beschreiben im »Feststellen, was ist« – und zwar in der doppelten Bedeutung des Wortes »Feststellen«: (a) konstatieren, kennzeichnen und (b) erfassen, ermitteln. Die Bedeutung (a) kennt man aus dem sprachlichen Beschreiben einer Person, einer Pflanze oder eines Unfallhergangs: Man stellt fest, dass bestimmte Sachverhalte vorliegen, man benennt Erscheinungsformen und Merkmale. In der Bedeutung (b) gehört zum Feststellen, dass man vor dem sprachlichen Beschreiben zunächst beobachtet, auszählt und misst – Feststellen im Sinne von Ermitteln. Solche Beschreibungstätigkeiten gehören mit zum Hauptgeschäft der Wissenschaft.

Die sprachliche Beschreibung kann von sehr konkret bis sehr abstrakt reichen. Man beschreibt

- sehr konkret, wenn man einzelne *Beobachtungen* mitteilt (»Der Otto sagt nichts«);
- relativ abstrakt und allgemein, wenn man verschiedene Beobachtungen zu einem *einschätzenden Urteil* zusammenfasst (»Franz ist ehrgeizig«);
- sehr abstrakt und allgemein, wenn man sich auf die Ebene von *Begriffsdefinitionen* begibt (»Aggression ist ein Verhalten, das ...«, »Unter Autorität verstehe ich ...«).

Manche Autoren sprechen nur bei konkreten Beobachtungen von Beschreibung. Dann braucht man allerdings einen anderen Oberbegriff für alle Formen des »Feststellens, was ist«; es hat sich jedoch kein anderer eingebürgert.

Zu einer Beschreibung können auch *quantitative Angaben* wie Häufigkeiten oder Messwerte gehören. So errechnet man z. B. die »Intelligenz« nach den in einem Test gelösten Aufgaben; oder für den Grad der »Gewaltbereitschaft« wird gegebenenfalls die Anzahl der polizeilich registrierten Gewalthandlungen herangezogen. Wenn man einen

Sachverhalt so spezifiziert, dass man angibt, wie er gemessen wird, spricht man von *Operationalisierung* oder *operationaler Definition.* Solcher Art Beschreibung kommt unter Laien fast nie vor, in der empirischen Forschung hingegen ständig. Es ist dann ein typisches Thema wissenschaftlicher Debatten, wie aussagefähig ein empirischer Befund ist (z. B. zu Intelligenz, Kreativität oder Ängstlichkeit), wenn er mit dieser oder jener Operationalisierung gewonnen wurde.

Als eine beschreibende Tätigkeit ist weiterhin das *Klassifizieren und Ordnen* einer Vielfalt von Erscheinungen anzusehen. So wie man Tiere, Autotypen oder Textsorten nach ihren Merkmalen unterteilt, so werden auch immer wieder psychologische Phänomene klassifiziert. Etliche Beispiele wurden in den vorangehenden Kapiteln vorgestellt, z. B. bei der Unterscheidung von Denkprozessen, von Emotionen, von Lernprozessen, von Personmerkmalen usw. Soweit eine Klassifikation aufgrund einer Theorie gebildet wird, ist sie allerdings nicht eine »reine« Beschreibung dessen, was »ist«. Je direkter man hingegen unmittelbar beobachtbare Sachverhalte erfasst, um so »reiner« die Beschreibung.

Beschreiben durch Beobachtungen

Häufig werden Sachverhalte beschrieben, indem man mitteilt, was man gesehen oder gehört hat: »X meldet sich zu Wort«, »Y kaut an den Fingernägeln« usw. Sichtbare Verhaltensweisen sind »im Prinzip« für alle Beobachter in gleicher Weise feststellbar. Dennoch sind Beobachtungen kein problemloser Weg der Beschreibung.

Schon bei punktuellen Ereignissen wie Unfällen können bekanntlich mehrere Augenzeugen durchaus Verschiedenes »beobachtet« haben. Und wenn man sich gar aufgrund von Beobachtungen ein »Urteil« über Menschen bilden will, ist oft unklar, ob man wirklich »Typisches« beobachtet hat. Beispiel: Man sieht auf einem Kinderspielplatz, wie eine Mutter ihr Kind heftig anbrüllt und schüttelt. Könnte man sie nun als »lieblose« Mutter beschreiben, oder war ihr Verhalten eine seltene Ausnahme? Selbst wenn alle Beobachter dasselbe beobachten, weiß man oft nicht, wie »zufällig« oder wie »typisch« das beobachtete Geschehen ist. Doch meist kommt hinzu, dass es eben auch vom Beobachter abhängig ist, ob ein Ereignis überhaupt wahrgenommen wird (mehr zu diesen Problemen unter den Stichworten »Reliabilität« und »Objektivität«, s. S. 201 f.).

Die wissenschaftliche Psychologie versucht, diesen Schwächen durch Techniken des *systematischen* Beobachtens entgegenzuwirken

(z. B. Selg et al. 1992, Krohne & Hock 2007). Man legt dabei von vornherein fest, was man beobachten will und in welchen Situationen. So können beispielsweise zur Erfassung der Lehrer-Schüler-Interaktion Verhaltenskategorien wie diese gehören:

> Lehrer/in gibt Information – … gibt Anweisung – … stellt enge Frage (eine richtige Antwort möglich) – stellt weite Frage (verschiedene Antworten möglich) – … lobt/akzeptiert Verhalten – … tadelt Verhalten – u. a. m.
>
> Schüler/in meldet sich – … antwortet auf Lehrerfrage – … stellt Frage an Lehrer/in – macht Zwischenruf – … redet mit Tischnachbarn – u. a. m.

Für viele Fragestellungen gibt es fertige Beobachtungssysteme, die sich aus einem ganzen Spektrum von Verhaltenskategorien zusammensetzen. Registriert wird dann die Häufigkeit, mit der entsprechende Verhaltensweisen in einem definierten Zeitraum vorkommen. Man kann für besondere Zwecke auch selber Beobachtungskategorien entwerfen, sollte ihre Eindeutigkeit allerdings erproben. Denn außer bei ganz eng definierten Verhaltensweisen (z. B. Häufigkeit von »bitte« und »danke«) lassen die Kategorien einen gewissen Interpretationsspielraum zu, und eine sichere Registrierung des Verhaltens erfordert ein Beobachtungstraining zwecks Erhöhung der »Objektivität« (s. S. 201).

Beobachten kann man nicht nur das akute *Verhalten* von Menschen, sondern auch Verhaltens*produkte*, seien es Kunstwerke oder Müllberge, die Anzahl geschriebener Briefe oder geleerter Bierflaschen. Auch *physiologische* Vorgänge sind der Beobachtung zugänglich, zuweilen ganz direkt (z. B. Erröten, heftiges Atmen, Schwitzen), manchmal nur mithilfe von Apparaten (Muskelspannung, Hirnströme, elektrischer Hautwiderstand usw.). In all diesen Fällen – bei Verhaltensweisen, Produkten und physiologischen Vorgängen – ist es möglich, Häufigkeiten auszuzählen und/oder Intensitäten zu messen.

Beobachten kann man nicht nur andere Menschen. In vielen Fällen ist auch *Selbstbeobachtung* möglich, eventuell sogar eine »systematische«. Man registriert z. B. in einer Strichliste seinen Zigarettenkonsum, seine Wortmeldungen im Seminar oder das Auftreten einer Angstreaktion.

Ausschließlich der Selbstbeobachtung zugänglich sind *Erlebnis*vorgänge. Wenn außenstehende Beobachter Erregungssymptome wahrnehmen, können sie nicht sicher sagen, was der betreffende Mensch dabei erlebt, z. B. Angst, Ärger oder Ungeduld. Genaues ist nur durch seine Mitteilungen zu erfahren – sofern er seine inneren Prozesse richtig beschreibt. Vielleicht möchte er etwas verbergen, vielleicht fehlen ihm die passenden Worte (das gilt nicht nur für Kinder!), vielleicht ist sein Erleben einfach nicht deutlich genug, um wirklich von einer Selbst-»Beobachtung« sprechen zu können. Viele Erlebnisphänomene sind nicht so präzise abzugrenzen und so zuverlässig zu registrieren wie sichtbare Verhaltensweisen. Die Angaben haben dann notgedrungen den Charakter von »Einschätzungen«.

Beschreiben durch subjektive Einschätzung

Je komplexer und unschärfer die Phänomene, umso schwieriger wird es, sie durch Beobachtungen zu beschreiben. Während man die Schnelligkeit eines Eisläufers mit der Stoppuhr messen kann, erfordert eine Kür im Eiskunstlauf die Zusammenfassung einer Fülle von Einzelbeobachtungen – sie wird »beurteilt«. Dabei kann mit »Beurteilung« zweierlei gemeint sein: (1) die Einschätzung des Ausprägungsgrades bestimmter Merkmale (z. B. der Vielseitigkeit, der Akrobatik) und (2) die Einstufung nach einem Gütemaßstab (meist durch Noten). Nur in der ersten Bedeutung handelt es sich um eine Ist-Aussage: Man versucht, durch subjektive Einschätzungen ein Phänomen zu beschreiben. In der zweiten Bedeutung ist die Beurteilung eine Bewertung, ein Güte-Urteil (hierzu mehr auf S. 222 ff.). Beides wird zwar oft miteinander verknüpft, doch prinzipiell sind es verschiedene Aussagen. Eine Einschätzung wie »sehr temperamentvoll« oder »wenig extravertiert« ist das eine; wie positiv oder negativ man das bewertet, ist das andere. Und bei gleicher Ist-Einschätzung kann doch die Bewertung je nach Kontext und je nach Geschmack des Urteilers unterschiedlich ausfallen.

Wenn Menschen mithilfe von *Eigenschaftswörtern* beschrieben werden, sind dies Einschätzungen, keine Beobachtungen. Man kann nicht sehen, ob ein Mensch »sensibel«, »autoritär«, »egoistisch« oder »resilient« (s. S. 235) ist. Man versucht lediglich, eine Reihe von (eventuell sehr subjektiv ausgewählten) Wahrnehmungen unter einem einzigen Begriff zusammenzufassen. Die Urteiler sind sich der Subjektivität aber nicht immer bewusst und verwenden Eigenschaftswörter oft so, als bezeichneten sie etwas, was dem Objekt wirklich »eigen« sei (vgl. S. 67 zu Personfaktoren). Dies trifft zwar zu, wenn man z. B.

sagt: »Der Apfel ist faul« (= Beobachtung). Wenn man jedoch sagt: »Der Schüler ist faul«, so ist dies eine subjektive Einschätzung (die überdies wohl negativ wertend gemeint ist). Selbst wenn man eigentlich gar nicht werten möchte – es gibt kaum ein Eigenschaftswort, das keinen wertenden Beiklang hat.

Es ist jedoch schwierig, bei Beschreibungen ganz ohne Adjektive auszukommen. Zwar lassen sich spezifische Kenntnisse und Fertigkeiten eines Menschen ziemlich direkt beobachten und benennen, aber sobald man die Beobachtungen etwas verallgemeinern will, lässt sich die Verwendung von Eigenschaftswörtern (z. B. »ist sprachgewandt«) kaum vermeiden – ungeachtet der damit verbundenen Probleme. Man braucht solche Wörter, um verschiedene Eindrücke auf einen kurzen Nenner bringen und sich in knapper Form zu verständigen.

Auch in der wissenschaftlichen Psychologie werden daher nicht nur Beobachtungen, sondern auch Eigenschaftswörter zur Charakterisierung von Menschen verwendet (»ängstlich«, »extravertiert«). Allerdings versucht man meist, ihre Bedeutung anhand konkreterer Unteraspekte zu präzisieren (etwa in Persönlichkeitstests). Besonders gebräuchlich ist es, direkte Einschätzungen durch Quantifizierungen vergleichbar zu machen. Man benutzt dazu sog. Schätzskalen (Rating-Skalen), auf denen der Ausprägungsgrad der Eigenschaft durch Zahlenwerte zu markieren ist (vgl. Langer & Schulz von Thun 1974/2007, Diekmann 2007). Zuweilen stellt man zwei Eigenschaftspaare als Pole einander gegenüber; etwa so:

aktiv	1–2–3–4–5–6–7	passiv
unfreundlich	1–2–3–4–5–6–7	freundlich

Für bestimmte Forschungszwecke kann der Durchschnitt aus den Werten mehrerer Urteiler herangezogen werden.

Verfahren dieser Art werden auch zur Selbsteinschätzung verwendet. Häufiger aber gibt es hierfür Fragebögen mit ganzen Sätzen, bei denen man sich für Antwortkategorien wie »häufig – selten – gar nicht« oder auch nur »ja – nein« zu entscheiden hat:

Ich lasse mich leicht aus der Ruhe bringen	ja – nein
In Diskussionen rede ich gerne mit	ja – nein

In jedem Fall ist es einer »intuitiven« Zusammenfassung von Erfahrungen überlassen, ob man »im Ganzen« die eine oder die andere Antwort für treffender hält. Dadurch entstehende Zufallsfehler lassen sich vermindern, indem man zu der Eigenschaft, die ermittelt werden soll, eine Vielzahl von Einschätzungen erfragt.

(b) Vielfalt diagnostischer Verfahren

Ob Verhaltensbeobachtungen, ob Selbsteinschätzungen in Fragebögen oder etwas anderes, das Beschreiben steht häufig im Dienste psychologischer Diagnostik. Zwar geht die Tätigkeit des Diagnostizierens in der Regel über bloßes Beschreiben hinaus und sucht auch nach Erklärungen des Ist-Befundes. Aber die psychodiagnostischen Verfahren liefern per se noch keine Erklärung. Ob Fragebögen, Tests, Verhaltensbeobachtungen, Schätzskalen oder physiologische Messungen – sie alle sind zunächst nur Instrumente zur genaueren Beschreibung, beispielsweise von intellektuellen Fähigkeiten, Motivausprägungen oder Temperamentsmerkmalen eines Menschen. Wenn man daraus Erklärungen oder Vorhersagen ableitet (z. B. für schulische oder berufliche Schwierigkeiten), sind das weiterführende Schritte, die sich im Kopf des Untersuchers abspielen. (*Tafel 51* nennt einige typische Formen diagnostischer Instrumente; ausführlich Amelang & Schmidt-Atzert 2006, Fisseni 2004, Krohne & Hock 2007).

In der wissenschaftlich fundierten Diagnostik wird darauf geachtet, dass die eingesetzten Verfahren sogenannten *Gütekriterien* gerecht werden, die zum Teil schon angedeutet wurden:

Das erste ist die *Objektivität.* Damit ist nicht gemeint, dass man weiß, wie der Sachverhalt »wirklich« ist, sondern dass die Befunde

Einige Typen diagnostischer Verfahren

Fähigkeits- und Leistungstests: z. B. Intelligenztests, Entwicklungstests, Schulleistungstests, Motoriktests

Persönlichkeitsfragebögen (Erfassung von Personmerkmalen auf der Basis von Selbstbeschreibungen des Probanden)

Projektive Tests (Erfassung von Personmerkmalen auf der Basis von Fantasien, die ein Proband z. B. zu mehrdeutigen Bildern vorträgt)

Systematische Verhaltensbeobachtung; Verhaltensbeurteilung (Einschätzung auf Skalen)

Tafel 51: Diagnostische Verfahren erheben Daten, die der genauen Beschreibung von Leistungen, Fähigkeiten und sozial-emotionalen Personmerkmalen dienen.

von der Person des Untersuchers unabhängig sind: Objektivität = intersubjektive Übereinstimmung. Dies ist bei Einschätzungen nur begrenzt erreichbar, bei systematischer Verhaltensbeobachtung schon besser, bei physiologischen Messungen sehr gut und ebenso bei Testverfahren, die für eine objektive Auswertung (meist durch Auszählen der Messwerte) konstruiert sind. Auch bei sehr objektiver Auswertung kann allerdings die anschließende Interpretation der Befunde viel subjektiven Spielraum lassen.

Das zweite Kriterium ist die sog. *Reliabilität,* Messgenauigkeit oder Zuverlässigkeit. Im physikalischen Bereich, z. B. bei der Längenmessung, gibt es da selten Probleme. Ein Zollstock misst bei demselben Tisch heute keine andere Länge als gestern. Solche Zuverlässigkeit ist in der Psychologie nicht erreichbar. Da misst man eher mit Maßstäben »aus lockerem Gummiband« (Selg et al. 1992, S. 35). Die Ungenauigkeit hat verschiedene Gründe. Schon die erwähnte Abhängigkeit vom Untersucher senkt die Messgenauigkeit; insofern fließt das Kriterium der Objektivität in die Reliabilität mit ein. Aber zu ihr gehören noch weitere Einflüsse: Wenn z. B. eine Beobachtung oder ein Testbefund davon abhängt, ob man jemanden in einem »glücklichen« oder »unglücklichen« Augenblick untersucht, oder wenn Aufgaben durch Raten gelöst werden können, dann mindert dies die Reliabilität. Mit anderen Worten: Es geht um die Frage, wieweit die gewonnenen Daten wirklich »typisch« oder »repräsentativ« für viele denkbare Erhebungen sind, wieweit sie also von unerwünschten Zufallseinflüssen unabhängig sind und bei einer Wiederholung erneut gefunden würden. Um diese Messgenauigkeit zu erhöhen, kann man z. B. die Zahl von Aufgaben vergrößern oder die Beobachtungszeiträume verlängern.

Nun kommt es aber nicht nur darauf an, dass man überhaupt genau misst, sondern speziell *das,* was gemessen werden *soll.* Das letztlich entscheidende Gütekriterium ist daher die sog. *Validität* oder Gültigkeit: Wieweit lassen die Befunde eine Aussage über eben den Sachverhalt zu, über den man etwas aussagen will? Wieweit sagt beispielsweise die – recht objektiv und reliabel messbare – Rechtschreibleistung etwas über die Eignung für die höhere Schule oder für eine Abteilungsleiterstelle im Kaufhaus aus? Die Validität hat also bereits mit Erklären und Vorhersagen zu tun.

Beispiel: Prüfungen: Die Abhängigkeit der Ergebnisse von der Person des Prüfers ist eine Sache der Objektivität. Die Reliabiliät erstreckt sich auf Aspekte wie die momentane Verfassung des Prüflings, Missverständnisse im Prüfungsgespräch, die zufällig »drangekommenen« Fragen usw. Die Validität schließlich betrifft die Frage, wieweit die Prüfung genau das ermittelt, was sie ermitteln soll, etwa die Problemlösefähigkeit in einem bestimmten Sachgebiet (und nicht etwa die Neigung, dem Prüfer nach dem Munde zu reden, die Stressfestigkeit unter Zeitdruck o. a.).

Wie die Beispiele zeigen, geht es hier *nicht nur* um wissenschaftliche Probleme, sondern um grundsätzliche Kriterien für Aussagen über Menschen und Sachverhalte. Wissenschaftler sind sich der Probleme solcher Aussagen allerdings eher bewusst als Laien und bemühen sich, ihre Erkenntnismethoden im Sinne der drei Gütekriterien zu verbessern. Nicht selten erweist sich das als sehr schwierig. So sind manche diagnostischen Instrumente bis heute umstritten geblieben (z. B. die Grafologie).

Um festzustellen, wieweit ein Verfahren den Gütekriterien entspricht, ist man auf aufwendige, manchmal jahrelange Untersuchungen angewiesen, und die ermittelten Kennwerte müssen angegeben werden. Keineswegs ist es möglich, die Qualität diagnostischer Verfahren durch bloßes Anschauen festzustellen, wie manche Laien glauben, die z. B. einen Fragebogen kritisieren, weil ihnen eine bestimmte Frage nicht einleuchtet. Auch versierte Psychologen können weder nach bloßem Augenschein über ein Verfahren ein sicheres Urteil fällen, noch können sie aus freier Intuition seriöse diagnostische Verfahren konstruieren (wie das z. B. bei den sog. Psychotests populärer Zeitschriften geschieht).

2. Erklären

Erst beschreiben, dann erklären – so sollte es sein. Doch diese Reihenfolge wird keineswegs immer eingehalten. Nicht selten bemühen sich Menschen um Erklärungen, bevor sie hinreichend spezifiziert haben, *was* sie eigentlich erklären wollen. Da spekulieren manche über die Ursachen der »Null-Bock-Mentalität von Jugendlichen«, ohne präzisiert zu haben, was sie mit diesem Ausdruck konkret meinen und was nicht. Da suchen andere nach einer Erklärung für »die« menschliche Aggression, ohne anzugeben, ob sie dabei an jähzornige Kinder, an Geiselnahme beim Bankraub oder an das Abwerfen von Bomben im Kriege denken.

a) Erklärungen statt Pseudo-Erklärungen

Erklärungen sind Angaben über das »Warum« von Sachverhalten. Sie nennen Bedingungen, Gründe, Ursachen, und zwar so, dass man dabei auf bekannte Gesetzmäßigkeiten zurückgreift (vgl. Breuer 1991). Nicht gemeint ist hier das Erklären im Sinne von »Erläutern« (»Kannst du mir den Begriff Autonomie erklären?«), das wohl meist auf ein differenziertes Beschreiben hinausläuft.

Das Erklären, um das es hier geht, setzt die Beschreibung von wenigstens zwei Sachverhalten voraus. Jeder Sachverhalt ist für sich allein keine Erklärung, sondern nur in Hinsicht auf einen *anderen* Sachverhalt. Das Gefühl der Freude erklärt die überschwängliche Begrüßung, die bissige Bemerkung von Herrn X erklärt die saure Miene von Frau Y.

Genau gesehen kann man solche Abhängigkeiten auf zwei Weisen erläutern, die Laucken, Schick & Höge (1996) als Erklärungen erster und zweiter Ordnung bezeichnen (*s. Tafel 52*). Man kann sich darauf beschränken, *dass* zwischen Sachverhalt A (»unabhängige Variable«) und Sachverhalt B (»abhängige Variable«) ein Bedingungsverhältnis besteht: Wenn man dieses Medikament injiziert, geht das Fieber weg; oder: Wenn man Herrn X nach seinem Beruf fragt, fängt er an zu stottern. Dies wären Erklärungen erster Ordnung; sie beschreiben einen regelhaften Bedingungs-Folge-Zusammenhang.

Man kann aber weiter fragen, *warum* das Medikament das Fieber senkt oder warum die Frage das Stottern auslöst. Erklärungen hierzu enthalten Aussagen über das, was sich in dem unsichtbaren Feld

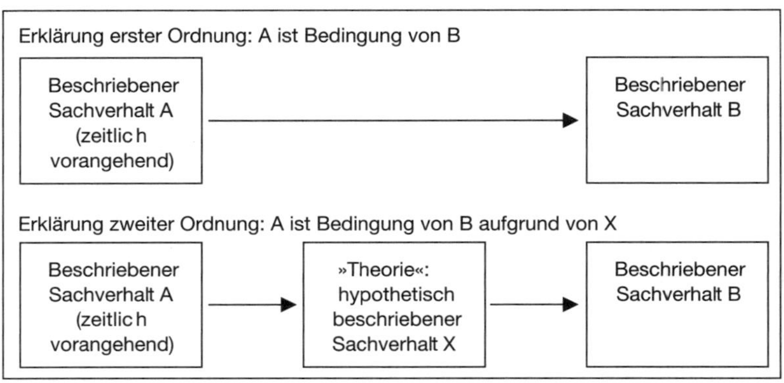

Tafel 52: Erklärungen erster und zweiter Ordnung

zwischen A und B (in der »black box«) abspielt, also über die Vermittlungsprozesse, die den Bedingungszusammenhang zustande bringen. In unseren beiden Beispielen wären das Aussagen über biochemische Vorgänge bzw. über die Gedanken und Gefühle bei Herrn X. Diese Antworten auf die Warum-Frage wären Erklärungen zweiter Ordnung; sie sind gewöhnlich gemeint, wenn man von einer »Theorie« spricht. Der Ausdruck »Bedingung« ist übrigens dem der »Ursache« vorzuziehen, da kein Faktor A gewissermaßen aus sich heraus die Folge B hervorbringen kann, sondern nur, wenn er auf Gegebenheiten trifft, die eine solche Wirkung zulassen. Darauf ist gleich noch einmal zurückzukommen.

Viele Erklärungen in der »naiven«, aber zuweilen auch in der wissenschaftlichen Psychologie, sind weder Erklärungen erster Ordnung noch zweiter Ordnung, sondern im Grunde *Pseudo-Erklärungen*. Wenn man z. B. das Spielen mit einem Spieltrieb, das Nachahmen mit einem Nachahmungstrieb und aggressives Verhalten mit einem Aggressionstrieb erklärt, so hat man lediglich ein Wort angehängt und damit nicht mehr ausgesagt, als man ohnehin sehen kann, dass nämlich Menschen dieses oder jenes häufig tun. Es ist etwa so gehaltvoll, als würde man die Bewegungen der Gestirne mit einem »Drehtrieb« erklären.

Das schließt nicht aus, dass die Verwendung eines Wortes wie »Trieb« durchaus eine Erklärung enthalten *kann:* dann nämlich, wenn man diesen angenommenen Sachverhalt eigenständig, also unabhängig von dem zu erklärenden Verhalten, beschreibt, und zwar so, dass die Aussagen prinzipiell überprüfbar sind. Im Falle des Triebes könnte das z. B. bedeuten: Aussagen über hirnphysiologische Vorgänge, Auf- und Abbauprozesse, Ansprechbarkeit für bestimmte Reize usw. Nicht das Wort, sondern die inhaltliche Ausfüllung entscheidet über den Erklärungswert.

Die Angabe von »Eigenschaften« ist ein weiteres Beispiel. Wenn man die Hilfeleistung eines Menschen mit dessen »Hilfsbereitschaft« erklärt, ist dies zunächst nur ein Wort. Um zu testen, ob mehr »dahintersteckt«, müsste man fragen: Woher weißt du, ob X »hilfsbereit« ist? Lautet die Antwort: »Weil er anderen hilft«, dreht sich die »Erklärung« im Kreis, ist also eine Pseudo-Erklärung. Wenn man hingegen »Hilfsbereitschaft« inhaltlich füllt, z. B. als Neigung, sich in die Not anderer einzufühlen, sich selbst Verantwortung zuzuschreiben u. dgl., dann kann dies zu einer nützlichen Erklärung (zweiter Ordnung) werden.

Man sollte sich dabei stets bewusst sein, dass Begriffe wie »Trieb«, »Motivation«, »Einfühlung« usw. sich nicht auf etwas direkt Erfassbares, sondern auf etwas Erschlossenes und Angenommenes beziehen. Man spricht daher von *hypothetischen Konstrukten*: Es sind gedankliche Konstruktionen, wenn auch keine freien Erfindungen. Die Konstrukte sind umso begründeter und zweckmäßiger, je besser sie mit empirischen Feststellungen in Einklang stehen. Dies zu überprüfen und die Konstrukte gegebenenfalls zu modifizieren, ist eine geradezu typische Aufgabe psychologischer Forschung. Sie kann beispielsweise dazu führen, dass globale Konstrukte in spezifische Konstrukte ausdifferenziert werden, etwa »Intelligenz« in sprachliche, räumliche und andere Intelligenzformen oder »Aggression« in verschiedene Arten wie Vergeltung, Erlangungsaggression u. a. m. (vgl. S. 69 ff. über personale Dispositionen).

In der Alltagspsychologie werden die unsichtbaren Phänomene zuweilen nicht wie hypothetische Konstrukte, sondern sozusagen wie reale seelische Organe oder gar wie kleine Wesen im Menschen verstanden. Das gilt besonders für substantivische Begriffe wie »der Wille«, »das Gewissen« oder auch »die Seele«. Viele Alltagsbegriffe, die solche Vorstellungen suggerieren, werden daher in der empirischen Psychologie nach Möglichkeit gemieden oder doch zumindest aufgeschlüsselt. So kann man etwa anstelle des »Gewissens« moralische Urteile, Schuldgefühle und moralisches Handeln untersuchen.

b) Zusammenhang = Verursachung?

Das Erklären besteht also in der Benennung und Beschreibung von »verursachenden« Sachverhalten. Im psychologischen Bereich stößt man dabei allerdings immer wieder auf typische Probleme.

Was bedingt was?

Ausgangspunkt einer Erklärung ist häufig zunächst einmal die Beobachtung, dass zwei Sachverhalte A und B miteinander »zusammenhängen«, dass also beide gemeinsam auftreten und variieren (»kovariieren«, »korrelieren«). *Ohne* einen solchen Zusammenhang würde man keine kausale Beziehung annehmen. Doch reicht er dafür auch nicht aus. Denn *wenn* eine Korrelation besteht, ist keineswegs immer klar, was Ursache und was Wirkung ist.

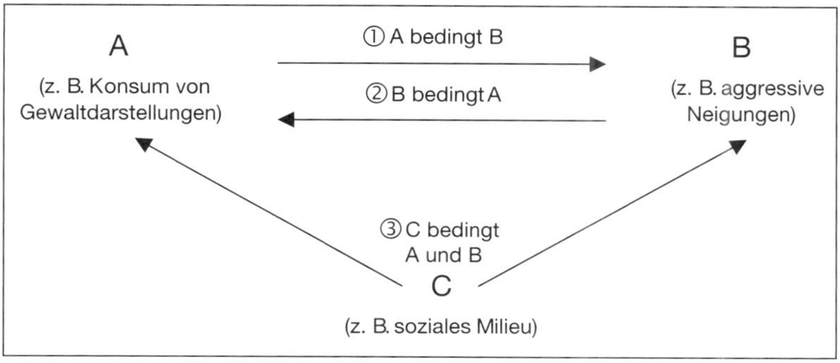

Tafel 53: Wie ein Zusammenhang zwischen A und B erklärt werden könnte

Ein Beispiel: Seit Jahrzehnten ist bekannt, dass zwischen (A) dem Fernsehkonsum von Kindern und Jugendlichen und (B) ihrer Aggressivität ein statistischer Zusammenhang besteht. Doch kann man aufgrund dieses Zusammenhangs schließen, dass Fernsehen aggressiv macht? Nicht sicher. Vielleicht ist es genau umgekehrt: Aggressive Kinder haben eine größere Vorliebe fürs Fernsehen und speziell für Gewaltdarstellungen und schauen sich deshalb häufiger solche Sendungen an. Als dritte Erklärung kommt in Frage, dass sowohl der hohe Fernsehkonsum als auch das aggressive Verhalten auf einen gemeinsamen Faktor (C) zurückgehen, nämlich auf das Erziehungsmilieu (s. *Tafel 53*). Möglich ist sogar, dass auch umgekehrt das Verhalten der Kinder das Erziehungsklima »verschärft« (in der Tafel nicht eingezeichnet).

Im psychologischen Bereich ist es sehr typisch, dass mehrere Kausalbeziehungen gleichzeitig zutreffen, dass sich also die Sachverhalte (A) und (B) wechselseitig bedingen, dass beide auf einem Faktor (C) beruhen, und dass eventuell auch (A) und/oder (B) auf (C) zurückwirken. Bei unserem Beispiel, dem Zusammenhang von Fernsehkonsum und Aggressivität, lassen sich tatsächlich Belege für alle genannten Ursache-Wirkungs-Beziehungen finden. Der negative Einfluss von Gewalt im Fernsehen ist dabei, insgesamt gesehen, eine bedeutsame Kausalrichtung (vgl. etwa Anderson & Bushman 2002).

Ein weiteres Beispiel: Es gibt eine negative (gegenläufige) Korrelation zwischen Angst und Schulleistung. Das kann bedeuten: (1) Angst beeinträchtigt die gedankliche Leistung (z. B. in einer Klassenarbeit).

(2) Misserfolge, also schwache Leistungen, steigern die Angst. (3) Beide Faktoren, Angst und schlechte Leistungen, bedingen sich gegenseitig und münden in einen Teufelskreis. (4) Sowohl die Ängstlichkeit des Schülers als auch sein Leistungsversagen beruhen auf ungünstigen familiären Bedingungen. (5) Die schlechten Schulleistungen tragen selber zur Verschlechterung des Familienklimas bei (Beispiel erweitert nach Rost 2005, S. 121f.).

Fazit: Bei psychologischen Phänomenen sind vielfältige Kausalrichtungen nicht die Ausnahme, sondern eher die Regel. Ein bestimmter Faktor ist also häufig gleichzeitig »Ursache« und »Wirkung«.

Erklären mit Bedingungsgefügen statt einzelnen »Ursachen«

Wenn in der Literatur über empirische Zusammenhänge berichtet wird, so sind diese nie im Sinne eines strengen Gesetzes »wenn a, dann b« zu verstehen. Sie können nur statistische Trends, also Wahrscheinlichkeitsaussagen sein, da neben den in der Untersuchung *erfassten* Zusammenhängen noch weitere, nicht erfasste Zusammenhänge bestehen.

Da kein Faktor für sich alleine steht, kann er auch nie einen absoluten, sondern nur eine relativen Einfluss haben. Ein Faktor (A) »führt« nicht zu einer bestimmten Folge (B), sondern begünstigt sie nur. Es ist wie mit dem Rauchen: Obwohl es, statistisch gesehen, unbestreitbar verschiedene Krebsarten fördert, wird man doch immer wieder die berühmten 90-Jährigen finden, die ihr Leben lang geraucht haben. Es kommt eben auch auf andere Faktoren an, z. B. auf genetische Faktoren, körperliche Bewegung, psychische Belastungen, Ernährungsgewohnheiten usw. Ebenso ist es mit der Gewalt im Fernsehen: Sehr viele, wenn nicht die meisten Kinder und Jugendlichen werden, ebenso wie erwachsene Krimifreunde, nicht schädlich beeinflusst, weil sie die Filme kritisch verarbeiten können und sich aufgrund ihrer Einstellungen von der Gewalt distanzieren. Neben dem situativen Faktor Fernsehgewalt sind also auch die Dispositionen der zuschauenden Personen bzw. ihr familiärer Hintergrund zu berücksichtigen.

Jeder Faktor hat nur relatives Gewicht innerhalb eines Bedingungs*gefüges*. Er liefert daher auch nicht die ganze Erklärung, sondern nur eine Teilerklärung. Dies gilt für psychische Phänomene noch mehr als für biologische, da manchmal schon ganz unauffällige Einflüsse (z. B. das Stirnrunzeln des Versuchsleiters, die Tagesform eines Befragten) die Ergebnisse mitbestimmen können. Die statistischen Zusammenhänge sind für die Theoriebildung stets von größtem Interesse, aber nicht für jeden Einzelfall. Denn Einzelfälle können von dem Trend abweichen, weil andere Zusammenhänge hier ausnahmsweise noch mehr Gewicht haben.

Da stets mehrere Bedingungen zusammenwirken, ist es auch problematisch, einen Faktor als die »Ursache« zu bezeichnen. Wenn man sagt, die »Ursache« für einen Unfall sei überhöhte Geschwindigkeit, so ist dies, streng genommen, eine Vereinfachung. Hohes Tempo führt ja normalerweise nicht zum Unfall, sondern nur, wenn andere Bedingungen hinzukommen, z. B. eine schwierige Kurve, eine glatte Fahrbahn oder mangelndes Fahrtraining. Die Beispiele zeigen: Wenn man von einer »Ursache« spricht, kann das nur bedeuten, dass man eine bestimmte Bedingung besonders *hervorheben* möchte.

In der Psychologie haben lineare Ursache-Wirkungs-Beziehungen überhaupt keinen Platz. Weder eine schlechte Schulleistung noch aggressives Verhalten noch soziales Engagement noch irgendein anderes Verhalten kann durch eine Einzelbedingung hervorgebracht werden, sondern immer nur durch das Zusammenwirken verschiedener Bedingungen. Es sei daran erinnert (s. Kapitel 3), dass stets personale Faktoren und Kontextfaktoren zu berücksichtigen sind – beide jeweils im Plural. Jede Untersuchung kann aus dem Gefüge der wirksamen Faktoren nur einen Teil hinreichend erfassen. Überdies ist zu beachten, dass die Komponenten eines Bedingungsgefüges sich meist nicht einfach addieren, sondern zusammenwirken oder sich gegenseitig bedingen (vgl. etwa S. 100 f.).

Dass die Einflüsse oft so zahlreich und die Wechselwirkungen so kompliziert sind, macht verständlich, warum psychologische Erklärungen und Vorhersagen nicht so »exakt« sein können wie in der Physik, sondern stets nur mehr oder minder gut begründete Wahrscheinlichkeitsaussagen sind.

c) Forschungsstrategien zur Klärung von Kausalfragen

Wenn man nun Korrelationen zwischen verschiedenen Sachverhalten findet, wie kann man dann herausfinden, welche Kausalrichtung, also welche Erklärung, tatsächlich zutrifft? Wie gesagt: Allein aus dem Zusammenhang lässt es sich nicht sicher entscheiden. Ebendies gilt für die allermeisten Erhebungen in natürlichen Situationen, für sog.

Feldstudien (wie etwa solche zum Fernsehkonsum). Sie stoßen bei der Kausalfrage gewöhnlich an Grenzen.

Wissen, was vorangeht

Allerdings gibt es auch bei Feldstudien eine Ausnahme. Eine kausale Interpretation ist möglich, wenn man sicher weiß, welcher Sachverhalt vorangeht und welcher nachfolgt. Möglich ist dies bei einer *Längsschnittuntersuchung*, in der dieselben Personen wiederholt in gewissen Zeitabständen (z. B. alle zwei Jahre) untersucht werden.

Beispiel: Man findet gewöhnlich Korrelationen zwischen dem Erziehungsstil von Eltern und dem Sozialverhalten ihrer Kinder. Wenn man nun ermittelt, dass der elterliche Erziehungsstil in der *früheren* Erhebung mit dem Verhalten der Kinder in der *späteren* Erhebung besonders eng korreliert, so bedeutet dies wahrscheinlich, dass die elterliche Erziehung das Verhalten der Kinder kausal beeinflusst hat. Wenn hingegen umgekehrt die engste Korrelation zwischen dem früher registrierten Verhalten der Kinder (z. B. Ausmaß aggressiven Verhaltens) und dem nachfolgend ermittelten Erziehungsstil gefunden wird, so haben die Eltern offenbar auf das Verhalten des Kindes *re*agiert; oder überspitzt gesagt: Das Kind hat die Eltern »erzogen«.

Der bekannteste Weg, Ursache-Wirkungs-Beziehungen aufzudecken, ist das *Experiment*. Hier legt man selber fest, was vorangeht. Denn im Experiment werden einzelne Faktoren willkürlich verändert (sog. unabhängige Variablen), um zu beobachten, welche Folgen dies hat (abhängige Variablen). In strenger Form leistet dies nur ein sog. *Laborexperiment*, in dem alle anderen Faktoren und der untersuchte Personenkreis vergleichbar gehalten werden. Ein Beispiel zum Problem von Gewaltdarstellungen: In einem Versuchsraum (wo also der Einfluss anwesender Eltern, der häuslichen Ausstattung usw. ausgeschaltet ist) wird Kindern ein kurzer Film mit Gewaltszenen vorgeführt. Anschließend erhalten sie Spielmaterial, das auch für aggressive Spiele geeignet ist. Das Verhalten der Kinder wird verglichen mit dem von anderen Kindern (»Kontrollgruppe«), die zuvor einen »gewaltlosen« Film gesehen haben.

Solche Experimente können einerseits den Einfluss einzelner Faktoren isolieren, was für die Theoriebildung wichtig ist, sie haben aber andererseits den Nachteil, dass sie für das »reale Leben« weniger repräsentativ sind (dass es ihnen an »externer Validität« mangelt). Als zweiter Typ von Experiment wird daher vielfach das sog. *Feldexperi-*

ment gewählt. Es findet in natürlicher Umgebung statt, und die Versuchspersonen wissen gar nicht, dass sie solche sind. Man simuliert z. B. am Rande einer Landstraße eine Panne oder einen Unfall, um das Hilfeverhalten der Vorbeifahrenden zu erforschen. Oder: Man veranstaltet in einem Jugendwohnheim eine »Filmwoche«, in der einige Häuser des Heimes mit gewalttätiger und andere mit »neutraler« Kost versorgt werden, und registriert dann das Verhalten der Jugendlichen im Umgang miteinander. Die größere Lebensnähe des Feldexperiments erkauft man sich allerdings mit dem Risiko, dass die Ergebnisse auch von unkontrollierten Nebeneinflüssen der natürlichen Situation mitbestimmt sein können.

Alle Untersuchungsformen haben ihre Vor- und Nachteile, sie erfüllen unterschiedliche Funktionen im Forschungsprozess und müssen sich daher notwendigerweise ergänzen (vgl. Selg et al. 1992, Diekmann 2007).

Erklären oder Verstehen?

Psychische Phänomene erklären zu wollen, indem man mit empirischen Methoden Bedingungszusammenhänge untersucht, ist keineswegs immer eine wissenschaftliche Selbstverständlichkeit gewesen. »Die Natur erklären wir, das Seelenleben verstehen wir« (Dilthey) war das Motto der »Verstehenden Psychologie«, die sich Ende des 19. Jahrhunderts gegen die damals beginnende Orientierung am Vorbild naturwissenschaftlicher Forschungsmethodik wandte.

Ein solcher Standpunkt wird in der heutigen Psychologie (jedenfalls wie sie gewöhnlich an den Universitäten gelehrt wird) kaum noch vertreten. Es herrscht die Überzeugung vor, dass das eigene Erleben als Basis für das Verständnis von Menschen sowie das intuitive Erfassen von Zusammenhängen keine ausreichende wissenschaftliche Grundlage sein können. Das heißt jedoch nicht, dass das »Verstehen« allenfalls für praktische Problembewältigungen von Bedeutung ist, aber nicht für die Forschung. Es lässt sich leicht zeigen, dass man auch bei der Suche nach wissenschaftlich haltbaren Erklärungen nicht ohne Formen des »Verstehens« auskommt. Sie spielen sicherlich eine wichtige Rolle bei der *Bildung* von Hypothesen, wenngleich sie für ihre *Überprüfung* unzureichend sind (Bartenwerfer & Raatz 1979).

Vielen wissenschaftlichen Entdeckungen ging zunächst eine Alltagserfahrung, eine vage Vermutung (»das kann so nicht stimmen«) oder ein Gefühl der Vertrautheit (»so was kenne ich von mir selbst«)

voraus. Insbesondere bei Erklärungen zweiter Ordnung, die ja, jenseits der sichtbaren Zusammenhänge, Aussagen über Vorgänge in der »black box« machen, sind Verstehensprozesse im Sinne intuitiver Vermutungen, Fantasien usw. unumgänglich. Die Präzisierungen geschehen dann allerdings in einem Wechsel von Hypothesenbildung und Überprüfung, korrigierter Hypothese, neuer Überprüfung usw.

Neben der Bildung von Hypothesen lassen sich zwei weitere Funktionen des Verstehens für die empirische Forschung nennen (Kriz et al. 2000). Zum einen ist schon die Auswertung von empirischem Rohmaterial, z. B. von Interviews oder Texten, auf verstehende, sog. »hermeneutische« Methoden angewiesen (Hermeneutik: Lehre von der Auslegung von Schriften). Zum anderen können auch die Endprodukte von Forschungen, nämlich Forschungsberichte oder überhaupt wissenschaftliche Literatur, nicht ohne Verstehensprozesse aufseiten der Leser verarbeitet und nutzbar gemacht werden.

3. Vorhersagen

Vorhersagen sind gewissermaßen »vorwärtsgerichtete Erklärungen« (Laucken, Schick & Höge 1996). Der kausale Zusammenhang, den man zwischen den Sachverhalten A und B erkannt hat, dient auch dazu, das Eintreten bestimmter Ereignisse zu erwarten. Wo kommt die Tätigkeit des Vorhersagens vor?

- In der Forschung stellt man eine »Hypothese« auf und leitet daraus ab, welche Befunde in einer bestimmten Untersuchung herauskommen werden.
- Bei Alltagsproblemen lassen sich Menschen von einer stillen Vorhersage im Sinne einer »Erwartung« leiten. Man wählt z. B. eine Arbeitsmethode, mit der man schneller voranzukommen glaubt, oder eine Erziehungsmaßnahme, von der man eine gute Wirkung erwartet.
- In ihrer ausgeprägtesten Form beziehen sich Vorhersagen auf längere Zeiträume: Wird dieser Straftäter wieder rückfällig werden? Wird diese Schülerin auf dem Gymnasium erfolgreich sein? Wird diese Ehe lange halten?

Vorrangig auf solche weitreichenden Vorhersagen bezieht sich die folgende Erörterung.

a) Wovon hängt die Vorhersagequalität ab?

Zur Vorhersage gehören zwei Elemente: der Prädiktor und das Kriterium. Mit *Prädiktor* sind die Mittel gemeint, auf die man seine Vorhersage gründet, z. B. Bewerbungsgespräche, psychologische Tests, grafologische Gutachten oder Horoskope. Das *Kriterium* ist das, was vorausgesagt werden soll, z. B. der berufliche Erfolg oder ein krimineller Rückfall.

Laien glauben oft, die Vorhersage sei umso besser, je *mehr* Informationen man zugrunde lege, z. B. je mehr man über eine Person wisse, deren Eignung prognostiziert werden soll. Tatsächlich kommt es aber darauf an, dass man die wirklich *bedeutsamen* Faktoren berücksichtigt und dass man diese auch *erfassen* kann. Werden neben den bedeutsamen zusätzlich noch unwichtige Aspekte beachtet, verlieren die wichtigen relativ an Gewicht und das Prognose-Urteil wird eher schlechter.

Aber woher weiß man, welche Prädiktoren bedeutsam sind? Im Alltag kann man dies meist nur ganz subjektiv entscheiden und sich z. B. auf vergleichbar erscheinende Einzelfälle, auf Berichte aus dem Bekanntenkreis und notfalls auf leicht erkennbare Merkmale wie etwa Geschlecht und Alter stützen. Die Forschung versucht stattdessen, den Voraussagewert bestimmter Merkmale empirisch zu ermitteln: Wie eng korreliert der jeweilige Prädiktor nach den bisherigen, sorgfältig ausgewerteten Erfahrungen mit dem Kriterium?

So zeigen beispielsweise Untersuchungen zu dem brisanten Problem der Rückfälligkeit von Sexualstraftätern (nicht Straftätern generell), dass unter anderem die Ausprägung traditioneller Männlichkeit (»Macho-Typ«) und abweichende sexuelle Vorlieben (z. B. Pädophilie) zu nützlichen Prädiktoren zählen, nicht hingegen eigene Missbrauchserfahrung des Täters als Kind oder die Höhe der bisherigen Strafe (Hanson & Bussière 1998, zit. nach Asendorpf 2007a).

Auf einem ganz anderen Gebiet, der Vorhersage des Studienerfolgs, ist die Gesamtnote im Abitur ein besserer Prädiktor als einzelne Fachnoten, wenngleich auch sie ihre Grenzen hat, weil Noten eben je nach Lehrer, Schule und Bundesland variieren und somit die reale Leistung nur begrenzt erfassen (Schuler 2006). Ähnlich ist es bei der Prognose des Schulerfolgs im Gymnasium aufgrund der Grundschulnoten. Sie sind immer auch von den Maßstäben der jeweiligen Lehrkraft abhängig und sind nur innerhalb einer Klasse, aber nicht über verschiedene

Klassen hinweg gut vergleichbar. Daher sind sie zwar ein bedeutsamer Prädiktor, aber nicht verlässlich genug, um darauf bei 10-jährigen Schüler/innen Entscheidungen über das weitere Bildungsschicksal zu treffen (vgl. Langfeldt 2006).

Grundsätzlich wird auch eine Kombination aus mehreren nachweislich bedeutsamen Prädiktoren niemals eine hundertprozentige Trefferquote liefern können. Zum einen können selbst allerbeste diagnostische Verfahren die weitere Person-Entwicklung nicht vollkommen vorhersagen. Zum anderen ist ja das vorauszusagende Verhalten oder die vorauszusagende Leistung eines Menschen nicht nur von *personalen* Faktoren abhängig. Es ist zwar naheliegend, zuallererst auf die Person (z. B. die Schülerin) zu schauen, der die Prognose gilt. Doch stets muss man auch künftige *Kontextfaktoren* in Rechnung stellen, und die lassen sich meist nur schwer oder gar nicht vorhersagen – da mag die Diagnose der personalen Aspekte noch so perfekt sein. So werden z. B. die künftigen Leistungen von Schülerin X auch davon abhängen, mit welchen Lehrkräften, welcher Unterrichtsqualität und welchem Klassenklima sie es zu tun haben wird. Ebenso wird die (wie auch immer erfasste) »Teamfähigkeit« eines Angestellten vielleicht in der einen Firma tatsächlich gut zur Geltung kommen, in einer anderen hingegen nicht. Hier liegen kaum überwindbare Grenzen von Vorhersagen.

Probleme kann es auch am anderen Ende der Prognose geben: beim *Kriterium.* Wie beim Prädiktor stellt sich nämlich die Frage, wie das, was vorausgesagt werden soll, *erfasst* wird, wie also das Eintreffen der Vorhersage festgestellt wird. So ist etwa der Schulerfolg letztlich durch die Noten definiert und daher hängt die Treffsicherheit der Progno-

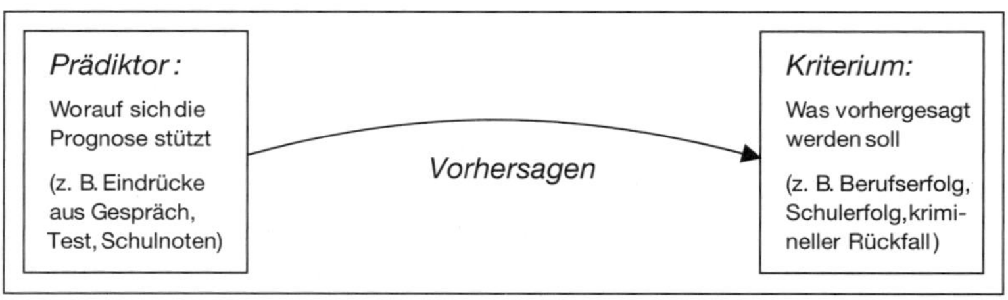

Tafel 54: Die Treffsicherheit einer Vorhersage hängt nicht nur von der Güte der Prädiktoren ab, auf die man seine Vorhersage stützt, sondern auch von der Güte des Kriteriums.

se auch davon ab, nach welchen Maßstäben die künftigen Lehrkräfte ihre Zensuren vergeben. Sämtliche Unsicherheiten der Notengebung mindern also zwangsläufig die Voraussagbarkeit des Schulerfolgs. In anderen Fällen ist das, was vorausgesagt werden soll, so unscharf, dass man es durch ganz unterschiedliche Kriterien definieren könnte – etwa bei der Prognose des »Berufserfolgs«. Misst man z. B. den »guten Arzt« an der Höhe seines Einkommens, am Urteil von Fachleuten, am Urteil der Patienten oder an was? Es ist möglich, dass die Prognose sich nach dem einen Kriterium als zutreffend erweist, nach einem anderen Kriterium hingegen nicht.

Fazit: Wenn Voraussagen nicht eintreffen, darf man dies also nicht ohne Weiteres auf den Prädiktor schieben (den Test, das Gutachten usw.). Zu Fehlprognosen kann es auch kommen, weil spätere Kontexteinflüsse selbst bei noch so guter Diagnostik kaum vorhersehbar sind oder weil vielleicht nicht so sehr der Prädiktor, sondern eher das Voraussagekriterium ein Problem ist: nicht hinreichend objektiv, reliabel und valide.

b) Statistische Prognose versus Einzelfall-Prognose

Um den Vorhersagewert von Prädiktoren zu ermitteln, braucht man Untersuchungen an größeren Stichproben. Denn in Einzelfällen kann man zufällig einen Glückstreffer oder eine Niete erwischen. Solche Untersuchungen liefern dann statistische Wahrscheinlichkeiten. Das heißt: Wenn man sich auf diejenigen Prädiktoren verlässt, die statistisch die höchsten Prognosewerte haben, werden *häufiger* richtige Urteile gefällt werden, wenngleich es offenbleibt, *welchen* Personen dies zugute kommt und welchen nicht. Immerhin lassen sich aus den Wahrscheinlichkeitsaussagen oftmals praktische Empfehlungen ableiten. Wenn man beispielsweise feststellen kann, bei welchem Personenkreis das Risiko für einen Herzinfarkt überdurchschnittlich hoch ist, kann man gegebenenfalls vorbeugend etwas dagegen tun. Oder Kinder, bei denen die Einschulungsdiagnose mit einiger Wahrscheinlichkeit Schulschwierigkeiten erwarten lässt, kann man in eine pädagogische Förderung aufnehmen.

Sehr deutlich wird das Verhältnis von statistischer Prognose und Einzelfallprognose bei Ausleseverfahren (z. B. für betriebliches Personal oder für den Besuch des Gymnasiums). Hier geht es um die

Frage, wie wahrscheinlich sich die Person tatsächlich als »geeignet« erweist. Es wird Treffer geben, aber auch zwei Fehlerarten: Es werden ungeeignete Personen aufgenommen und es werden geeignete ferngehalten – mit möglicherweise gravierenden Konsequenzen für die einzelnen betroffenen Personen, vielleicht auch für die aufnehmende Institution.

Was dies in Zahlen bedeuten kann, sei am Beispiel der Eignung von Schüler/innen fürs Gymnasium illustriert (in Anlehnung an Langfeldt 2006). In Deutschland gehen knapp 30 % der Schüler/innen aufs Gymnasium. Sofern man dabei den üblichen Prognosen (wie den Empfehlungen der Schule) folgt: Wieweit gelangen dann die »Richtigen« ins Gymnasium? Genauer: Wie viele Ungeeignete werden aufgenommen (diese Gefahr sehen vor allem die Lehrkräfte)? Und wie viele werden zu Unrecht vom Gymnasium ferngehalten (diese Gefahr sehen viele Eltern)?

Um dies abzuschätzen, muss man dreierlei wissen: (1) Die *Grundquote*: Wie viel Prozent geeigneter Schüler/innen (die also das Gymnasium schaffen würden) gibt es überhaupt in der Bevölkerung? Je mehr dies sind, umso mehr Geeignete würden schon per Zufall ins Gymnasium gelangen. Für das Beispiel in *Tafel 55* wird eine Grundquote von 50 Prozent angenommen (was übrigens nicht allzu weit über der Quote der Studierenden in vielen europäischen Ländern liegt). (2) Die *Selektionsquote*: Wie viel Prozent der Schüler/innen werden aufgenommen? (3) Die *prognostische Validität*: Wie eng korrelieren die Prädiktoren mit dem Erfolg auf dem Gymnasium? Für die üblicherweise genutzten Prädiktoren (vor allem Grundschulnoten bzw. die Lehrerurteile) liegt die Korrelation nach empirischen Untersuchungen durchschnittlich bei 0.40 (Langfeldt 2006, S. 208) (Anmerkung: 0.00 entspricht reinem Würfeln, 1.00 entspricht ausnahmslos richtigen Prognosen). Mit diesen Kenntnissen lassen sich (auf der Basis der sog. Taylor-Russell-Tafeln) die Treffer- und Fehlerquoten errechnen.

In dem Beispiel von *Tafel 55* wird ein knappes Drittel (93) irrtümlich aufgenommen, aber dreimal so viele (293) werden irrtümlich ferngehalten! Aus diesen beiden Fehlertypen entsteht ein schwerwiegendes Dilemma. Wird die Auslese verschärft, indem man z. B. nur 20 statt 30 Prozent aufnimmt, reduziert sich zwar die Zahl der irrtümlich Aufgenommenen von 93 auf 54, aber zugleich steigt die Zahl der irrtümlich Abgewiesenen auf 354! Umgekehrt ist es, wenn man die Aufnahmequote erhöht. Ein ähnliches Dilemma ergibt sich be-

Beispiel: Wie treffsicher sind die Empfehlungen fürs Gymnasium?

Angenommene Bedingungen:
- Grundquote geeigneter Schüler/innen: 50 Prozent
- Selektionsquote: 30 Prozent
- Prognostische Validität der Empfehlungen: 0.40

Es ergibt sich:
Wenn von 1000 Schüler/innen 300 ins Gymnasium kommen,
- sind von den 300 Aufgenommenen 207 tatsächlich geeignet (Treffer) und 93 ungeeignet.
- werden von den 700, die nicht aufs Gymnasium kommen, 407 zu Recht (Treffer) und 293 zu Unrecht (weil geeignet) ferngehalten.

Insgesamt: 614 Treffer (ca. 61%) und 386 Fehlprognosen (ca. 39%).

(Zahlenangaben nach Langfeldt 2006)

Tafel 55: Ein Beispiel für eine statistische Prognose

kanntlich bei der Prognose der Rückfälligkeit von Straftätern: Bei einem »strengen« Vorgehen bleiben viele in Haft, die gar nicht mehr rückfällig würden; bei einer höheren Entlassungsquote hingegen gelangen auch Täter in Freiheit, die rückfällig werden.

Die psychologische Forschung bemüht sich, die Instrumente der Vorhersage immer weiter zu verfeinern. Gelingt dies, wird man damit die Treffer*quote* erhöhen, also in *mehr* Einzelfällen richtig liegen, aber in einem konkreten *Einzelfall* dennoch nicht sicher wissen können, wie verlässlich speziell diese Prognose ist. Umgekehrt heißt das: Von einzelnen Treffern oder Fehlprognosen kann man nicht auf die generelle Qualität des Testes, der Begutachtung oder anderer Prädiktoren schließen.

Wo das Schicksal konkreter Menschen von der Prognose abhängt – ob bei der Strafentlassung, der Schullaufbahn oder der beruflichen Karriere – wird es diejenigen, die das Opfer einer Fehlprognose geworden sind, natürlich wenig trösten, wenn sie hören, die verwendeten Prognoseinstrumente seien, statistisch gesehen, besser als alle anderen bekannten Verfahren. Den einzelnen betroffenen Menschen interessiert verständlicherweise keine Statistik. Ein Ausweg kann es manchmal sein, auf weitreichende Prognosen für einzelne Menschen ganz zu verzichten und stattdessen Gelegenheiten des »Probierens« zu schaffen, im Falle des Schulbesuchs etwa durch ein flexibles, durchlässiges System statt einer frühzeitigen Entscheidung für eine Schulart.

4. Beeinflussen/Verändern

Bei vielen praktisch-psychologischen Problemen geht es letztlich um die Frage, wie man etwas beeinflussen und verändern, wie man z. B. Ängste abbauen oder das Arbeitsklima verbessern kann. Beschreiben, Erklären und Vorhersagen dienen dann im Wesentlichen der Vorbereitung für die gezielte Einflussnahme. Das gilt insbesondere für die vielfältigen Praxisbereiche der klinischen, pädagogischen und sozialen Arbeit (Beratungsstellen, Kliniken, Heime, Schulen usw.). Um Möglichkeiten des Beeinflussens geht es aber auch immer wieder im Alltagsleben, beispielsweise wenn Menschen sich darüber unterhalten, wie ein Kind zu erziehen oder ein Partnerschaftskonflikt zu lösen sei.

a) Ziele und Wege

Zur Tätigkeit des Beeinflussens und Veränderns gehören einerseits Zielvorstellungen, anderseits Mittel und Wege zur Zielerreichung. Es lassen sich folgende generelle Zielrichtungen bzw. Veränderungsaufgaben unterscheiden:

1. Beeinflussen als *Korrektur:* In diesem Fall gilt der Ausgangszustand als »problematisch«, »gestört«, »unnormal«. Die Einflussnahme soll folglich in erster Linie etwas Negatives aufheben. Hier liegt der Schwerpunkt von Aktivitäten, die unter Begriffen wie »Intervention«, »Therapie« oder »Rehabilitation« zu finden sind.
2. Beeinflussen als *Förderung:* Bei dieser Zielsetzung strebt man einen höheren, »besseren« Zustand an, ohne dass der Ausgangszustand als problematisch gilt. Zu denken ist vor allem an Begriffe wie Erziehung, Unterricht, Ausbildung oder Training. Statt von Förderung kann man auch von Optimierung sprechen.
3. Beeinflussen als *Prävention:* Hier geht es darum, das Eintreten eines schlechten Zustandes zu verhindern. Man greift ein, damit bestimmte Risiken sich nicht erfüllen. Beispiele hierfür sind pädagogische Programme zur Suchtprävention oder eine Mitarbeiterschulung für die Unfallverhütung am Arbeitsplatz.

Zwischen Korrektur, Förderung und Prävention gibt es in der Praxis fließende Übergänge sowie gezielte Kombinationen. Manche praktischen Tätigkeiten lassen sich auch keinem der drei Typen eindeutig zuordnen. So kann etwa das *Beraten* vornehmlich korrigierende Ziele verfolgen und liegt dann nahe bei der Therapie, oder es kann der Förderung bzw. Optimierung dienen (etwa in Schule oder Ausbildung) oder auch der Prävention von Problemen.

Innerhalb der drei allgemeinen Zielrichtungen sind in der praktischen Arbeit meist *konkrete* Ziele zu formulieren (z. B. Erziehungsziele oder Therapieziele). Dabei macht es einen Unterschied, ob ein konkretes Ziel *positiv* oder *negativ* formuliert wird. Wenn z. B. ein Kind dazu neigt, seine Wünsche mit Wutausbrüchen durchzusetzen, verfolgt man natürlich ein Korrekturziel. Auf der konkreten Ebene mag es jedoch hilfreich sein, statt der bloßen Negation (»das Kind soll *nicht* wütend werden«) auch positiv definierte Verhaltensweisen zum Ziel erklären (»das Kind soll Bitten äußern, es soll abwarten können« etc.). Dieser Unterschied kann bedeutsam sein für das Verständnis des Kindes davon, was man von ihm erwartet, aber auch für das Handeln der Erziehenden, ob sie nämlich primär unerwünschtes Verhalten stoppen, bestrafen und ignorieren oder aber erwünschtes Verhalten vormachen, vorschlagen und positiv bekräftigen. Die Art der Zielformulierung kann also den Weg der Einflussnahme mitbestimmen.

Ein weiterer, mit dem vorangehenden sich oft überschneidender Aspekt ist die *Klarheit* bzw. Unbestimmtheit der Zielvorstellung. Was für ein Ziel hat jemand, der »sich selbst verwirklichen« oder »zufriedener« werden möchte? Was ist gemeint, wenn Eltern empfohlen wird, sich gegenüber den halbwüchsigen Kindern »verständnisvoll« zu verhalten? Es ist nicht immer leicht, Ziele klar und konkret zu beschreiben. Gelingt dies jedoch, kann dadurch das praktische Handeln erleichtert werden.

Man sieht: Mit der Formulierung konkreter Ziele kommt wieder einmal die Tätigkeit des *Beschreibens* zum Zuge. Die Wahl des Zieles selbst ist aber ein Akt der *Bewertung*: Man entscheidet, was man erstrebenswert bzw. gut findet. Zuweilen legen Außenstehende (z. B. Eltern, Kultusminister) die Ziele fest, und manchmal sind dies nicht zugleich die Ziele der zu beeinflussenden Personen. Es ist wiederum eine Wertfrage, wann man einen Menschen auf Ziele hin verändern darf, die der Betroffene nicht teilt. In Bereichen wie etwa dem Justizvollzug ist dies rechtlich geregelt. Aber wann haben z. B. Eltern das »Recht«, das Verhalten von Kindern ändern zu wollen, weil es sie »stört« oder ihrem Geschmack zuwiderläuft?

Die *Mittel und Wege* psychologischer Einflussnahme sind außerordentlich zahlreich, wie etwa an der Vielfalt therapeutischer oder pädagogischer Maßnahmen zu sehen ist. Im Einzelnen wird das Vorgehen stark von der theoretischen Orientierung bestimmt (s. »Klinische Psychologie«, S. 151 ff., »Pädagogische Psychologie«, S. 157 ff.). Allgemeiner betrachtet lassen sich die Vorgehensweisen meist drei grundlegenden Ansatzpunkten zuordnen:

- Veränderung *personaler* Aspekte: Sie geschieht über die Herbeiführung von *Lern*prozessen, etwa im Kontext von Therapie, Erziehung oder Unterricht. Es können dabei unterschiedliche Arten des Lernens zu Geltung kommen, Varianten des kognitiven Lernens ebenso wie Lernen am Modell oder Lernen am Effekt.
- Veränderung *situativer* Bedingungen: In diesem Fall wird das Verhalten und Erleben des betroffenen Menschen durch die Herstellung eines neuen Umfeldes beeinflusst, z. B. durch andere Arbeitsanforderungen, andere Wohnbedingungen, die Verfügbarkeit bestimmter Medien u. a. m.
- Veränderung eines *interpersonalen* Systems: In diesem Fall werden mehrere zusammenhörige Personen gleichzeitig in die Intervention einbezogen. Beispiele sind Therapien mit Familien oder Ehepaaren, die Supervision von Arbeitskollegien oder kooperative Projekte mit einer Schulklasse oder ganzen Schule (z. B. zur Gewaltverminderung). Der Schwerpunkt liegt auf Interaktions- und Kommunikationsprozessen, aber natürlich ergibt sich daraus auch sozusagen ein gemeinsames Umlernen.

Während Laien oft Lösungen vorschlagen, ohne sich hinreichend mit den Gründen eines Problems beschäftigt zu haben, stützt sich im professionellen Bereich die Wahl des Vorgehens meist auf gründliche diagnostische Arbeit und eine daraus abgeleitete *Erklärung* des Problems. Denn die Faktoren, die man als Erklärung heranzieht, bieten potenziell Ansatzpunkte für geeignete Maßnahmen, oder sie müssen doch wenigstens bei der Einschätzung der Erfolgsaussichten einer Maßnahme berücksichtigt werden.

b) Handlungswissen ist noch nicht Praxis

Die Zielanalyse und das Nachdenken über ein geeignetes Vorgehen gehören zur Planung der Einflussnahme. Aber damit ist ihre Ausführung noch nicht gesichert. Sie erfordert nicht nur *Wissen*, sondern auch *Handlungsfertigkeiten*. Es reicht z. B. nicht aus, eine bestimmte Form des Beratungsgesprächs für sinnvoll zu halten – man muss sie auch »beherrschen«. Und das braucht Übung. Daher benötigen Therapeuten, Berater, Erzieher etc. eine Ausbildung, in der unter anderem das praktische Handeln trainiert wird.

Doch auch Handlungskompetenz reicht nicht immer für erfolgreiche Interventionen. Denn verschiedene Hindernisse können einer praktischen Umsetzung entgegenstehen. Häufig liegen sie in *mangelnder Kooperation* mit jenen Personen, die für eine Problemlösung wichtig wären. Oft ist es beispielsweise kaum möglich, alle Familienangehörigen zur Beteiligung an einer systemischen Therapie zu bewegen oder ein ganzes Lehrerkollegium für ein abgestimmtes Vorgehen gegen Gewalt in der Schule zu gewinnen.

In anderen Fällen liegen die Hindernisse einfach in *äußeren Gegebenheiten*. Hierzu zählen nicht nur Zeit, Geld und Räumlichkeiten. In Gefängnissen beispielsweise können psychologische Absichten an Grenzen stoßen, die durch Gesetze und Sicherheitsvorschriften gezogen werden. Oder in der Schule wird die pädagogisch sinnvolle Absicht, Schüler nach persönlichen Lernfortschritten zu bewerten, durch den Zwang zur Notengebung nach gleichem Maßstab eingeschränkt. In der Praxis erfordert die Einflussnahme also nicht nur Wissen über psychologische Vorgehensweisen, sondern auch über Möglichkeiten, solche Hindernisse zu überwinden.

Sofern dies unmöglich ist, sind doch nicht zwangsläufig alle Bemühungen vergeblich. Manchmal ist es vernünftig, die Ziele zurückzustecken. Wenn etwa die Eltern nicht mitmachen, kann man für ihr Kind immer noch begrenzte Ziele anstreben, bei denen man die Eltern nicht unbedingt braucht.

Dennoch: Vieles, was psychologisch sinnvoll wäre, ist praktisch undurchführbar. Laien sind dann zuweilen von der Psychologie enttäuscht, weil sie im Grunde Rezepte erwartet haben, die in allen Lebenslagen funktionieren. Die Psychologie als Wissenschaft kann aber nur *Fundamente* für das Handeln liefern. Das Handeln selbst hat häufig viel mit persönlicher »Kunst«, mit einer kooperativen Umgebung, mit materiellen Umständen, mit rechtlichen Möglichkeiten und anderen Bedingungen zu tun.

5. Bewerten

Die vorangehenden vier Tätigkeiten werden in Lehrbüchern häufig als »Aufgaben der Psychologie« genannt, das Bewerten hingegen nicht. Dies ist insofern verständlich, als Wertungen jenseits der Psychologie *als Wissenschaft* liegen. Tatsache ist aber zugleich, dass nicht nur Laien, sondern auch Wissenschaftler im Umgang mit psychologischen Fragen *unvermeidlich werten*. Der entscheidende Punkt ist dann, wieweit sich die Wertungen auf gründliches Beschreiben und Erklären stützen, denn dadurch erhalten sie die »wissenschaftliche Fundierung«.

a) Urteile nach einem Gütemaßstab

Wertungen sind Aussagen im Sinne von »gut – schlecht«, »angenehm – unangenehm«, »angemessen – unangemessen« usw. Sie sind Stellungnahmen nach einem Gütemaßstab und implizieren eine Bejahung oder Verneinung. Mit anderen Worten: Während Beschreibungen Ist-Aussagen sind, sind Bewertungen *Soll-Aussagen*. Sie drücken aus: So sollte es sein, so sollte es nicht sein.

In der Praxis wird beides oft miteinander verwechselt oder vermischt. Ein Beispiel: In einem Seminar über Gewalt unterscheidet der Dozent zwischen »krimineller« Gewalt (Raubmord, Vergewaltigung usw.) und »politischer« Gewalt (Krieg, Foltersysteme usw.). Daraufhin äußert eine Studentin, sie könne der Unterscheidung nicht zustimmen, da auch Kriege »kriminell« seien. Während der Dozent die Begriffe rein deskriptiv zur Klassifizierung von Sachverhalten benutzen wollte, verstand die Studentin das Wort »kriminell« offensichtlich im wertenden Sinne. Nur wenn man sich solch unterschiedliches Verständnis klarmacht, kann man sich lange Diskussionen darüber sparen, wer nun recht hat.

Besonders leicht werden beschreibende Einschätzungen mit Wertungen verwechselt, weil es sich in beiden Fällen um *subjektive* Aussagen handelt. Doch während Wertungen immer subjektiv sind, können Beschreibungen, wie früher erläutert (s. S. 196), sowohl subjektiv sein (Einschätzung eines Ist-Zustandes) als auch objektiv (Beobachtungen).

Der Unterschied zwischen Einschätzungen und Wertungen wird wohl auch deshalb oft verwischt, weil für beide Aussagetypen gern

Eigenschaftswörter verwendet werden. In Adjektiven (»großzügig«, »ängstlich«, »dominant«, »aktiv«, »passiv« usw.) schwingen aber fast immer Werttönungen mit – selbst dann, wenn man eigentlich eine reine Ist-Aussage machen möchte, wie etwa bei Markierungen auf Schätzskalen. Im Zweifelsfall sollte man daher klarstellen, ob eine Aussage als Beschreibung oder als Bewertung gemeint ist.

Ein weiterer Grund der Verwechslung könnte sein, dass sowohl bei Einschätzungen als auch bei Wertungen häufig von *Beurteilung* gesprochen wird (vgl. S. 199). Der Begriff der Beurteilung ist überhaupt sehr vieldeutig und kann sich auf alle Grundtätigkeiten außer Beeinflussen/Verändern beziehen: Neben der einschätzenden Beschreibung und der Bewertung kann eine »Beurteilung« auch Erklärungen zur Verursachung eines Sachverhaltes enthalten und vielleicht auch eine Abschätzung der zu erwartenden Folgen (= Vorhersage). Ein Gutachten ist häufig eine umfassende Beurteilung mit allen vier Aussagetypen. Wegen dieser Mehrdeutigkeit scheint es sinnvoll, auf den Begriff der Beurteilung zu verzichten oder jeweils klarzustellen: »Beurteilung im Sinne von …«

Wenn eingangs gesagt wurde, dass das Werten prinzipiell eine unvermeidliche Aktivität ist, so gilt dies im Alltagsleben vor allem dann, wenn Menschen ihre *eigenen* Zielsetzungen, Entscheidungen und Handlungen berührt sehen. Sie sind dann *emotional beteiligt* und kaum in der Lage, die Dinge »rein sachlich« zu betrachten. So fällt es Menschen auch schwer, wissenschaftliche Befunde einfach zur Kenntnis zu nehmen und auf der Ebene des Beschreibens und Erklärens zu erörtern, falls die Befunde den eigenen Anschauungen oder Lebensentscheidungen zuwiderlaufen. Berichtet man beispielsweise Müttern, die ihrer Kinder wegen den Beruf aufgegeben haben, von Forschungsergebnissen, nach denen die Berufstätigkeit im Durchschnitt (!) nicht schädlicher ist als die ständige Anwesenheit, so reagieren diese Mütter meist unmittelbar mit Wertungen, etwa indem sie die Untersuchungen pauschal als unglaubhaft zurückweisen oder in den Befunden sogleich eine (gar nicht gemeinte) Handlungsaufforderung sehen (»Wie soll ich das machen mit drei Kindern?«). Nüchterne Erläuterungen wie etwa die, dass der Durchschnitt ja nichts darüber aussagt, bei welcher Konstellation im Einzelfall die Berufstätigkeit oder die ständige Anwesenheit schädlicher oder günstiger ist, werden die Distanz zwischen wissenschaftlicher Information einerseits und persönlichen Wertungen andererseits kaum überbrücken können.

b) Wertungen im wissenschaftlichen Bereich

Auch Wissenschaftler und praktisch tätige Psychologen können gar nicht umhin, zu werten, wollen sie nicht auf Entscheidungen und Handlungen verzichten. *Wissenschaftler* wählen Projekte aus, die sie »wichtig« oder »reizvoll« finden, sie halten bestimmte Forschungsmethoden für »geeignet« oder »ungeeignet«, sie lehnen vielleicht ein Experiment als »ethisch nicht vertretbar« ab. Die Wertungen werden auch von der bevorzugten Theorierichtung geleitet; was gut in sie hineinpasst, wird gewöhnlich positiver aufgenommen als gegenläufige Informationen.

Ebenso haben wissenschaftlich ausgebildete *Praktiker* zu entscheiden, ob eine Maßnahme »sinnvoll« oder ein Ergebnis »befriedigend« ist –, und häufig auch, welche Ziele sie überhaupt anstreben »sollen«. So mag sich beispielsweise eine Eheberaterin in einem konkreten Fall fragen, ob ihr Beratungsziel der Fortbestand der Ehe sein sollte oder eine gütliche Trennung.

So unvermeidlich also Wertungen in allen Handlungsfeldern sind, es gibt so etwas wie eine wissenschaftlich orientierte Bewertung, die sich, verglichen mit der »alltäglichen«, vor allem durch zwei Bemühungen auszeichnet, nämlich

- die Bewertung so weit wie möglich auf wissenschaftlich fundierte Beschreibungen und Erklärungen zu stützen,
- deutlich auseinanderzuhalten, wo die wissenschaftliche Grundlage aufhört und die persönliche Wertung beginnt.

In diesem Zusammenhang ist auch der wissenschaftliche Terminus der *Evaluation* zu erwähnen. Mit dem Bewerten im Sinne persönlicher Soll-Aussagen ist die Evaluation nicht gleichzusetzen. Sie ist vielmehr eine empirische Erfolgskontrolle, mit der beispielsweise untersucht wird, welche Wirkungen eine Werbekampagne gegen das Rauchen hat oder welche von zwei Lehrmethoden ein bestimmtes Lehrziel eher erreicht. Im Hintergrund steht zwar auch hier ein »Soll-Kriterium« (eine Zielvorstellung), an dem die Befunde gemessen werden, und insofern läuft die Evaluation letztlich auf ein systematisches »Bewerten von Handlungsalternativen« hinaus (Wottawa 2006). Aber die Datenerhebung, die man zur genauen Beschreibung der Sachlage benötigt, bildet eine Haupttätigkeit bei der Evaluation. Sie liefert die empirische Basis, auf die sich dann die (normativen) Bewertungen bzw. die Entscheidungen stützen: Ob es sich z. B. »lohnt« oder »nicht lohnt«, für eine Aufklärungsaktion Geld auszugeben; oder ob die Vorteile von Methode A »stärker wiegen« als ihre Nachteile. Diese Wertungen können bei derselben (!) Befundlage durchaus unterschiedlich ausfallen.

Einige andere Wissenschaften haben übrigens viel öfter Wertungen zu treffen, als es in der Psychologie und anderen empirischen Disziplinen üblich ist. Das gilt besonders für sog. normative Wissenschaften. So sind in der Rechtswissenschaft bestimmte Handlungen im Lichte von Rechtsnormen, also Soll-Aussagen, zu bewerten. Dies geht nicht ohne eine präzise Beschreibung der fraglichen Handlungen und der Rechtsnormen, aber das Ergebnis ist dann eine Aussage im Sinne von »zulässig« oder »nicht zulässig«. Weiterhin gehört zu den Aufgaben des Faches Pädagogik unter anderem auch die kritische Erörterung von Erziehungs- und Bildungszielen (was »sollen« wir anstreben?) und aus diesem Blickwinkel auch die Bewertung von Lehrplänen, Schulformen usw. Die (nicht normative) empirische Erfassung von Ist-Zuständen sowie von tatsächlichen pädagogischen Effekten gehört natürlich ebenfalls zur Aufgabe der Pädagogik und hierin überschneidet sie sich dann deutlich mit der Psychologie.

DRITTER TEIL:
Grundwissen übertragen

Die Kapitel 8 und 9 leiten zur Nutzung des Grundwissens aus den Kapiteln 3 und 7 an. Kapitel 10 resümiert Empfehlungen für eine Lernweise, die Ordnung und Wissensübertragung unterstützt.

KAPITEL 8
Zielkompetenz I: Neue Themen strukturieren können

In diesem Buch ist viel von Wissensübertragung die Rede, und bereits in Kapitel 2 haben wir hierzu Demonstrationsbeispiele angekündigt. Nach der Behandlung von Grundlagenwissen zum psychischen System (Kapitel 3) sowie zu den »Tätigkeiten« (Kapitel 7) soll diese Ankündigung nunmehr eingelöst werden.

1. Grundwissen auf neue Themen übertragen

Was kann man tun, wenn man zu einem Thema etwas sagen oder schreiben möchte, zu dem man noch keine speziellen Kenntnisse besitzt? Wie kann man sicherstellen, dass man das Thema einigermaßen systematisch und vielseitig aufbereitet, statt lediglich diesen oder jenen Assoziationen zu folgen? Man kann Themen immer nach dem ersten roten Faden (Systemaspekte) und nach dem zweiten roten Faden (Tätigkeiten) gliedern, wobei meistens eine Kombination naheliegt – indem man nämlich innerhalb von Erklärungen oder bei Ansätzen zur Einflussnahme auf die Systemaspekte zurückgreift. Eine solche Kombination wird in diesem und dem nächsten Kapitel durch Beispiele illustriert.

Muster für die Strukturierung eines Themas

Beschreiben: Definitionen und/oder konkrete Spezifizierungen zu den Titelbegriffen, eventuell operationale Definitionen und Erfassungsmethoden.

Erklären: Erklärende Beiträge aus dem Blickwinkel der grundlegenden Systemaspekte; einzelne theoretische Ansätze, Modelle und Befunde.

Beeinflussen: Therapie, Prävention oder Förderung mit Blick auf mögliche personale, situative und interpersonale Ansatzpunkte.

Tafel 56: Typische Abfolge in Publikationen zu einem Thema, das im Prinzip das gesamte psychische System berührt

Strukturierung nach den Tätigkeiten Beschreiben, Erklären, Beeinflussen
Viele Bücher und andere Darstellungen, die ein Thema umfassend behandeln, gliedern sich nach der Sequenz: Beschreiben – Erklären – Beeinflussen (seltener gehört auch das Vorhersagen dazu). Zwar tragen die Kapitel nicht genau diese Überschriften, aber es läuft doch meist darauf hinaus.

Folgt man diesem Muster, so beginnt man am besten mit einer *Beschreibung* der Sachverhalte, um die es in der Themenstellung vorrangig geht (z. B. Gewalt, Lernstörungen, Angst). Beschreibungen können von abstrakten Definitionen, die die Merkmale des fraglichen Sachverhalts sehr allgemein zusammenfassen, bis zur Benennung konkreter Verhaltensweisen, Gedanken etc. reichen (im Falle von Angst beispielsweise die Besorgnisse, körperliche Symptome u. a. m.). Wenn empirische Untersuchungen wiedergegeben werden, sind meist auch operationale Definitionen (s. S. 197; z. B.: »als Hochbegabung gilt ein IQ über 130«) sowie die Erhebungsmethoden von Interesse.

Im zweiten Teil der Thematik wendet man sich gewöhnlich den *Erklärungen* zu: Die Überschriften lauten etwa: »Theorien zu ...«, »Ansätze zur Erklärung von ...« oder »Wie entsteht ...?«. In vielen Publikationen ist der Erklärungsteil besonders lang und enthält Ausführungen, die sich mehr oder minder explizit den grundlegenden Systemaspekten zuordnen lassen.

Den dritten Teil kann man, wie es viele Werke vormachen, den Möglichkeiten der *Beeinflussung* widmen. Bei »negativen« Sachverhalten (z. B. Angststörungen oder Gewalt in der Schule) lauten die Überschriften dann beispielsweise: »Therapeutische Ansätze«, »Behandlungsmethoden«, »Verminderung von ...«, »Prävention von ...«. Bei »positiven« Sachverhalten (z. B. prosoziales Verhalten, Lesestrategien) lauten sie etwa »Erziehung zu ...« oder »Förderung von ...«.

Strukturierung nach grundlegenden Systemaspekten
Wenn sich ein Thema mit menschlichem *Verhalten* beschäftigt, sind im Prinzip immer *alle* grundlegenden Systemaspekte von Interesse. Anders ist es, wenn das Thema explizit nur einen bestimmten Ausschnitt fokussiert, z. B. einen aktuellen Prozess wie die Motivation oder einen Personfaktor wie die Intelligenz. Dann schaut man sozusagen mit der Lupe vorrangig auf diesen einen Teil des Systems. Dennoch kommt man gar nicht umhin, sich von hier aus auch zu anderen Grundaspekten zu bewegen. Es gibt eben keine Motivation ohne Per-

son und Situation, und auch über einen personalen Faktor wie Intelligenz kann man nur Aussagen machen, indem man relevante Denkaufgaben (= situativ) erwähnt und möglichst auch die Denkprozesse beschreibt, in denen sich Intelligenz ausdrückt.

Von solchen »Ausschnittsthemen« abgesehen, können immer sämtliche Grundaspekte bei der Strukturierung eines Themas weiterhelfen. Ihre Anwendung auf unbekannte Themen könnte etwa so aussehen, dass man sich fragt: *Was hat dieses Thema zu tun mit aktuellen Prozessen, mit personalen Faktoren und deren Entwicklung, mit situativen Bedingungen, mit interpersonalen Bezügen?*

Kombination beider Strukturierungen
Beide Strukturierungen miteinander zu verbinden, ergibt sich häufig fast von selbst. Denn sobald es darum geht, *was* zu beschreiben ist, *was* man als Erklärung heranziehen kann oder *was* sich als Ansatzpunkt zur Beeinflussung nutzen lässt, kommen in irgendeiner Form die grundlegenden Systemaspekte ins Spiel. Am deutlichsten wird dies beim Erklären von Verhalten, weil hier ja prinzipiell alle Grundaspekte von Interesse sein können.

Ansatzpunkte für Beeinflussungen bzw. Veränderungen sind gewöhnlich die personale Entwicklung, die situativen Faktoren und die interpersonalen Bezüge. Das Verändern personaler Faktoren geschieht über Lernprozesse; sie beeinflussen die künftige Entwicklung (so wie frühere Lernprozesse häufig die derzeitigen Dispositionen erklären). Auf der situativen Ebene ändert man beispielsweise Aufgaben, Medien oder räumliche Bedingungen. An den interpersonalen Bezügen anzusetzen, bedeutet beispielsweise, mit einer ganzen Familie oder einem ganzen Kollegium eine Therapie bzw. eine Supervision durchzuführen.

2. Erstes Themenbeispiel: Gewalt

Wenn das Thema so offen formuliert ist (»Gewalt«), könnte man es aus allen 4 + 1 Grundaspekten beleuchten. Anders wäre es, wenn es von vornherein spezifiziert wäre, etwa: »Die Rolle von Lernprozessen bei der Entwicklung individueller Aggressivität«.

Beschreibungen des Sachverhalts »Gewalt« bzw. Erläuterungen zu diesem Titelbegriff bilden fast unvermeidlich den Anfang. Wie bei vielen anderen Begriffen wird man beim Lesen von Fachliteratur feststellen, dass es keinen verbindlichen Gewaltbegriff gibt. Wir halten uns hier an Definitionen, die unter Gewalt im Wesentlichen Handlungen verstehen, mit denen jemand absichtlich andere Menschen mehr oder minder schwerwiegend schädigt und verletzt. (Man kann in der Literatur auch deutlich weiter gefasste Gewaltbegriffe finden.) Weiterhin kann man den Sachverhalt Gewalt durch eine Aufzählung (und eventuell Systematisierung) konkreter Verhaltensweisen spezifizieren.

Erklärungen: Die »unmittelbarste« Ebene für die Erklärung gewalttätiger Handlungen sind die *inneren Prozesse*, sowohl die aufnehmenden als auch die einwirkenden, verhaltensbezogenen Prozesse (vgl. S. 43). Wenn ein Betrachter die Frage stellt: »Warum tut X das?«, erwartet er meistens vor allem Aussagen über die Motivation. Das könnten in diesem Falle beispielsweise Rachegefühle sein oder materielle Bedürfnisse (sich bereichern) oder auch Angst. Weiterhin könnte zur Sprache kommen, dass Gewalthandlungen geplant oder »im Affekt« ausgeübt werden können. Auf der Seite der aufnehmenden Prozesse wäre von Interesse, wie ein gewalttätig handelnder Mensch einen vorangehenden Anlass auffasst und welche Gefühle dadurch entstehen. (Anmerkung: Schon diese wenigen Überlegungen legen nahe, dass »Gewalt« psychologisch kein einheitliches Phänomen ist.)

Ein weiteres Unterthema könnten die *personalen* Aspekte sein: Menschen unterscheiden sich deutlich in ihrer individuellen Gewaltbereitschaft. Aber worin genau unterscheiden sich gewaltgeneigte von gewaltlosen Menschen? In ihrer Neigung zu Ärgeremotionen? In ihrem Egoismus? In ihrem Machtstreben? In ihren moralischen Einstellungen? In ihren sozialen Kompetenzen? Und wie manifestieren sich solche Dispositionen in konkreten inneren Prozessen (z. B. darin, wie jemand die Bemerkungen anderer Menschen auffasst oder wie gut er seine Gefühle kontrollieren kann)?

Die Personperspektive kann erweitert werden um die Frage, wodurch sich die hohe Gewaltbereitschaft eines Menschen *entwickelt* hat. Diese Frage wird spätestens dann gestellt, wenn ein Mensch wegen einer schweren Straftat vor Gericht steht. Es geht dann meistens um die familiäre Vorgeschichte wie etwa: Gewalt in der Familie, schlechte Vorbilder im Freundeskreis, demütigende Erfahrungen u. a. m. Prinzipiell sind bei den Entwicklungsbedingungen immer auch genetische Faktoren in Betracht zu ziehen.

Niemand verübt permanent und überall Gewalt, sondern nur in bestimmten *Kontexten*. Zu fragen ist also immer auch: Wann und wo tritt das Verhalten typischerweise auf? Da es gegen andere Menschen gerichtet ist, drängt sich der *interpersonale* Aspekt bei dieser Thematik geradezu auf, und diesen kann man mithilfe der Begriffe Interaktion, Kommunikation und Beziehung weiter aufschlüsseln. Um Gewalthandlungen zu erklären, wäre mithin auch auf die aktuelle Interaktion und Kommunikation der Beteiligten zu schauen (z. B. Wortwechsel, Eskalation der Gewaltformen, Missverstehen von Bemerkungen und Gesten) und ebenso auf die Beziehung zwischen ihnen (z. B. Rivalität, persönliche Feindschaft, anonyme Täter-Opfer-Beziehung). Bei kollektiver Gewalt (z. B. durch Cliquen, Banden, Armeen) wären noch die gruppeninternen Prozesse und Beziehungen zu beachten (wechselseitige Stimulierung, Konformitätsdruck, Hierarchien u. a.).

Hinzu kommen rein *situative* Kontextfaktoren, beispielsweise »gute Gelegenheiten« zur Bereicherung, die Verfügbarkeit von Waffen oder Umgebungen, in denen man nicht beobachtet wird. Im erweiterten Sinne situativ ist auch die Verfügbarkeit von Alkohol, dessen Konsum bekanntlich Gewalthandlungen erleichtert. Externe Faktoren – sowohl anregende als auch hemmende – könnten also einen weiteren Abschnitt zum Thema Gewalt bilden.

Beeinflussung: Für die *Gewaltverminderung* sind wiederum verschiedene Zugänge in Betracht zu ziehen. Die individuelle Weiterentwicklung in eine neue Richtung zu lenken, also personale Aspekte durch Lernprozesse zu verändern, ist das Ziel von therapeutischen Interventionen. Sie stehen im Vordergrund, wenn das Hauptproblem in der Aggressivität einzelner Personen liegt. Wo interpersonale Bezüge eine große Rolle spielen, können diese häufig auch Ansatzpunkte zur Gewaltverminderung bieten. Beispiele sind etwa Kommunikationstrainings für Paare oder Familien sowie Schulprojekte, die das gesamte Kollegium und die gesamte Schülerschaft einbeziehen. Auch die Veränderung situativer Faktoren kann manchmal zur Gewaltverminderung beitragen (z. B. strengere Waffengesetze).

Welche der genannten Aspekte dann in einem Referat, einer Klausur, einer mündlichen Prüfung oder bei anderen Anlässen unter dem Stichwort »Gewalt« tatsächlich zur Sprache gebracht werden müssten, hängt von der konkreten Aufgabenstellung ab. Es kann sein, dass sich ein Referat z. B. nur auf bestimmte Entwicklungsbedingungen, auf kognitive Prozesse bei Ärger oder auf Gewalt in einem spezifischen Kontext konzentrieren soll.

Die Übertragung der 4 + 1 Grundaspekte auf die Gewaltthematik soll also lediglich dabei helfen, einen Rahmen zu setzen, in dem man sich bewegen kann, und zugleich an verschiedene Blickwinkel erinnern, die erwähnenswert sein *könnten*. Dadurch kommt man in jedem Fall zu einer Strukturierung und man schützt sich davor, wichtige Seiten der Thematik zu »vergessen« – mit einer Einschränkung allerdings: Es handelt sich ausschließlich um *psychologische* Aspekte. Selbstverständlich könnte man beim Thema »Gewalt« z. B. auch nach gesellschaftlichen und kulturellen Faktoren fragen, müsste sich dafür aber in andere Fachgebiete begeben.

Anmerkungen zur Literatur: In der Psychologie wird dieser Themenkreis nicht nur unter »Gewalt«, sondern auch unter »Aggression« behandelt. Hierzu gibt es Einführungen und umfassende Sammelwerke. Weit häufiger sind Publikationen, die sich mit bestimmten Erscheinungsformen und bestimmten Kontexten beschäftigen, z. B. mit Gewalt in der Schule, mit Mobbing im Betrieb, mit Gewaltkriminalität, mit Krieg oder noch spezielleren Problemen (z. B. Amokläufer, Neonazis, Kindesmisshandlung u. a. m.).

3. Zweites Themenbeispiel: Lernstörungen

Auch dieses Thema ist so offen formuliert, dass es »ganze Menschen« und damit alle grundlegenden Systemaspekte berührt, und in diesem Sinne wird es im Folgenden entfaltet. Nicht möglich wäre das in dieser Form, wenn es um einen spezifischen Ausschnitt ginge, z. B. um kognitive Prozesse bzw. Defizite beim Rechnen.

Beschreibung des fraglichen Sachverhaltes: Was ist eine Lernstörung? Ausgangspunkt sind hier nicht bestimmte Verhaltensweisen, sondern Leistungen, sozusagen Verhaltens*produkte* (mathematische Lösungen, geschriebene Texte usw.). Sie müssen »unzureichend« sein, sonst würde man nicht von einer »Störung« sprechen. Es stellt sich dann allerdings die Frage: Kann man wirklich *beschreiben*, welche Leistungen »unzureichend« sind, oder läuft dies nicht auf eine *Bewertung* hinaus?

Es muss zunächst eine Leistung erfasst werden (z. B. die Zahl gelöster Rechenaufgaben) – dies ist eine Beschreibung. Die erfasste Leistung wird dann aber an einer *Norm*, das heißt an einer *erwarteten* Leistung gemessen – und dies ist eine Bewertung. Die Norm wechselt mit dem Kontext; sie ist z. B. in einem Gymnasium eine andere als in einer Hauptschule. Als Norm können auch die Fähigkeiten des Lernenden selbst gelten (individuelle Norm). Dann hat auch jemand eine Lernstörung, der deutlich unter seinen Fähigkeiten bleibt oder plötzlich in seinen Leistungen abfällt.

Erklärungen: Wenn die Feststellung »Lernstörung« übereinstimmend von verschiedenen Beurteilern getroffen wird, ist nach den Gründen zu fragen. Natürlich sind Lernschwierigkeiten kein separates Problem; es gibt nur »unzureichend lernende Menschen«, sodass prinzipiell alle Aspekte dieses Menschen und seiner Lern- und Lebensumwelt für die Erklärung der Leistung in Frage kommen.

Da Lernstörungen individuelle Abweichungen sind, rücken hier *personale* Faktoren des Lernenden gewöhnlich zuallererst ins Blickfeld. Das drückt sich unter anderem in der Laienfrage »Dumm oder faul?« aus (die so zweifellos viel zu grob ist). Möglich wären z. B. Aussagen über (mangelnde) intellektuelle Fähigkeiten, über Kenntnisdefizite in bestimmten Sachgebieten, über unzureichend ausgeprägte Lernmotive (Interesse, Leistungsstreben u. a.), über unzureichende Arbeitsdisziplin, über ineffektive Lern- und Arbeitsmethoden u. a. m. Auf der personalen Seite könnten auch spezielle Beeinträchtigungen wie etwa das Aufmerksamkeits-Defizit-Hyperaktivitäts-Syndrom (ADHS) oder eine Lese-Rechtschreib-Schwäche zum Thema werden.

Fast unvermeidlich würde man weiterfragen nach den *Entwicklungsbedingungen* hinter den personalen Schwächen. Hier käme man auf genetische Faktoren (insbesondere bei Fähigkeitsmängeln) und ebenso auf vielfältige Umwelteinflüsse (z. B. »bildungsfernes« Elternhaus, »schlechte« Schule, krankheitsbedingte Lernpausen u. a. m.).

Will man genauer verstehen, was nicht so funktioniert wie erforderlich, so gelangt man auf die Ebene der *aktuellen Prozesse*. Man würde sich also damit beschäftigen, was sich im Kopf eines Lernenden *abspielt*, wenn er beispielsweise mit einer Additionsaufgabe oder einem Text konfrontiert wird, oder welche Gefühle und Gedanken in einem Schüler ablaufen, der »nicht motiviert« erscheint (Solche Mikroanalysen sind der primäre Gegenstand der Forschung).

Sind im Falle von »Lernstörungen« auch *Kontextbedingungen* ein mögliches Unterthema? Durchaus, sowohl situative als auch interpersonale. Vor allem die Familie und die Schule sind nicht nur langfristig wirksame Entwicklungsinstanzen, sondern sie bieten zugleich Umfelder für die aktuellen Lerntätigkeiten. Beispiele dafür sind Unruhe und Ablenkungen zu Hause oder in der Schule, Verständlichkeit und Strukturiertheit des Unterrichts, das Ausmaß individueller Unterstützung, die Beziehung des Lernenden zu einzelnen Lehrkräften und den Mitschülern. Das heißt: Sowohl externe Lernbedingungen als auch interpersonale Aspekte könnten eine Rolle spielen.

Selbstverständlich sind die relevanten Faktoren nicht nur einzeln, sondern auch in ihrer Wechselwirkung (Interaktion) zu betrachten. Im Falle von Lernstörungen wirken stets mehrere Faktoren zusammen, und es können sich leicht Teufelskreise entwickeln, etwa in der Weise, dass ein ungünstiges Elternhaus die Lernstörung einerseits mitbedingt, die schlechten Leistungen andererseits auch negatives Verhalten der Eltern auslösen.

Beeinflussung: Eine gute Diagnose ist zugleich eine Basis für mögliche Interventionsmaßnahmen. Personbezogene Hilfen stehen gewöhnlich im Vordergrund, z. B. Nachhilfe- oder Förderunterricht, manchmal auch Interventionen mit therapeutischem Charakter. Kontextbezogen ist vor allem der Wechsel der Klasse oder der Schule, vielleicht auch eine Verbesserung der häuslichen Arbeitsbedingungen. Eine interpersonal ausgerichtete Beeinflussung ist z. B. eine Elternberatung oder gemeinsame Anleitung von Eltern und Kindern zu konstruktivem Umgang mit Konflikten.

4. Drittes Themenbeispiel: Resiliente Kinder

Dieses Thema ist nicht ganz so offen formuliert wie die beiden vorangehenden »Verhaltensthemen«. Resilienz ist nämlich ein Personmerkmal. Dass es um personale Aspekte geht, wird durch das Wort »Kinder« zusätzlich deutlich. Der Grundaspekt »Person« ist daher diesmal der *Ausgangs*punkt der Analyse. Doch wenn man näher *beschreiben* bzw. *spezifizieren* will, wie sich Resilienz *äußert*, gelangt man wiederum zwangsläufig auch zu anderen Grundaspekten: zu den aktuellen Prozessen (innere und Verhalten) und zum Kontext. Wenn man Resilienz *erklären* will, fragt man naturgemäß nach den Entwicklungsbedingungen.

Definitorische Beschreibung: Resilienz ist ein Begriff aus der psychologischen Fachsprache: »Resilienz meint eine psychische Widerstandfähigkeit von Kindern gegenüber biologischen, psychologischen oder psychosozialen Entwicklungsrisiken« (Wustmann 2004, S. 18). In der Fachdiskussion werden auch häufig die Begriffe Stressresistenz, psychische Robustheit, psychische Elastizität oder Kohärenzgefühl synonym für Resilienz verwendet. Resiliente Kinder sind in der Lage, widrigen Lebensumständen wie z. B. chronischen Erkrankungen oder Behinderungen, Leistungsversagen in der Schule, andauernden familialen Konflikten oder prekären sozialen Lebenslagen zu trotzen und sich gesund zu entwickeln.

Spezifizierende Beschreibung auf der Person-Ebene: Worin unterscheiden sich resiliente Kinder von anderen Kindern? Verfügen sie über ein Gefühl eigener Selbstwirksamkeit? Haben sie eine positive Grundstimmung? Sind es besonders intelligente Kinder? Sind sie sozial kompetenter als vergleichbare andere Kinder? Auch ein Blick auf die Big-Five-Persönlichkeitsfaktoren könnte weiterführen: Sind resiliente Kinder z. B. eher extravertiert und weniger emotional labil? Unterscheiden sich Jungen und Mädchen in der Ausprägung der Resilienz? Diese und weitere Fragen können Ausgangspunkt für Recherchen sein.

Weitere Spezifizierung durch Kontextaspekte: Resiliente Kinder mögen nicht in allen Lebenssituationen und -bereichen resilient sein. Möglicherweise ist Resilienz keine generelle Persönlichkeitseigenschaft, sondern situations- bzw. bereichsspezifisch. Einige resiliente Kinder können sich vielleicht in Leistungssituationen gut behaupten, aber nicht in sozialen Konfliktsituationen. Vielleicht sind manche auch gegenüber bestimmten Mitmenschen nicht so robust wie gegenüber anderen. Bei der Behandlung dieses Themas sind also immer auch situative und interpersonale Kontextfaktoren zu berücksichtigen: Wo und wann sind diese Kinder resilient?

Spezifizierende Beschreibung auf der Ebene der aktuellen Prozesse: Es wäre zu klären, wie z. B. resiliente Kinder widrige Lebensumstände auffassen. Sind es überhaupt widrige Umstände für sie? Wie schätzen sie sie ein: Sind es eher Herausforderungen als Bedrohungen? Herrscht eher Optimismus als Angst vor? Ist eher »Hoffnung auf Erfolg« als »Furcht vor Misserfolg« die treibende Kraft für das Handeln dieser Kinder?

Erklärung durch Entwicklungsbedingungen: Wie entwickelt sich Resilienz bei Kindern? Wie wirken sich Erziehungs- und Sozialisationserfahrungen in der Familie, in der Kindertageseinrichtung, in der Schule und im Freundeskreis aus? Haben resiliente Kinder typischerweise auch resiliente Eltern? Es liegt nahe, dass für die Ausbildung der Resilienz die interpersonalen Erfahrungen in der individuellen Entwicklungsgeschichte eine entscheidende Rolle spielen und dass wohlwollende Unterstützung, Ermutigung zu eigenem Handeln und zum Ausprobieren altersangemessener Herausforderungen es dem Kind ermöglichen, sich in der Weise zu entwickeln, die als resilient bezeichnet wird.

Beeinflussung: In (sozial)pädagogischen oder beratend-therapeutischen Zusammenhängen geht es um die Frage, wie Resilienz erhalten, gestärkt und gefördert werden kann. Anregungen zu bestimmten Lernprozessen und die Bereitstellung von Lerngelegenheiten sind hier von zentraler Bedeutung. Eltern, Lehrkräfte und Mitschüler als resiliente Verhaltensmodelle (s. S. 81 zum Lernen am Modell), aber auch das Lernen durch Bekräftigung und selbstständiges Problemlösen könnten pädagogisch genutzt werden.

Weiterführende Literatur zu den Kapiteln 8 und 9

Die eigentliche Zielsetzung dieses und des nächsten Kapitels ist es, den Transfer von Grundwissen zu demonstrieren, einmal an den drei Themenbeispielen »Gewalt«, »Lernstörungen« und »Resiliente Kinder«, zum anderen an entsprechenden Fallbeispielen. Für diejenigen, die darüber hinaus nähere Informationen zu den Themen selbst suchen, hier je zwei Literaturhinweise:

Zur Psychologie der Aggression im Überblick: Nolting (2005), speziell zu Mobbing in der Schule: Olweus (2006). Zur Information über Lernstörungen, ihre Diagnostik und Behandlung: Lauth, Grünke und Brunstein (2004) sowie Matthes (2009). Zur Förderung von Resilienz durch Erziehung: Opp und Fingerle (2007), speziell zu den Möglichkeiten von Tageseinrichtungen für Kinder: Wustmann (2004).

KAPITEL 9
Zielkompetenz II: Praxisfälle analysieren können

1. Grundwissen auf Fallbeispiele übertragen

Wie für den Umgang mit neuen Themen lassen sich die roten Fäden auch für die Analyse von Praxisfällen nutzen. Bevor wir dies an Beispielen illustrieren, ist allerdings auf Unterschiede zwischen Themen und Praxisfällen hinzuweisen:

Unterschiede zwischen der Bearbeitung eines »Themas« und eines »Praxisfalls«	
Thema	**Praxisfall**
Viele potenziell bedeutsame (»themen-relevante«) Gesichtspunkte sind anzusprechen	Zu erkunden ist, welche Gesichtspunkte im konkreten Fall besonders bedeutsam sind und welche weniger
Es sind Aussagen zu machen über Kategorien von Prozessen, Personen, Situationen usw.	Es sind Aussagen zu machen über konkrete Prozesse, Personen, Situationen usw.
Sowohl das psychische Gesamtsystem als auch Systemausschnitte können zum Thema werden	Man hat es immer mit »ganzen Menschen«, insofern immer mit dem Gesamtsystem zu tun
Beschreiben und Erklären stehen meist im Vordergrund. Das Beeinflussen ist oft nicht Thema	Es stellt sich meist auch die Frage nach dem Beeinflussen/Verändern (»Was kann man tun?«)

Tafel 57: Die Anforderungen bei der Bearbeitung eines Themas und eines Praxisfalls sind in mancher Hinsicht verschieden. Doch in beiden Fallen kann die Übertragung der »roten Fäden« hilfreich sein.

Bei der Behandlung eines »Themas« trägt man hypothetisch Gesichtspunkte zusammen, die bedeutsam sein *könnten*. Ein Lehrbuch oder ein Vortrag muss beispielsweise Themen wie Hilfeleistung, Aggression oder Angst so behandeln, dass viele denkbare Fälle abgedeckt werden. Anders gesagt: Man spricht über *Kategorien* von Prozessen (Gedanken, Gefühlen usw.), Kategorien von Personen (z. B. »Ängstliche«) und Kategorien von Situationen (z. B. »bei Leistungsdruck«). Bei einem konkreten Fall von Hilfeleistung, Aggression oder Angst hingegen geht es nicht darum, herauszufinden, welche Aspekte *überhaupt* bedeutsam sein könnten, sondern welche in *diesem* speziellen Fall tatsächlich besonders relevant und welche weniger relevant sind. Man muss über konkrete Gedanken, Gefühle, Absichten, über konkrete Personen und konkrete Situationen etwas sagen.

Weiterhin können sich »Themen« auf Subsysteme, auf bestimmte Komponenten des psychischen Gesamtsystems konzentrieren (»Ausschnittsthemen«, s. S. 230), während man es in der Praxis immer mit »ganzen Menschen in Kontexten« zu tun hat und man das fragliche Problem nur durch das Zusammenwirken verschiedener Komponenten erklären kann. Anders als bei der Behandlung von Themen in Forschung und Studium werden bei Praxisproblemen meistens auch *Veränderungen* angestrebt. Psychologische Kompetenz hat sich daher zum Gutteil durch Handlungsentwürfe für pädagogische oder therapeutische Maßnahmen zu bewähren.

Als *Suchbereiche* für die Analyse von Fallbeispielen können die grundlegenden Systemaspekte dienen. In dem Leitfaden von *Tafel 58* sind zu jedem Grundaspekt einige diagnostische Fragen aufgeführt, die bei der Analyse hilfreich sein können.

Die *Reihenfolge* der Analyse wird, anders als bei Darstellungen zu Themen, stark von der Machbarkeit bestimmt: Worüber kann man leicht Informationen gewinnen, worüber nur schwer? Was lässt sich objektiv beschreiben, was lässt sich nur subjektiv einschätzen?

Daher ist es bei Fallanalysen empfehlenswert, mit den *beobachtbaren Aspekten* zu beginnen:

- *Konkretes Verhalten von X:* Das zu erklärende Verhalten ist möglichst genau zu spezifizieren. Im Prinzip lässt sich Verhalten direkt beobachten, wenngleich die tatsächlich mitteilbaren Beobachtungen nicht immer verlässlich sind (selektive Wahrnehmung, ungenaue Erinnerungen). Verhaltensbeobachtungen können eventuell auch von Dritten oder von X selber berichtet werden.
- *Situationsfaktoren:* Beobachtbar ist zum großen Teil auch, unter welchen Bedingungen das fragliche Verhalten von X auftritt. Um

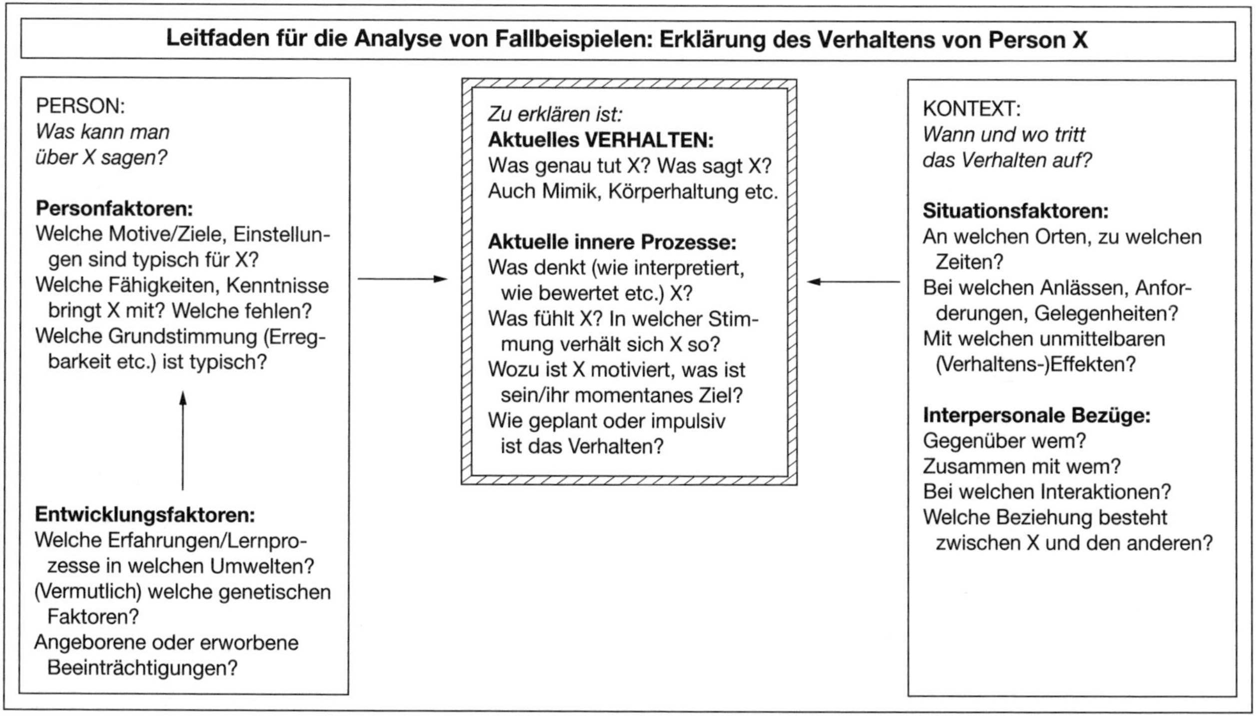

Tafel 58: Einige Fragen, die bei der Suche nach Verhaltenserklärungen nützlich sein können.

regelhafte Zusammenhänge zu erkennen, sind aber mehrfache genaue Protokollierungen erforderlich.

– *Interpersonale* Bezüge sind beobachtbar, soweit sie die *Verhaltensebene*, d. h. die direkte Interaktion (einschließlich verbaler Äußerungen), betreffen. Nicht direkt zu beobachten, aber manchmal aufgrund von Beobachtungen zu erschließen ist die interpersonale Beziehung (wie stehen X und Y zueinander?).

Anschließend widmet sich die Analyse jenen Suchbereichen, die man lediglich mit mehr oder minder begründeten *Vermutungen* füllen kann:

– *Innere Prozesse:* Das Wahrnehmen, Denken, Fühlen, Streben sowie die kommunikativen Empfangsprozesse »hinter« dem Verhalten von X kann man als Außenstehender eventuell durch Einfühlung und aufgrund von Verhaltensbeobachtungen erahnen. Manchmal kann man Person X direkt befragen, stößt aber an Grenzen, wenn X sich nicht mitteilen will oder (mangels hinreichender Selbstwahrnehmung) nicht mitteilen kann.
– *Personfaktoren:* Das Persontypische lässt sich aufgrund wiederholter Beobachtungen in unterschiedlichen Kontexten in gewissem Grade einschätzen. Man kann Person X auch nach ihrer Selbsteinschätzung befragen. Für eine genaue Erfassung von Personfaktoren können psychologische Testverfahren nützlich sein, die aber vielen Nicht-Psychologen nicht zugänglich sind.
– *Entwicklungsfaktoren:* Sie lassen sich in Grenzen durch Befragung ermitteln, soweit es sich um Umweltfaktoren, um entwicklungsrelevante Eigenaktivitäten oder auch um die Vorgeschichte einer sozialen Beziehung handelt. Gegenwärtig noch andauernde Umweltfaktoren (z. B. in der Familie oder Schule) sind eventuell direkt beobachtbar. Genetische Faktoren lassen sich bei biologischen Verwandtschaften manchmal vermuten und in einigen Fällen (z. B. bei Erbkrankheiten) durch Experten untermauern.

Nicht in jedem Fall ist für eine Diagnose die Durcharbeitung *aller* Suchbereiche erforderlich oder nützlich. Dies hängt von der Zielsetzung im konkreten Einzelfall ab. Wenn beispielsweise eine Verhaltensbeeinflussung angestrebt wird, eine Therapie oder Erziehung von Person X jedoch nicht möglich ist, könnte man sich auf die Ermittlung veränderbarer Kontextfaktoren konzentrieren. Solide psychologische Kenntnisse helfen gewöhnlich, nützliche Hypothesen zu bilden und zu entscheiden, worauf man besonders achtet und welche Informationen man sucht, um sodann aufgrund der gesammelten Beobachtungen und Auskünfte Schlüsse zu ziehen.

2. Erstes Beispiel: Linda wird gemobbt

Nehmen wir den leider gar nicht so seltenen Fall, dass ein Kind in der Schule von anderen Kindern gemobbt wird. Der Begriff des Mobbings meint, dass eine Person wiederholt und über einen längeren Zeitraum von Stärkeren angegriffen wird. Angreifer können dabei Einzelne oder Gruppen sein. Gelegentliche Auseinandersetzungen zwischen Gleichstarken sind kein Mobbing. In jedem konkreten Fall wäre zu klären, ob es sich im beschriebenen Sinne tatsächlich um Mobbing handelt.

Verhalten: Da mehrere Personen beteiligt sind, ist hier das Verhalten der Angreifer *und* von Linda zu beschreiben.
Täter: Worin besteht das Mobbing? Was tun die Mobber konkret? Schlagen? Verspotten? Auslachen? Berauben? Eigentum kaputt machen? Oder was?
Opfer: Wie verhält sich Linda? Bleibt sie passiv? Weint sie? Versucht sie wegzulaufen? Ruft sie um Hilfe? Reagiert sie selbst aggressiv? In welcher Weise?

Situationsfaktoren: An welchen Orten geschehen die Mobbinghandlungen, an welchen nicht? Beispiele: Geschieht es im Klassenraum? In versteckten Bereichen des Schulhofs? In den Toilettenbereichen? Auf dem Heimweg? Unterbleiben sie, wenn eine Aufsichtsperson in der Nähe ist?

Interpersonale Bezüge: Hängen die Angriffe mit bestimmten Verhaltensweisen von Linda unmittelbar zusammen (Interaktion)? »Nervt« Linda die Angreifer z. B. durch hyperaktives oder anderes Verhalten? Oder ist sie eher ein passives Opfer (dies ist bei Mobbing der Normalfall)? Wird Linda immer von denselben Schülern/Schülerinnen angegriffen (überdauernde Täter-Opfer-Beziehung) oder wechseln die Angreifer? Machen sie das jeweils als Einzelne oder gemeinsam mit einer Clique? Nimmt Linda eine Außenseiterstellung in der Klasse ein oder hat sie auch Freunde? Kommt ihr im akuten Fall jemand zu Hilfe?

Diagnostische Hilfen: Die Verhaltensweisen der Beteiligten, die situativen Bedingungen und ein Teil der interpersonalen Bezüge sind durch direkte Beobachtung oder durch Beobachtungen, die von Zeugen berichtet werden, zu ermitteln.

Innere Prozesse: Was kann man einigermaßen verlässlich über die Gedanken, Gefühle und Motivationen von Opfer und Tätern sagen?
Es ist naheliegend, dass Linda Angst hat, dass sie sich hilflos oder deprimiert fühlt, wenn sie angegriffen wird. Empfindet sie auch Wut, Hass, Rachegefühle?
Macht dem Mobber das Mobben Spaß? Fühlt er/sie sich selbst leicht angegriffen (z. B. schon dann, wenn jemand »blöd guckt«)? Fühlt er/sie sich immer im Recht? Genießt er/sie Machtgefühle? (Bei mehreren Mobbern könnte es individuelle Unterschiede geben.)

Diagnostische Hilfen: Vermutungen durch Einfühlung in die Betroffenen, es sei denn, man kann die Personen befragen und bekommt glaubhafte Auskünfte.

Personmerkmale: Wie lassen sich die beteiligten Personen, also Linda und die Mobber, charakterisieren? (Hierbei stützt man sich auf die vorangehenden Erkenntnisse zu Verhalten, Kontext und eventuell inneren Prozessen.)
Erscheint Linda schon durch ihr Auftreten wehrlos und leicht angreifbar? Ist sie körperlich schwach? Macht sie einen stillen, geduckten, gehemmten, weinerlichen Eindruck? Oder neigt sie dazu, andere zu provozieren oder auf andere Weise zu »nerven«?
Ist der Hauptaggressor (wenn es den gibt) körperlich stark? Kommandiert er gerne? Ist er leicht reizbar?

Entwicklungsfaktoren: Kann man etwas über die Vorgeschichte des Problems sagen? Seit wann besteht es? Welche Umwelteinflusse könnten zu den Verhaltensdispositionen der Beteiligten beigetragen haben?
War Linda in früheren Schulklassen oder Schulen schon mal Opfer? Welches Verhalten der Eltern könnte Lindas Eigenheiten begünstigen (z. B. überbehütende Erziehung)?
Wie ist der familiäre Hintergrund des Mobbers/der Mobber: Gewalt gegen die Kinder und/oder den Ehepartner? Wenig emotionale Wärme? Nachgiebigkeit bei aggressivem Verhalten des Kin-

des? Keine Vermittlung von Regeln? Keine Anleitung zu positivem Verhalten?

Diagnostische Hilfen: Alle Aussagen über Personmerkmale sind (abgesehen von Testverfahren) Schlussfolgerungen aus wiederkehrenden Beobachtungen. Entwicklungsfaktoren lassen sich eventuell teilweise durch Befragungen ermitteln.

3. Zweites Beispiel: Jan hat schlechte Schulnoten

Der unmittelbare Ausgangspunkt ist in diesem Fall nicht ein problematisches Verhalten, sondern bestimmte Leistungen (definiert durch Schulnoten). Davon ausgehend ist dann weiterzufragen, durch welches Verhalten sie hervorgebracht werden. Obwohl es naheliegt, dass die Noten in erheblichem Maße mit der Person des Kindes zu tun haben, ist es doch nützlich, auch nach Kontextfaktoren zu fragen.

Leistungen: Es ist bekannt, dass Schulnoten nicht immer Leistungen widerspiegeln, sondern auch vom subjektiven Lehrerurteil abhängen. Dennoch sind sie notwendigerweise der Ausgangspunkt, und es ist zu spezifizieren: In welchen Fächern sind die Leistungen besonders schwach, in welchen nicht? Gibt es bestimmte Aufgaben, mit denen Jan besondere Probleme hat (z. B. Rechtschreibung, freie Aufsätze, Textaufgaben in Mathe)? Gibt es Unterschiede zwischen mündlichen und schriftlichen Leistungen?

Verhalten: Wie kann Jans Lernverhalten konkret beschrieben werden? Beginnt er die Hausaufgaben von selbst oder muss er gedrängt werden? Arbeitet er konzentriert oder mit Unterbrechungen und Ablenkungen? Was tut er, wenn er nicht weiterkommt? Beteiligt er sich in der Schule am mündlichen Unterricht?

Situative Aspekte: Unterscheiden sich die Leistungen je nach Fach und Aufgaben (s. o. unter Leistungen)? Unterscheidet sich das Lernverhalten zu Hause und in der Schule?

Interpersonale Bezüge: Was tun die Eltern, wenn Jan zu Hause nicht vorankommt (z. B. ermahnen, helfen, etwas versprechen)? Kommt es zu Streitereien um die Hausaufgaben? Wie ist Jans Beziehung zu den Eltern, zu einzelnen Lehrkräften, zu den Mitschülern? Hat ein Lehrerwechsel schon mal eine Leistungsänderung mit sich gebracht?

Diagnostische Hilfen: Das Verhalten von Jan, die situativen Bedingungen und ein Teil der interpersonalen Bezüge sind in gewissem Ausmaß zu ermitteln, indem man die Eltern, die Lehrkräfte und Jan selbst nach ihren Beobachtungen fragt.

Personfaktoren: Wie sind Jans intellektuelle und sprachliche Fähigkeiten, seine Einstellung zur Schule, seine Interessen, sein Leistungsstreben einzuschätzen? Unter welchen emotionalen Beeinträchtigungen leidet er? Wie ausgeprägt ist seine Selbstkontrolle?

Entwicklungsfaktoren: Seit wann bestehen die Schwierigkeiten? Welche Erfahrungen hat Jan früher in der Schule gemacht? Welche Unterstützung hat er zu Hause bekommen?

Diagnostische Hilfen: Die Personfaktoren sind teilweise nur durch eine professionelle Diagnose in einer psychologischen Einrichtung zu klären. Die Entwicklungsfaktoren lassen sind teilweise durch Befragung ermitteln.

Innere Prozesse: Welche Gefühle und Motivationen kommen bei Jan in Lern- und Leistungssituationen vermutlich auf? Welche leistungsbezogenen Gedanken? Welche ablenkenden Gedanken?

Diagnostische Hilfen: Einfühlung in das Kind und Gespräche mit ihm könnten hierzu gewisse Erkenntnisse bringen. Hingegen lassen sich die kognitiven Verarbeitungsprozesse während der eigentlichen Lernhandlungen nur schwer erkennen.

4. Drittes Beispiel: Melanie lässt sich nicht entmutigen

Dieses Beispiel passt zum Thema »Resilienz«. Resiliente Kinder lassen sich von den Widrigkeiten ihres Lebens nicht oder nicht so leicht wie andere entmutigen.

Verhalten: Was ist genau mit der Aussage gemeint, dass Melanie sich nicht entmutigen lässt? Woran kann man es erkennen? An der Art, wie Melanie über Misserfolge, über negative Rückmeldungen spricht? Wie ihre Körperhaltung, Mimik und Gestik dabei aussieht?

Situative und interpersonale Kontextfaktoren: Trifft das Verhalten auf alle widrigen Lebenssituationen zu? Auf schulische Leistungssituationen? Auf Konflikte im Freundeskreis? Auf Situationen zu Hause, wenn sie in Konflikte der Eltern hineingezogen wird? Auf Situationen, die nur sie betreffen, wie Liebeskummer oder der Verlust eines geliebten Haustieres? Auf eine chronische Erkrankung, mit der umzugehen sie lernen muss? Ist es unterschiedlich je nach den beteiligten Personen?

Diagnostische Hilfen: Optimal wären hier systematische Verhaltensbeobachtungen, die Regelmäßigkeiten im Verhalten und in der Abhängigkeit von Situationen und interpersonalen Bezügen deutlich werden lassen. Interviews mit Personen, die Melanie gut kennen, mögen ergänzende Quellen sein.

Innere Prozesse: Sieht sie schwierige Aufgaben als Bedrohung oder Herausforderung an? Denkt sie: »Ich kann es beim nächsten Mal packen«, »Es wird schon wieder«, »Ich muss nicht immer perfekt sein«, oder vielleicht: »Ich darf mir vor meinen Klassenkameraden nicht anmerken lassen, dass mich die schlechte Zensur geschockt hat«, »Ich muss cool bleiben«. Es könnte sich also herausstellen, dass Melanie nicht wirklich resilient ist, sondern nur so tut, weil sie als cool gelten möchte.

Diagnostische Hilfen: Über die inneren Prozesse sind nur schwer verlässliche Informationen zu erhalten, es sei denn, Melanie berichtet selbst glaubhaft über ihre Gedanken, Gefühle und Ziele in belastenden Lebenssituationen.

Personmerkmale: Wie lässt sich Melanie – aufgrund der Informationen zu Verhalten, Kontext und inneren Prozessen – in ihrer Persönlichkeit beschreiben? Kann sie sich neuen Situationen schnell anpassen, ist sie in Leistungs- und in sozialen Konfliktsituationen belastbar? Ist sie tüchtig in und außerhalb der Schule, ist sie intelligent, neugierig und voll Selbstvertrauen?

Entwicklungsfaktoren: Was wissen wir über Melanies bisherigen Lebensverlauf? Wie ist sie aufgewachsen, wie erzogen worden? Hat sie Geschwister, von denen sie etwas lernen konnte, statt sich in Konflikten um die Gunst der Eltern mit ihnen aufzureiben? Hatte sie Vorbilder neben den Eltern? Sind die Eltern ihr mit emotionaler Wärme begegnet? Haben sie sich ihr zugewandt und zugehört, sie zugleich aber auch gefordert, sich mit kritischen Gegenargumenten auseinanderzusetzen?

Diagnostische Hilfen: Die Aussagen über die Personmerkmale und Entwicklungsbedingungen von Melanie sind durch Selbstauskünfte von Melanie zu erfahren (Fragebögen zur Selbsteinschätzung der eigenen Persönlichkeit). Sie können aber auch Schlussfolgerungen entstammen, die Melanie nahestehende Personen (z. B. Eltern, Lehrkräfte, Freunde) aus ihrem Verhalten gewonnen haben (»Melanie kann was ab«, »Sie war schon immer ein aufgewecktes Mädchen«).

> *Anmerkung:* Die vorangehenden Fragen sind lediglich Beispiele dafür, wie die Grundaspekte bei der Analyse von Problemfällen *als Suchbereiche* genutzt und konkretisiert werden *könnten*. Sie sind keineswegs eine vollständige Liste. Im Übrigen ist es ist auch möglich, dass man in einem Praxisfall auf einzelne Suchbereiche ganz verzichtet (z. B. auf die Entwicklungsbedingungen), weil es zu schwierig ist, hierüber Informationen zu gewinnen, oder weil man sich davon zu wenig Nutzen für praktische Maßnahmen verspricht.

KAPITEL 10
Rückschau: Psychologie vernetzend lernen

Psychologie lernt man gewöhnlich über Seminare und Bücher, die unabhängig voneinander konzipiert sind und deshalb auch kaum aufeinander Bezug nehmen. Daraus entstehen Mängel in der Qualität des erworbenen Wissens und Schwierigkeiten bei der Wissensnutzung (s. S. 21 ff.). Welche Konsequenzen sich daraus für das selbstregulierte Lernen von Psychologie ergeben, möchten wir zum Abschluss in wenigen Punkten zusammenfassen.

1. Aus einem Nebeneinander ein Zueinander machen

Um eine flexible Wissensnutzung (Transfer) zu erleichtern, sollte das Wissen in hohem Maße »integriert« sein (vgl. Kap. 2, S. 30 f.). Integration wird gefördert, indem man die Wissensinhalte nicht additiv speichert, sondern auf vielfältige Weise miteinander verbindet und zu einem geordneten Zueinander, also zu einer Struktur organisiert. Allerdings gibt es nicht eine einzige »richtige« Strukturierung, sondern mehrere mögliche, die sich ergänzen können und sollten. Besonders hilfreich erscheint es uns, die Lerninhalte nach drei Kriterien in ein Zueinander zu bringen:

- nach Über- und Unterordnung,
- nach Teil und Ganzes,
- nach der Art des Blickwinkels.

Weil Bücher und Seminare unterschiedliche »Themen« behandeln, ist es wichtig, sich bei der Wissensorganisation nicht einfach von wechselnden Titeln leiten zu lassen, sondern die Themen einzuordnen, und dieses Einordnen kann nach den drei genannten Kriterien geschehen.

Zueinander nach Über- und Unterordnung

Man stellt die Wissensinhalte nicht gleichrangig nebeneinander, sondern ordnet sie hierarchisch. Man erkennt manche Inhalte als Oberbegriffe oder übergreifende Aussagen und andere Inhalte als spezifischere Ausformungen.

Folgt man dem in diesem Buch präsentierten theorieneutralen Bezugsrahmen, so wären vor allem Fragen wie die folgenden zu stellen (s. auch S. 26):

- Was hat das Thema mit den aktuellen Prozessen des Denkens, der Motivation usw. zu tun?
- Inwiefern geht es um individuelle Personfaktoren?
- Inwiefern hat das Thema mit der Entwicklung der Person zu tun, etwa mit der alterstypischen Entwicklung oder mit pädagogischer Förderung?
- Inwiefern geht es um den Einfluss externer Situationsfaktoren?
- Inwiefern geht es um interpersonale Bezüge (Interaktion, Kommunikation, Beziehung)?

Hierfür zwei Beispiele:

Beispiel 1: Thema »Leistungsmotivation«. Sie ist eine Variante von Motivation und diese eine Komponente der aktuellen Prozesse. Die Hierarchie wäre also

Grundaspekt:	Aktuelle Prozesse
Darin Prozesstyp:	Motivation
Darin Variante:	Leistungsmotivation

Dies ist natürlich nicht die einzige mögliche Einordnung. Leicht werden bei diesem Thema auch andere Grundaspekte in Spiel kommen, z. B. personale Aspekte, sobald man das Leistungsmotiv in seinen individuellen Ausprägungen (Erfolgszuversichtlichkeit und Misserfolgsängstlichkeit) behandelt (vgl. S. 158).

Beispiel 2: »Psychologie der Hilfeleistung«. Hier geht es zunächst einmal um eine spezielle Form des sozialen bzw. interpersonalen Verhaltens (neben anderen Formen wie z. B. aggressives Verhalten, Führungsverhalten, Erziehungsverhalten). Hilfeleistung ist damit aber nicht allein aus interpersonalen Bezügen zu verstehen, sondern es wäre, wie bei jedem anderen Verhaltensthema, ebenso nach allen anderen Grundaspekten zu fragen: nach inneren Prozessen beim Helfen (z. B. den Hilfemotivationen), nach personalen Faktoren individueller Hilfsbereitschaft und deren Entwicklungshintergrund sowie nach situativen Faktoren, die das Helfen erleichtern oder hemmen.

Damit wird in diesem Beispiel neben der Zuordnung zu den hochrangigen Grundaspekten zugleich das zweite Ordnungskriterium angesprochen:

Zueinander nach Teil und Ganzes

Aus dem Systemcharakter psychischen Geschehens ergibt sich, dass man einzelne Prozesse und Faktoren nicht isoliert betrachten darf, wenn man eine Erklärung oder Voraussage geben will. Vielmehr sollte man immer mehrere Aspekte zugleich betrachten und zu einem Wirkungsgefüge verbinden. Im Detail gelingt dies häufig nur auf der Ebene von Vermutungen, weil man als Lernender für dieses Thema zu wenig Kenntnisse mitbringt oder auch die Forschungslage nicht eindeutig ist. Ein Gefüge aus den Grundaspekten ist aber in jedem Fall zu bilden.

Klar ist weiterhin: Damit ein bestimmtes Verhalten zustande kommt, müssen stets mehrere Komponenten in die gleiche Richtung wirken. Im manchen Fällen sind einzelne Komponenten zwar wirksam (z. B. eine soziale Einstellung, ein situativer Anreiz), können sich aber im Verhalten nicht durchsetzen, weil andere Faktoren (z. B. Ängste, fehlende Fertigkeiten) ihnen entgegenwirken. In vielen Fällen ist beim Zusammenspiel der Komponenten auch an die Möglichkeit von Kreisprozessen zu denken, sei es innerhalb einer Person (z. B. Interessen und Fertigkeiten fördern sich wechselseitig), sei es zwischen verschiedenen Personen (z. B. herrisches Verhalten von A und unterwürfiges von B bedingen sich wechselseitig).

Zueinander nach Art des Blickwinkels

Es ist nützlich, sich klarzumachen, aus welcher Perspektive man einen Gegenstand betrachtet und in welcher Relation diese zu anderen möglichen Perspektiven steht. Perspektiven gibt es in fast uferloser Zahl; wir erwähnen hier einige typische Arten.

So ist zunächst einmal zu unterscheiden, ob das Thema das psychische Gesamtsystem unter einer bestimmten Fragestellung betrachtet oder ob es lediglich Ausschnitte des Systems untersucht. Wie bereits erläutert (vgl. S. 30), sind *Ganzheitsthemen* vor allem solche, die sich mit bestimmten Formen des Verhaltens befassen. Beispielsweise betrachtet man Menschen unter dem Gesichtspunkt, dass sie andere Menschen angreifen (Thema »Aggression«) oder dass sie sich um das Wohlergehen anderer kümmern (Thema »Hilfeleistung«), dass sie in der Schule oder Ausbildung schlechte Leistungen erbringen (Thema »Lernstörungen«). Wenngleich es immer möglich ist, dass sich die Bearbeitung des Themas auf einzelne Aspekte zuspitzt (z. B. auf bestimmte Kognitionen oder Gefühle), geht es doch stets um »ganze Menschen in Kontexten«, und insofern sind zunächst einmal alle grundlegenden Systemaspekte für solche Themenstellungen von Bedeutung. Demgegenüber konzentrieren sich *Ausschnittsthemen* von vornherein auf bestimmte Funktionsbereiche bzw. Subsysteme psychischen Geschehens, z. B. auf die optische Wahrnehmung, die Begriffsbildung, Motivationsvorgänge, bestimmte Lernarten oder anderes. Der funktionale Zusammenhang dieses Ausschnittes mit anderen Prozessen ist selbstverständlich nicht außer Acht zu lassen. Dennoch richtet sich der Blick eben auf einen bestimmten Systemausschnitt.

Zusätzlich zu dieser Unterscheidung »Ganzheit vs. Ausschnitt« lassen sich Themen auch nach den *systembezogenen, praxisbezogenen* und *theoriebezogenen* Perspektiven charakterisieren, die in den Kapiteln 4 bis 6 vorgestellt wurden. So kann man beispielweise die Leistungsmotivation unter dem Aspekt der Entwicklung oder dem Aspekt der individuellen Unterschiede betrachten (zwei systembezogene Blickwinkel) oder unter dem Aspekt der pädagogischen Förderung in der Schule (praxisbezogener Blickwinkel). In der Forschungsliteratur nehmen theoriebezogene Perspektiven bzw. Kontroversen verständlicherweise oft einen großen Raum ein.

Auch die *Tätigkeiten* des Beschreibens, Erklärens, Vorhersagens und Veränderns sowie darin vorkommende *methodische* Problemstellungen (Diagnostik, Forschungspläne usw.) können den vorrangigen Blickwinkel bilden.

Zu beachten ist, dass man es der bloßen Überschrift *nicht* immer ansehen kann, um welche Fragestellung es geht. Kurztitel wie »Intelligenz«, »Angst«, »Aggression«, »Selbstbild« usw. sind zunächst nur *Stichwörter* aus dem Psychologie-Lexikon, die sich sehr unterschiedlich füllen lassen. Wenn ein Studierender z. B. sagt: »Mein Prüfungsthema ist Aggression«, so ist noch völlig offen, ob er sich mit allgemeinen Aggressionstheorien befassen will, mit aggressivem Verhalten in der Familie, mit Gewaltkriminalität oder Kriegen, mit Aggressivität als Persönlichkeitsmerkmal, mit Aggression in verschiedenen Altersstufen, mit Instrumenten zur Aggressionsmessung, mit therapeutischen Möglichkeiten usw. Kaum jemand fasst nämlich alles gleichzeitig ins Auge, und so lohnt es sich, genau hinzuschauen, was man mit dem Benennen eines Themas eigentlich meint.

Nur wenn man ein Thema nicht als bloßes Stichwort, sondern als *Problemstellung* versteht, wenn seine Bearbeitung also Antworten auf bestimmte Fragen geben soll, kann man es sinnvoll einordnen. Durch eine solche Präzisierung erledigt sich dann meist auch die typische Studentenfrage, ob dieser oder jener Aspekt zu dem Thema noch »dazugehört«.

Ergänzender Hinweis: Auch das *Zueinander von Fachtermini* nach ihrer inhaltlichen Verwandtschaft bedarf manchmal einer Klärung. Denn wenn man sich in ein fremdes Gebiet einarbeitet, wird man oft durch eine Fülle von Fachbegriffen verwirrt – das gilt auch für die Psychologie. Wer etwa die zahlreichen Bezeichnungen, die für Typen des Lernens in Gebrauch sind (s. S. 77 ff.), jeweils für andere Lernarten hält, kommt auf ein chaotisches Sammelsurium.

Viele Fachtermini werden im Kontext einer neuen Theorie eingeführt, weil neue Konstrukte benannt werden müssen. Zuweilen ist die Neuartigkeit allerdings nur sprachlicher Art; bei näherem Hinsehen stellt sich dann nämlich heraus, dass der neue Terminus dasselbe bedeutet wie ein bereits bekannter. Daher sollte man Fachtermini vergleichen und sich beim Lernen fragen: Was für ein Sachverhalt ist damit gemeint? Kenne ich einen solchen Sachverhalt schon unter anderem Namen?

2. Transfer zu Beispielen und Alltagspsychologie herstellen

Bei dieser Empfehlung geht es ebenfalls um das Herstellen eines Zueinanders, aber nicht so sehr innerhalb von Lehrbuchinformationen (wie in Abschnitt 1), sondern in Richtung auf andere Kontexte: auf konkrete Beispiele und Praxisfälle sowie auf die vorwissenschaftliche Psychologie, die man schon vorher im Kopf hat.

Zueinander von abstrakten Aussagen und konkreten Beispielen
Verständnisorientiertes Lernen bewegt sich weder allein auf der abstrakt-allgemeinen noch auf der konkreten Ebene, sondern stellt zwischen beiden Verbindungen her. Ein hoher Grad an Verständnis offenbart sich in der Fähigkeit, *zwischen Abstraktem und Konkretem hin- und herpendeln zu können.* Wer nur auf der konkreten Erfah-

rungsebene bleibt, dem fehlen die übergreifenden Zusammenhänge, und er kann die Vielfalt schwer in eine Ordnung bringen. Wer aber nur auf einer abstrakten Lehrbuchebene lernt, wird das Gelernte möglicherweise reproduzieren, ohne sich darunter wirklich etwas »vorstellen« zu können. Diese Schwäche liegt auch dann vor, wenn man das abstrakte Wissen nur mit *den* Beispielen erläutern kann, die im Lehrbuch mitgeliefert werden.

Der entscheidende Verständnistest besteht also darin, das Wissen auf neue, selbst gewählte Beispiele zu übertragen. Dies wird von Lernenden oft als mühsam empfunden. Aber der Lerneffekt ist ungleich größer, als wenn man Buchtexte und Mitschriften lediglich wiederholt. Falls die Übertragung auf neue Beispiele nicht gelingt, sollte man herauszufinden versuchen, warum sie nicht gelingt. So kann aus der Schwierigkeit eine produktive Frage werden. In umgekehrter Richtung geht man von Beispielen aus und versucht diese unter allgemeine Prinzipien einzuordnen.

Ein besonderer Fall von Beispielen sind *Praxisfälle*. Sie repräsentieren nicht bestimmte Prinzipien, sondern gleich ein ganzes Bündel davon. Denn in der Praxis sind all jene Aspekte miteinander verbunden, die in Lehre und Lehrbüchern meist getrennt voneinander behandelt werden. Wie bereits ausgeführt (S. 238 f.), betrifft Praxis grundsätzlich immer das psychische Gesamtsystem, und *welche* Aspekte im jeweiligen Fall von besonderem Interesse sind, muss eben erst analysiert werden. Ein umfassendes Wissensgefüge für eine solche Analyse zu nutzen, ist daher eine Übung eigener Art – allerdings eine sehr hilfreiche, sofern man sein Lernen auf praktische Verwertbarkeit ausrichten will. Hilfreich ist die Übung auch deshalb, weil in Seminaren und Lehrbüchern die Beispiele meist so gewählt sind, dass sie zu dem gerade behandelten Lehrstoff gut passen. Reale Praxisprobleme hingegen richten sich nicht nach irgendeinem Seminarthema und erfordern nicht speziell jenes Wissen, das gerade durchgenommen wurde. Soweit also die Ausbildung nicht von selbst solche Analyseübungen anbietet, greift man am besten auf Fallbeispiele aus dem Alltag oder einem Praktikum zurück.

Zueinander von wissenschaftlicher und naiver Psychologie

Ein wichtiger Punkt ist weiterhin der Vergleich von wissenschaftlicher Psychologie und Alltagspsychologie. Wer sich als Laie mit Spanisch oder Chemie beschäftigt, füllt Wissenslücken; er lernt etwas *dazu*.

Wer sich hingegen als Laie mit Psychologie beschäftigt, der lernt *um*. Diese Aussage ist sicher etwas überspitzt, trifft aber im Kern einen wichtigen Tatbestand. Jeder Mensch hat nämlich schon eine »naive« Psychologie im Kopf, die ihm dazu dient, sich im Leben zurechtzufinden. Sie besteht nicht aus Kenntnissen, die nach definierten, von Fachleuten anerkannten Methoden gewonnen wurden, sondern sie ist ein »Überzeugungswissen« – ein Gemisch aus »Volksweisheiten« (»die äußere Ordnung spiegelt die innere Ordnung«), Verallgemeinerungen persönlicher Erfahrungen (»Studenten sind unruhige Mieter«), ideologischen Glaubenssätzen sowie einigen wissenschaftlichen Erkenntnisbrocken. Es ist gut, *sich der Alltagspsychologie bewusst zu werden*, wenn sie fachlichen Informationen entgegensteht und sich gegen sie sperrt.

»Überzeugungswissen« bringt man vor allem in solche Sachgebiete mit, die auch von Laien permanent Urteile und Entscheidungen verlangen: Umgang mit Menschen, Erziehung, Politik, Gesundheit usw. Die Urteile und Entscheidungen stützen sich hier notgedrungen beispielsweise auf Vorstellungen darüber, wie Menschen sich entwickeln und beeinflussen lassen, aus welchen Anzeichen man welche »Charakterzüge« erschließen kann, wer für bestimmte Aufgaben »geeignet« ist, wann Menschen »zusammenpassen«, was Kinder »brauchen«, was ihnen »schadet«, was sich »auswächst« und was man »fördern« kann.

Vorwissenschaftliche psychologische Annahmen sind nicht unbedingt »falsch«. Sie können durchaus mit anerkannten wissenschaftlichen Aussagen übereinstimmen (und in vielen Fragen ist ja auch wissenschaftlich umstritten, was »richtig« ist). Und doch weist die Alltagspsychologie typische »Schwächen« auf. Sie sollen hier nicht mehr im Einzelnen erörtert werden, da diverse Aspekte in den vorangehenden Kapiteln angesprochen wurden. Erinnert sei hier nur an einseitig personale (statt auch kontextbezogene) Verhaltenserklärungen, an wertende Beschreibungen, an die Verwechslung von statistischen Aussagen und Einzelfallaussagen, an Erklärungen durch bloße Wörter oder Bilder, an lineares Wenn-dann-Denken statt »Systemdenken« u. a. m.

Unabhängig davon, wie die persönliche »Alltagspsychologie« aussieht – sie hat grundsätzlich eine ganz andere Funktion als die wissenschaftliche. Sie dient der schnellen Orientierung und nicht dem Streben nach Erkenntnis. Sie macht handlungsfähig und nicht sachkundig. Mit diesen Funktionen kann sie allerdings auch das Lernen von wissenschaftlicher Psychologie behindern. Denn um die Orientierungsfunktion nicht zu gefährden, liest man aus wissenschaftlichen Informationen möglicherweise nur das heraus, was die eigenen Überzeugungen bestätigt, und weist das zurück, was ihnen widerspricht.

Da Diskrepanzen zwischen naiver und wissenschaftlicher Psychologie kaum vermeidbar sind, mögen Anfänger einen Psychologiekurs manchmal wie ein Verunsicherungsprogramm empfinden. Es ist aber sicher wichtig, die Diskrepanzen nicht auszublenden. Beim Lesen mag es hilfreich sein, sich das eigene Vorverständnis zum jeweiligen Thema bewusst zu machen und gerade solche Aussagen des Textes zu beachten, die diesem Vorverständnis zuwiderlaufen, statt lediglich die problemlosen Stellen zu unterstreichen.

Natürlich werden sich wahrgenommene Diskrepanzen zwischen persönlichen Annahmen und wissenschaftlichen Auskünften nicht immer auflösen lassen – genauso wenig wie Kontroversen innerhalb der Wissenschaft. Aber sie können tieferes Nachdenken in Gang setzen. Überdies kann der bewusste Vergleich der Erscheinung entgegenwirken, dass unbemerkt zwei Psychologien beziehungslos nebeneinanderher laufen: die bisherige Alltagspsychologie, die nach wie vor das persönliche Verstehen und Handeln bestimmt, und die neue, die akademische, die lediglich für die Prüfung gelernt wird.

Literaturverzeichnis

Adler, A. (2006). *Praxis und Theorie der Individualpsychologie* (12. Aufl.). Frankfurt: Fischer (Orig. 1920).

Ajzen, I. (1991). The theory of planned behavior. *Organizational Behavior and Human Decision Processes*, 50, 179–211.

Alfermann, D. & Stoll, O. (2005). *Sportpsychologie. Ein Lehrbuch in 12 Lektionen.* Aachen: Meyer & Meyer.

Allport, G. W. (1959). *Persönlichkeit* (2. Aufl.). Meisenheim/Glan: Hain.

Allport, G. W. (1990). *Werden der Persönlichkeit.* Frankfurt: Fischer.

Amelang, M., Bartussek, D., Stemmler, G. & Hagemann, D. (2006). *Differentielle Psychologie und Persönlichkeitsforschung.* Stuttgart: Kohlhammer.

Amelang, M. & Schmidt-Atzert, L. (2006). *Psychologische Diagnostik und Intervention* (4., korr. u. aktual. Aufl.). Berlin: Springer.

Anderson, C. A. & Bushman, B. J. (2002). The effects of media violence on society. *Science*, 295, 2377–2379.

Anderson, J. R. (2001). *Kognitive Psychologie* (3. Aufl.). Heidelberg: Spektrum.

Ansbacher, H. L. & Ansbacher, R. R. (Hrsg.) (2004). *Alfred Adlers Individualpsychologie* (5. Aufl.). München: Reinhardt.

Antonovsky, A. (1997). *Salutogenese. Zur Entmystifizierung der Gesundheit.* Tübingen: dgvt-Verlag. (Amer. Orig. 1979).

Asendorpf, J. (2007a). *Psychologie der Persönlichkeit* (4., überarb. u. aktual. Aufl.). Heidelberg: Springer.

Asendorpf, J. (2007b). Interaktion und Kovariation von Genom und Umwelt. In M. Hasselhorn & W. Schneider (Hrsg.), *Handbuch der Entwicklungspsychologie* (S. 119–128). Göttingen: Hogrefe.

Auhagen, A. E. (2004). *Positive Psychologie. Anleitung zum »besseren« Leben.* Weinheim: Beltz.

Ausubel, D. P., Novak, J. D. & Hanesian, H. (1980). *Psychologie des Unterrichts.* 2 Bde. (2., völlig neubearb. Aufl.). Weinheim: Beltz.

Baddeley, A. (1986). *Working Memory.* Oxford: Oxford University Press.

Ballstaedt, S. P. (1997). *Wissensvermittlung. Die Gestaltung von Lernmaterial.* Weinheim: Beltz.

Balz, H. J. & Spieß, E. (2009). *Kooperation in sozialen Organisationen. Grundlagen und Instrumente.* Stuttgart: Kohlhammer.

Bamberg, E. (2007). Belastung, Beanspruchung, Stress. In H. Schuler & K. Sonntag (Hrsg.), *Handbuch der Arbeits- und Organisationspsychologie* (S. 141–148). Göttingen: Hogrefe.

Bandura, A. (1976). *Lernen am Modell.* Stuttgart: Klett-Cotta.

Bandura, A. (1979). *Sozial-kognitive Lerntheorie.* Stuttgart: Klett-Cotta.

Bandura, A. (1997). *Self-efficacy. The exercise of control.* New York: Freeman.

Bartenwerfer, H. & Raatz, U. (1979). *Methoden der Psychologie.* Wiesbaden: Wissenschaftliche Verlagsgesellschaft/Bern: Huber.

Bartling, G., Echelmeyer, L. & Engberding, M. (2008). *Problemanalyse im therapeutischen Prozess. Leitfaden für die Praxis* (5., überarb. u. erw. Aufl.). Stuttgart: Kohlhammer.

Bartsch, H. H. & Bengel, J. (Hrsg.) (1997). *Salutogenese in der Onkologie.* Basel: Karger.

Bastine, R. (1998). *Klinische Psychologie.* Band 1: *Grundlegung der Allgemeinen Klinischen Psychologie* (3., überarb. u. erw. Aufl.). Stuttgart: Kohlhammer.

Baum, W. M. (2006). *Understanding behaviorism. Behavior, culture and evolution* (2nd ed.). Malden, Mass.: Blackwell.

Becker, P. (1997). *Psychologie der seelischen Gesundheit.* Band 1: *Theorien, Modelle, Diagnostik* (2. Aufl.). Göttingen: Hogrefe.

Becker, P. (2006). *Gesundheit durch Bedürfnisbefriedigung.* Göttingen: Hogrefe.

Beller, S. (2004). *Empirisch forschen lernen.* Bern: Huber.

Benesch, H. (1995). Neo-Psychoanalyse. In H. Benesch (Hrsg.), *Enzyklopädisches Wörterbuch Klinische Psychologie und Psychotherapie* (S. 551–571). Weinheim: Beltz.

Bengel, J., Strittmatter, R. & Willmann, H. (2001). *Was erhält Menschen gesund? Antonovskys Modell der Salutogenese –*

Diskussionsstand und Stellenwert (erw. Neuaufl.) Köln: Bundeszentrale für gesundheitliche Aufklärung.

Bergin, A. E. & Garfield, S. L. (Eds.) (1994). *Handbook of psychotherapy and behavior change* (4th ed.). New York: Wiley.

Berth, H., Balck, F. & Brähler, E. (Hrsg.) (2008). *Medizinische Psychologie und Medizinische Soziologie von A bis Z.* Göttingen: Hogrefe.

Bierbrauer, G. (2005). *Sozialpsychologie* (2., vollst. überarb. u. erw. Aufl.). Stuttgart: Kohlhammer.

Bierhoff, H. W. (2006). *Sozialpsychologie. Ein Lehrbuch* (6., überarb. u. erw. Aufl.). Stuttgart: Kohlhammer.

Bierhoff, H. W. & Frey, D. (Hrsg.) (2006). *Handbuch der Sozialpsychologie und Kommunikationspsychologie.* Göttingen: Hogrefe.

Biermann-Ratjen, E. M., Eckert, J. & Schwartz, H. J. (2003). *Gesprächspsychotherapie. Verändern durch Verstehen* (9., überarb. u. erw. Aufl.) Stuttgart: Kohlhammer.

Blanck, G. & Blanck, R. (1999). *Angewandte Ich-Psychologie* (7. Aufl.). Stuttgart: Klett-Cotta.

Bodenmann, G. (2004). *Klassische Lerntheorien – Grundlagen und Anwendungen in Erziehung und Psychotherapie.* Bern: Huber.

Bös, K. & Brehm, W. (Hrsg) (1998). *Gesundheitssport. Ein Handbuch.* Schorndorf: Hofmann.

Bowlby, J. (2008). *Bindung als sichere Basis. Grundlagen und Anwendung der Bindungstheorie.* München: Reinhardt (Engl. Orig. 1988).

Breuer, F. (1991). *Wissenschaftstheorie für Psychologen* (5., korr. Aufl.). Münster: Aschendorff.

Bruner, J. (1970). *Der Prozeß der Erziehung.* Düsseldorf: Schwann.

Buller, D. (2005). *Adapting Minds.* Cambridge, Mass.: MIT Press.

Buser, K., Schneller, T. & Wildgrube, K. (2007). *Kurzlehrbuch Medizinische Psychologie – Medizinische Soziologie* (6. Aufl.). München: Urban & Fischer.

Carlson, N. R. (2004). *Physiologische Psychologie.* München: Pearson.

Corsini, R. J. (Hrsg.) (2000). *Handbuch der Psychotherapie, Band 1 und 2* (5. Aufl.). Weinheim: Beltz.

Cranach, M. v., Kalbermatten, U., Indermühle, K. & Gugler, B. (1980). *Zielgerichtetes Handeln.* Bern: Huber.

Davison, G. C. & Neale, J. M. (2003). *Klinische Psychologie* (6. Aufl.). Weinheim: Beltz.

De Bleser, R. (2008). Aphasie. In S. Gauggel & M. Herrmann (Hrsg.), *Handbuch der Neuro- und Biopsychologie* (S. 577–584). Göttingen: Hogrefe.

Diekmann, A. (2007). *Empirische Sozialforschung. Grundlagen, Methoden, Anwendungen* (19. Aufl.). Reinbek: Rowohlt.

Dlugosch, G. E. & Schmidt, L. R. (1992). Gesundheitspsychologie. In R. Bastine (Hrsg.), *Klinische Psychologie.* Band 2 (S. 123–177). Stuttgart: Kohlhammer.

Dörner, D. (1987). *Problemlösen als Informationsverarbeitung* (3. Aufl.). Stuttgart: Kohlhammer.

Dörner, D. (2005). Handeln. In A. Schütz, H. Selg & S. Lautenbacher (Hrsg.), *Psychologie. Eine Einführung in ihre Grundlagen und Anwendungsfelder* (3., vollst. überarb. u. erw. Aufl.) (S. 329–352). Stuttgart: Kohlhammer.

Drews, S. & Brecht, K. (1982). *Psychoanalytische Ich-Psychologie.* Frankfurt: Suhrkamp.

Dudel, J., Menzel, R. & Schmidt, R. F. (2001). *Neurowissenschaft. Vom Molekül zur Kognition.* Berlin: Springer.

Dunn, J. & Plomin, R. (1996). *Warum Geschwister so verschieden sind.* Stuttgart: Klett-Cotta.

Edelmann, W. (2000). *Lernpsychologie* (6., vollst. überarb. Aufl.). Weinheim: Beltz.

Ehlert, U. (2002). *Verhaltensmedizin.* Berlin: Springer.

Elhardt, S. (2006). *Tiefenpsychologie. Eine Einführung* (16. Aufl.). Stuttgart: Kohlhammer.

Elke, G. (2007). Veränderung von Organisationen und Organisationsentwicklung. In H. Schuler & K. Sonntag (Hrsg.), *Handbuch der Arbeits- und Organisationspsychologie* (S. 752–759). Göttingen: Hogrefe.

Ellis, A. & Hoellen, B. (1997). *Die Rational-Emotive Verhaltenstherapie – Reflexionen und Neubestimmungen.* München: Pfeiffer.

Ellis, A., Schwartz, D. & Jacobi, P. (2004). *»Coach dich«.* Würzburg: hemmer/wüst.

Engelkamp, J. & Zimmer, H. D. (2006). *Lehrbuch der kognitiven Psychologie.* Göttingen: Hogrefe.

Erdmann, G. & Janke, W. (2008). Stressverarbeitungsfragebogen (SVF); Stress,

Stressverarbeitung und ihre Erfassung durch ein mehrdimensionales Testsystem (4. Aufl.). Göttingen: Hogrefe.

Euler, H. A. (2000). Evolutionstheoretische Ansätze. In J. H. Otto, H. A. Euler & H. Mandl (Hrsg.), *Emotionspsychologie. Ein Handbuch*. Weinheim: Beltz.

Fahrenberg, J. (2007). *Menschenbilder. Psychologische, biologische, interkulturelle und religiöse Ansichten*. Institut für Psychologie. Universität Freiburg. Freiburg.

Fahrenberg, J. (2008a). Gehirn und Bewusstsein. Neurophilosophische Kontroversen. In S. Gauggel & M. Herrmann (Hrsg). *Handbuch der Neuro- und Biopsychologie* (S. 28–43). Göttingen: Hogrefe.

Fahrenberg, J. (2008b). Psychophysiologie und Psychophysiologisches Monitoring. In S. Gauggel & M. Herrmann (Hrsg.), *Handbuch der Neuro- und Biopsychologie* (S. 143–156). Göttingen: Hogrefe.

Faller, H. & Lang, H. (Hrsg.) (2006). *Medizinische Psychologie und Medizinische Soziologie*. Heidelberg: Springer.

Faltermaier, T. (2005). *Gesundheitspsychologie*. Stuttgart: Kohlhammer.

Felser, G. (2007). *Werbe- und Konsumentenpsychologie* (3. Auflage). Heidelberg: Spektrum.

Fisseni, H. J. (2004). *Lehrbuch der psychologischen Diagnostik* (3., überarb. u. erw. Aufl.). Göttingen: Hogrefe.

Fisseni, H. J. (2008). *Persönlichkeitspsychologie* (5. Aufl.). Göttingen: Hogrefe.

Flade, A. (2006). *Wohnen psychologisch betrachtet* (2., vollst. überarb. u. erw. Aufl.). Bern: Huber.

Flor, H., Hahlweg, K. & Birbaumer, N. (Hrsg.) (2001). *Anwendungen der Verhaltensmedizin*. Bern: Huber.

Forgas, J. P. (1999). *Soziale Interaktion und Kommunikation. Eine Einführung in die Sozialpsychologie* (4. Aufl.). Weinheim: Beltz.

Franke, A. (1997). Zum Stand der konzeptionellen und empirischen Entwicklung des Salutogenesekonzeptes. In A. Antonovsky (Hrsg.), *Salutogenese. Zur Entmystifizierung der Gesundheit* (S. 171–192). Tübingen: dgvt-Verlag.

Franke, A. (2006). *Modelle von Gesundheit und Krankheit*. Bern: Huber.

Frankl, V. E. (2007). *Theorie und Therapie der Neurosen. Einführung in Logotherapie und Existenzanalyse* (9. Aufl.). Stuttgart: UTB. (Orig. 1956).

Freud, S. (1994). *Abriß der Psychoanalyse*. Frankfurt: Fischer. (Orig. 1940).

Freud, S. (2000). *Studienausgabe*. 10 Bde. Frankfurt: Fischer.

Frey, D. & Irle, M. (Hrsg.) (2002/2008/2002). *Theorien der Sozialpsychologie*. 3 Bde. Bern: Huber.

Frey, D., Hoyos, C. & Stahlberg, D. (Hrsg.) (1992). *Angewandte Psychologie. Ein Lehrbuch*. Weinheim: Beltz.

Frey, D., Rosenstiel, L. v. & Graf Hoyos, C. (Hrsg.) (2005). *Wirtschaftspsychologie*. Weinheim: Beltz.

Frieling, E. & Sonntag, K. (1999). *Lehrbuch Arbeitspsychologie* (2. Aufl.). Bern: Huber.

Fuhrer, U. (2005). *Erziehungspsychologie*. Bern: Huber.

Gage, N. L. & Berliner, D. C. (1996). *Pädagogische Psychologie* (5., überarb. Aufl.). Weinheim: Beltz.

Gardner, H. (1989). *Dem Denken auf der Spur*. Stuttgart: Klett-Cotta.

Gauggel, S. & Herrmann, M. (Hrsg.) (2007). *Handbuch der Neuro- und Biopsychologie*. Göttingen: Hogrefe.

Gebert, D. (2004). Interventionen in Organisationen. In H. Schuler (Hrsg.), *Lehrbuch Organisationspsychologie* (3., vollst. überarb. u. erw. Aufl.) (S. 601–616). Bern: Huber.

Gigerenzer, G. (2008). *Bauchentscheidungen. Die Intelligenz des Unbewussten und die Macht der Intuition*. München: Goldmann.

Gold, A. (2007). *Lesen kann man lernen. Lesestrategien für das 5. und 6. Schuljahr*. Göttingen: Vandenhoeck & Ruprecht.

Gollwitzer, M. & Schmitt, M. (2006). *Sozialpsychologie. Workbook*. Weinheim: Beltz.

Gollwitzer, P. M. & Malzacher, J. T. (1996). Absichten und Vorsätze. In J. Kuhl & H. Heckhausen (Hrsg.), *Motivation, Volition und Handlung* (S. 427–468). Göttingen: Hogrefe.

Gordon, T. (1994). Die Neue Familienkonferenz: Kinder erziehen ohne zu strafen. München: Heyne.

Graumann, C. F. (Hrsg.) (1965). *Denken*. Köln: Kiepenheuer & Witsch.

Graumann, C. F. (Hrsg.) (1978). *Ökologische Perspektiven in der Psychologie*. Bern: Huber.

Graumann, C. F. (1974). Soziale Interaktion. In F. E. Weinert, C. F. Graumann, H.

Heckhausen & M. Hofer (Hrsg.), *Funkkolleg Pädagogische Psychologie.* Band 1 (S. 333–353). Frankfurt: Fischer.

Graumann, C. F. & Métraux, A. (1977). Die phänomenologische Orientierung in der Psychologie. In K. A. Schneewind (Hrsg.), *Wissenschaftstheoretische Grundlagen der Psychologie* (S. 27–53). München: Reinhardt.

Grawe, K. (1995). Grundriss einer allgemeinen Psychotherapie. *Psychotherapeut, 40,* 130–145.

Grawe, K. (2005). Allgemeine Psychotherapie. In F. Petermann & H. Reinecker (Hrsg.), *Handbuch der Klinischen Psychologie und Psychotherapie* (S.294–310). Göttingen: Hogrefe.

Grawe, K., Donati, R. & Bernauer, F. (2001). *Psychotherapie im Wandel. Von der Konfession zur Profession* (5., unveränd. Aufl.). Göttingen: Hogrefe.

Greif, S. & Kurtz, H. J. (Hrsg.) (1998). *Handbuch selbstorganisiertes Lernen.* Göttingen: Hogrefe.

Greif, S., Runde, B. & Seeberg, I. (2004). *Erfolge und Misserfolg beim Change Management.* Göttingen: Hogrefe.

Greve, W. (2000). *Psychologie des Selbst.* Weinheim: Beltz.

Groeben, N. & Scheele, B. (1977). *Argumente für eine Psychologie des reflexiven Subjekts – Paradigmawechsel vom behavioralen zum epistemologischen Subjektmodell.* Darmstadt: Steinkopff.

Groeben, N., Wahl, D., Schlee, J. & Scheele, B. (1988). *Das Forschungsprogramm Subjektive Theorien. Eine Einführung in die Psychologie des reflexiven Subjekts.* Tübingen: Francke.

Grossmann, K. & Grossmann, K. F. (2008). *Bindungen – das Gefüge psychischer Sicherheit* (4. Aufl.). Stuttgart: Klett-Cotta.

Guilford, J. P. (1964). *Persönlichkeit.* Weinheim: Beltz.

Guldin, A. (2004). Veränderung von Organisationen. In H. Schuler (Hrsg.), *Organisationspsychologie – Gruppe und Organisation.* Enzyklopädie der Psychologie, Band 4 (S. 700–771). Göttingen: Hogrefe.

Guski, R. (2000). *Wahrnehmung* (2., überarb. Aufl.). Stuttgart: Kohlhammer.

Hacker, W. (1998). *Allgemeine Arbeitspsychologie.* Bern: Huber.

Hagehülsmann, H. (1994). Begriff und Funktion von Menschenbildern in Psychologie und Psychotherapie: Wissenschaftstheoretische Überlegungen am Beispiel der Humanistischen Psychologie. In H. Petzold (Hrsg.), *Wege zum Menschen.* Band 1 (6. Aufl.) (S. 9–44). Paderborn: Junfermann.

Hahn, H. & Kagelmann, H. J. (Hrsg.) (1993). *Tourismuspsychologie und Tourismussoziologie. Ein Handbuch zur Tourismuswissenschaft.* Weinheim: Beltz.

Hampel, P., Petermann, F. & Dickow, B. (2001). *Stressverarbeitungsfragebogen von Janke und Erdmann angepasst für Kinder und Jugendliche (SVF-KJ).* Göttingen: Hogrefe.

Hasselhorn, M. (2006). Metakognition. In D. H. Rost (Hrsg.), *Handwörterbuch Pädagogische Psychologie* (3., überarb. u. erw. Aufl.) (S. 480–485). Weinheim: Beltz.

Hasselhorn, M. & Gold, A. (2006). *Pädagogische Psychologie. Erfolgreiches Lernen und Lehren.* Stuttgart: Kohlhammer.

Hasselhorn, M. & Schneider, W. (1998). Aufgaben und Methoden der differentiellen Entwicklungspsychologie. In H. Keller (Hrsg.), *Lehrbuch Entwicklungspsychologie* (S. 295–316). Bern: Huber.

Hasselhorn, M. & Schneider, W. (2007). *Handbuch der Entwicklungspsychologie.* Göttingen: Hogrefe.

Heckhausen, H. (1987). Wünschen – Wählen – Wollen. In H. Heckhausen, P. M. Gollwitzer & F. E. Weinert (Hrsg.), *Jenseits des Rubikon: Der Wille in den Humanwissenschaften.* (S. 3–9). Berlin: Springer.

Heckhausen, H. (1989). *Motivation und Handeln* (2. Aufl.). Berlin: Springer.

Heckhausen, J. & Heckhausen, H. (2006). Motivation und Handeln: Einführung und Überblick. In J. Heckhausen & H. Heckhausen (Hrsg.), *Motivation und Handeln* (3., überarb. u. aktual. Aufl.) (S. 1–9). Heidelberg: Springer.

Heidbrink, H., Lück, H. & Schmidtmann, H. (2009). *Psychologie sozialer Beziehungen.* Stuttgart: Kohlhammer.

Hellbrück, J. & Fischer, M. (1999). *Umweltpsychologie. Ein Lehrbuch.* Göttingen: Hogrefe.

Helmke, A. (2003). *Unterrichtsqualität erfassen, bewerten, verbessern.* Seelze: Kallmeyer.

Hennig, C. & Knödler, U. (2000). *Problemschüler – Problemfamilien. Ein praktisches Lehrbuch zum systemischen*

Arbeiten mit schulschwierigen Kindern. (6. Aufl.). Weinheim: Beltz.

Herrmann, T. (1991). *Lehrbuch der empirischen Persönlichkeitsforschung* (6. Aufl.). Göttingen: Hogrefe.

Hoffrage, U. & Vitouch, O. (2002). Evolutionspsychologie des Denkens und Problemlösens. In J. Müsseler & W. Prinz (Hrsg.), *Allgemeine Psychologie* (S.736–794). Heidelberg: Spektrum Akademischer Verlag.

Höflich, J. R. & Gebhardt, J. (2003). *Vermittlungskulturen im Wandel. Brief, E-Mail, SMS.* Frankfurt: Peter Lang.

Höft, S. (2007). Assessment Center. In H. Schuler & K. Sonntag (Hrsg.), *Handbuch der Arbeits- und Organisationspsychologie* (S. 475–482). Göttingen: Hogrefe.

Holling, H. & Kanning, U. P. (1999). *Hochbegabung.* Göttingen: Hogrefe.

Holling, H. & Liepmann, D. (2004). Personalentwicklung. In H. Schuler (Hrsg.), *Lehrbuch Organisationspsychologie* (4., aktual. Aufl.) (S. 285–316). Bern: Huber.

Homburg, A. & Matthies, E. (1998). *Umweltpsychologie. Umweltkrise, Gesellschaft und Individuum.* Weinheim: Juventa.

Huber, O. (2005). *Das psychologische Experiment. Eine Einführung.* Bern: Huber.

Hurrelmann, K. (2006). *Gesundheitssoziologie. Eine Einführung in sozialwissenschaftliche Theorien von Krankheitsprävention und Gesundheitsförderung* (6., völlig überarb. Aufl). Weinheim: Juventa.

Hurrelmann, K., Grundmann, M. & Walper, S. (Hrsg.) (2008). *Handbuch Sozialisationsforschung* (7., vollst. überarb. Aufl.). Weinheim: Beltz.

Hurrelmann, K., Klocke, A., Melzer, W. & Ravens-Sieberer, U. (Hrsg.) (2003). *Jugendgesundheitssurvey.* Internationale Vergleichsstudie im Auftrag der Weltgesundheitsorganisation WHO. Weinheim: Juventa.

Hurrelmann, K., Klotz, T. & Haisch (2004). *Lehrbuch Prävention und Gesundheitsförderung.* Bern: Huber.

Hurrelmann, K., Laaser, U. & Razum, O. (Hrsg.) (2006). *Handbuch Gesundheitswissenschaften* (4., überarb. Aufl.). Weinheim: Juventa.

Jacobi, J. (2006). *Die Psychologie von C. G. Jung* (21. Aufl.). Frankfurt: Fischer.

Jonas, K. Stroebe, W. & Hewstone, M. (2007). *Sozialpsychologie. Eine Einführung* (5., vollst. überarb. Aufl.). Heidelberg: Springer.

Jung, C. G. (1995). *Analytische Psychologie. Nach Aufzeichnungen des Seminars von 1925.* Freiburg: Walter.

Jung, C. G. (1997). *C. G. Jung.* 11 Bde. München: Deutscher Taschenbuch Verlag.

Kals, E. (2006). *Arbeits- und Organisationspsychologie.* Workbook. Weinheim: Beltz.

Kals, E. (Hrsg.) (1998). *Umwelt und Gesundheit. Die Verbindung ökologischer und gesundheitlicher Ansätze.* Weinheim: Beltz.

Kaluza, G. & Vögele, C. (2001). Stress und Stressbewältigung. In H. Flor, N. Birbaumer & K. Hahlweg (Hrsg.), *Grundlagen der Verhaltensmedizin* (S. 331–388). Göttingen: Hogrefe.

Kandel, E. R., Schwartz, J. H., & Jessell, T. M. (1996). *Neurowissenschaften. Eine Einführung.* Heidelberg: Spektrum.

Kanfer, F. H., Reinecker, H. & Schmelzer, D. (2004). *Selbstmanagement-Therapie. Ein Lehrbuch für die Klinische Praxis* (4., durchges. Aufl.). Berlin: Springer.

Kast, V. (2007). *Die Dynamik der Symbole. Grundlagen der Jungschen Psychotherapie.* Düsseldorf: Patmos.

Keller, H. (Hrsg.) (1998). *Lehrbuch Entwicklungspsychologie.* Bern: Huber.

Keller, H. (2007). Kulturunterschiede in der Entwicklung. In M. Hasselhorn & W. Schneider (Hrsg.), *Handbuch der Entwicklungspsychologie* (S. 429–442). Göttingen: Hogrefe.

Keller, J. A. (1981). *Grundlagen der Motivation.* München: Urban & Schwarzenberg.

Kernberg, O. (1997). *Objektbeziehungen und Praxis der Psychoanalyse* (6. Aufl.). Stuttgart: Klett-Cotta.

Kerschreiter, R. & Mojzisch, A. (2006). Sozio-kognitive Neurowissenschaft. In H. W. Bierhoff & D. Frey (Hrsg.). *Handbuch der Sozialpsychologie und Kommunikationspsychologie* (S. 267–272). Göttingen: Hogrefe.

Kleinmann, M., König, C. J. & Melchers, K. G. (2007). Organisationsdiagnose. In H. Schuler & K. Sonntag (Hrsg.), *Handbuch der Arbeits- und Organisationspsychologie* (S. 729–736). Göttingen: Hogrefe.

Knoll, N., Scholz, U. & Rieckmann, N. (2005). *Einführung in die Gesundheitspsychologie.* München: Reinhardt.

Köhler, T. (2007). *Freuds Psychoanalyse. Eine Einführung* (2., überarb. u. erw. Aufl.). Stuttgart: Kohlhammer.

Kollbrunner, J. (1995). *Das Buch der Humanistischen Psychologie* (3. Aufl.). Frankfurt: Klotz.

Krampen, G. (2000). *Handlungstheoretische Persönlichkeitspsychologie.* (2. Aufl.). Göttingen: Hogrefe.

Krapp, A. & Weidenmann, B. (Hrsg.) (2006). *Pädagogische Psychologie* (5., vollst. überarb. Aufl.). Weinheim: Beltz.

Kriz, J. (2007). *Grundkonzepte der Psychotherapie. Eine Einführung* (6., vollst. überarb. Aufl.). Weinheim: Beltz.

Kriz, J., Lück, H. E., Heidbrink, H., Zitterbart, W. & Werbik, H. (2000). *Wissenschafts- und Erkenntnistheorie. Eine Einführung für Psychologen und Humanwissenschaftler* (4., durchges. Aufl.). Opladen: Leske & Budrich.

Kröber, H. L. & Steller, M. (Hrsg.) (2000). *Psychologische Begutachtung im Strafverfahren.* Darmstadt: Steinkopff.

Krohne, H. & Hock, M. (2007). *Psychologische Diagnostik. Grundlagen und Anwendungsfelder.* Stuttgart: Kohlhammer.

Kruse, L. (1974). *Räumliche Umwelt. Die Phänomenologie des räumlichen Verhaltens als Beitrag zu einer psychologischen Theorie der Umwelt.* Berlin: de Gruyter.

Kruse, L., Graumann, C. F. & Lantermann, E. D. (1996). *Ökologische Psychologie. Ein Handbuch in Schlüsselbegriffen* (2. Aufl.). Weinheim: Beltz.

Kuhl, J. (1987). Motivation und Handlungskontrolle: Ohne guten Willen geht es nicht. In H. Heckhausen, P. M. Gollwitzer & F. E. Weinert (Hrsg.), *Jenseits des Rubikon: Der Wille in den Humanwissenschaften* (S. 101–120). Berlin: Springer.

Lamprecht, F. & Johnen, R. (Hrsg.) (1997). *Salutogenese – Ein neues Konzept in der Psychosomatik?* (3. überarb. Aufl.). Frankfurt: Verlag für Akademische Schriften.

Landmann, M. & Schmitz, B. (2007). *Selbstregulation erfolgreich fördern. Praxisnahe Trainingsprogramme für effektives Lernen.* Stuttgart: Kohlhammer.

Langer, I. & Schulz von Thun, F. (1974). *Messung komplexer Merkmale in Psychologie und Pädagogik. Ratingverfahren.* München: Reinhardt. (Reprint 2007. Münster: Waxmann).

Langfeldt, H. P. (2006). *Psychologie für die Schule.* Weinheim: Beltz.

Lantermann, E. D. & Linneweber, V. (Hrsg.) (2008). *Grundlagen, Paradigmen und Methoden der Umweltpsychologie.* Göttingen: Hogrefe.

Laucken, U. (1974). *Naive Verhaltenstheorie.* Stuttgart: Klett-Cotta.

Laucken, U., Schick, A. & Höge, H. (1996). *Einführung in das Studium der Psychologie. Eine Orientierungshilfe für Schüler und Studenten* (7., vollst. überarb. Aufl.). Stuttgart: Klett-Cotta.

Lauth, G. W., Grünke, M. & Brunstein, J. C. (Hrsg.) (2004). *Interventionen bei Lernstörungen. Förderung, Training und Therapie in der Praxis.* Göttingen: Hogrefe.

Laux, L. (2008). *Persönlichkeitspsychologie* (2., überarb. u. erw. Aufl.). Stuttgart: Kohlhammer.

Laux, L. & Renner, K. H. (2005). Persönlichkeitspsychologie. In A. Schütz, H. Selg & S. Lautenbacher (Hrsg.), *Psychologie. Eine Einführung in ihre Grundlagen und Anwendungsfelder* (3., vollst. überarb. u. erw. Aufl.) (S. 217–239). Stuttgart: Kohlhammer.

Lazarus, R. S. & Folkman, S. (1984). *Stress, appraisal and coping.* New York: Springer.

Legewie, H. & Ehlers, W. (1992). *Knaurs moderne Psychologie* (neu bearb. u. wesentl. erw. Ausg.). München: Knaur.

Libet, D. (2004). *Mind time: The temporal factor in consciousness.* Cambridge: Harvard University Press.

Liebel, H. J. (1999). Angewandte Psychologie. In D. Dörner & H. Selg (Hrsg.), *Psychologie. Eine Einführung in ihre Grundlagen und Anwendungsfelder* (2., überarb. u. erw. Aufl.) (S. 323–332). Stuttgart: Kohlhammer.

Lienert, G. & Raatz, U. (1998). *Testaufbau und Testanalyse* (6. Aufl.). Weinheim: Beltz.

Linden, M. & Hautzinger, M. (Hrsg.) (2000). *Verhaltenstherapiemanual. Techniken, Einzelverfahren und Behandlungsanleitungen.* Berlin: Springer.

Lockowandt, O. (1994). Die Erkenntnisquellen und Methoden der Humanistischen Psychologie. In H. Petzold (Hrsg.), *Wege zum Menschen.* Band 1 (6. Aufl.) (S. 45–110). Paderborn: Junfermann.

Lohmann, M. & Aderhold, P. (2000). *Die RA Trendstudie: Von der Vergangenheit zur Zukunft. Langfristige Entwicklungen des*

Urlaubsreiseverhaltens der Deutschen aus 30 Jahren Reiseanalyse. Hamburg: Forschungsgemeinschaft Urlaub und Reisen.

Lück, H. E. (1993). *Psychologie sozialer Prozesse* (3., überarb. u. erw. Aufl.). Opladen: Leske & Budrich.

Lück, H. E. (2002). *Geschichte der Psychologie* (3. Aufl.). Stuttgart: Kohlhammer.

Lück, H. E. (2004). Geschichte der Organisationspsychologie. In H. Schuler (Hrsg.), *Organisationspsychologie I – Grundlagen und Personalpsychologie.* (S. 17–72). Göttingen: Hogrefe.

Lück, H. E. (2009). *Geschichte der Psychologie. Strömungen, Schulen, Entwicklungen* (4., überarb. u. erw. Aufl.). Stuttgart: Kohlhammer.

Lück, H. E. & Miller, R. (2005). *Illustrierte Geschichte der Psychologie* (4. Aufl.). Weinheim: Beltz.

Mähler, C. & Stern, E. (2006). Transfer. In D. H. Rost (2006), *Handwörterbuch Pädagogische Psychologie* (3., überarb. u. erw. Aufl) (S. 782–793). Weinheim: Beltz.

Margraf, J. (Hrsg.) (2008). *Lehrbuch der Verhaltenstherapie,* Band 1 und 2. Heidelberg: Springer.

Maslow, A. (1994). *Psychologie des Seins. Ein Entwurf* (5. Aufl.). München: Kindler. (Amer. Orig. 1973).

Maslow, A. (2005). *Motivation und Persönlichkeit.* Reinbek: Rowohlt. (Am. Orig. 1954).

Masterson., J. F. (2003). *Das Selbst und die Objektbeziehungen. Theorie und Behandlung von Persönlichkeitsstörungen.* Stuttgart: Klett-Cotta.

Matthes, G. (2009). *Individuelle Lernförderung bei Lernstörungen.* Stuttgart: Kohlhammer.

McAdams, D. P. (1994). *The person: An introduction to personality psychology* (2nd ed.). New York: Harcourt Brace & Company.

McCrae, R. R., Costa, P. T., Ostendorf, F. et al. (2000). Nature over nurture: Temperament, personality, and life span development. *Journal of Personality and Social Psychology, 78,* 173–186.

Mees, U. (1991). *Die Struktur der Emotionen.* Göttingen: Hogrefe.

Merten, J. (2003). *Einführung in die Emotionspsychologie.* Stuttgart: Kohlhammer.

Mertens, W. (1996/1997). *Entwicklung der Psychosexualität und der Geschlechtsidentität. Band 1: Geburt bis 4. Lebensjahr; Band 2: Kindheit und Adoleszenz.* Stuttgart: Kohlhammer.

Mertens, W. (2004). *Psychoanalyse* (6., vollst. überarb. Neuaufl.). Stuttgart: Kohlhammer.

Mietzel, G. (2006). *Wege in die Psychologie* (völlig überarb. Neuausgabe). Stuttgart: Klett-Cotta.

Mietzel, G. (2007). *Pädagogische Psychologie des Lernens und Lehrens* (8., überarb. u. erw. Aufl.). Göttingen: Hogrefe.

Milgram, S. (1974). *Das Milgram-Experiment. Zur Gehorsamkeitsbereitschaft gegenüber Autorität* (14. Aufl. 1997). Reinbek: Rowohlt.

Miller, P. (2003). *Theorien der Entwicklungspsychologie.* Heidelberg: Spektrum.

Mischel, W. (1968). *Personality and assessment.* New York: Wylie.

Montada, L. (2002). Fragen, Konzepte, Perspektiven. In R. Oerter & L. Montada (Hrsg.), *Entwicklungspsychologie* (5., vollst. überarb. Aufl.) (S. 3–53). Weinheim: Beltz.

Moser, K. (2002). *Markt- und Werbepsychologie.* Ein Lehrbuch. Göttingen: Hogrefe.

Müsseler, J. & Prinz, W. (Hrsg.) (2002). *Allgemeine Psychologie.* Heidelberg. Spektrum.

Myers, D. G. (2005). *Psychologie.* Heidelberg: Springer.

Naidoo, J. & Wills, J. (2003). *Lehrbuch der Gesundheitsförderung. Umfassend und anschaulich mit vielen Beispielen und Projekten aus der Praxis der Gesundheitsförderung.* Gamburg: Verlag für Gesundheitsförderung.

Neubauer, A. & Stern, E. (2007). *Lernen macht intelligent. Warum Begabung gefördert werden muss.* München: Deutsche Verlags-Anstalt.

Nolting, H. P. (1985). *Psychologie lehren. Zur Didaktik von Einführungen und Kurzstudiengängen.* Weinheim: Beltz.

Nolting, H. P. (2005). *Lernfall Aggression. Wie sie entsteht, wie sie zu vermindern ist. Eine Einführung* (vollst. überarb. Neuausg.). Reinbek: Rowohlt.

Nolting, H. P. (2007). *Störungen in der Schulklasse. Ein Leitfaden zur Vorbeugung und Konfliktlösung* (6., überarb. u. erw. Aufl.). Weinheim: Beltz.

Nolting, H. P. & Paulus, P. (2004). *Pädagogische Psychologie* (3., vollst. überarb. u. erw. Aufl.). Stuttgart: Kohlhammer.

Oerter, R., Hagen, C. v., Röper, G. & Noam, G. (Hrsg.) (1999). *Klinische Entwicklungspsychologie. Ein Lehrbuch.* Weinheim: Beltz.

Oerter, R. & Montada, L. (Hrsg.) (2002). *Entwicklungspsychologie* (5., vollst. überarb. Aufl.). Beltz.

Olweus, D. (2006). *Gewalt in der Schule. Was Lehrer und Eltern wissen sollten – und tun können* (4. durchges. Aufl.). Bern: Huber.

Opaschowski, H. W. (2002). *Tourismus. Eine systematische Einführung – Analysen und Prognosen.* (3., aktual. u. erw. Aufl.). Opladen: Leske + Budrich.

Opp, G. & Fingerle, M. (Hrsg.) (2007). *Was Kinder stärkt. Erziehung zwischen Risiko und Resilienz* (2., völlig neu bearb. Aufl.). München: Reinhardt.

Ortony, A., Clore, G. L. & Collins, A. (1988). *The cognitive structure of emotions.* Cambridge: Cambridge University Press.

Paulus, P. (1994). *Selbstverwirklichung und psychische Gesundheit. Konzeptuelle Analysen und ein Neuentwurf.* Göttingen: Hogrefe.

Perls, F. (2007). Grundlagen *der Gestalt-Therapie. Einführung und Sitzungsprotokolle* (17. Aufl.). Stuttgart: Klett-Cotta. (Amer. Orig. 1973).

Perls, F., Hefferline, R., Goodman, P. (2006). *Gestalt-Therapie* (1. Aufl.). Stuttgart: Klett-Cotta. (Amer. Orig. 1951).

Perrez, M. & Baumann, U. (2005). *Lehrbuch Klinische Psychologie – Psychotherapie* (3., vollst. überarb. Aufl.). Bern: Huber.

Pervin, L. A. (1981). *Persönlichkeitspsychologie in Kontroversen.* München: Urban & Schwarzenberg.

Pervin, L. A., Cervone, D. & John, O. P. (2005). *Persönlichkeitstheorien.* München: Reinhardt.

Petermann, F., Niehank, K. & Scheithauer, H. (2004). *Entwicklungswissenschaft. Entwicklungspsychologie, Genetik, Neuropsychologie.* Heidelberg: Springer.

Pinel, J. P. J. & Pauli, P. (Hrsg.) (2007). *Biologische Psychologie* (6., aktual. Aufl.). München: Pearson.

Pritzel, M., Brand, M. & Markowitsch, H. (2003). *Gehirn und Verhalten.* Heidelberg: Spektrum.

Quitmann, H. (1996). *Humanistische Psychologie. Psychologie, Philosophie, Organisationsentwicklung* (3., überarb. u. erw. Aufl.). Göttingen: Hogrefe.

Rattner, J. (Hrsg.) (1995). *Klassiker der Tiefenpsychologie,* Weinheim: Beltz.

Reimer, Ch., Eckert, J., Hautzinger, M. & Wilke, E. (2007) *Psychotherapie: Ein Lehrbuch für Ärzte und Psychologen.* Berlin: Springer.

Reinecker, H. (Hrsg.) (2003). *Lehrbuch der Klinischen Psychologie. Modelle psychischer Störungen* (4., überarb. u. erw. Aufl.). Göttingen: Hogrefe.

Reinmann, G. & Mandl, H. (2006). Unterrichten und Lernumgebungen gestalten. In A. Krapp & B. Weidenmann (Hrsg.), *Pädagogische Psychologie* (5., überarb. Aufl.) (S. 613–658). Weinheim: Beltz.

Renkl, A. (1996). Träges Wissen. Wenn Erlerntes nicht genutzt wird. *Psychologische Rundschau, 47,* 78–92.

Rheinberg, F. (2004). *Motivation* (5., überarb. u. erw. Aufl.). Stuttgart: Kohlhammer.

Rheinberg, F. & Krug, S. (2005). *Motivationsförderung im Schulalltag* (3., korrig. Aufl.). Göttingen: Hogrefe.

Rogers, C. R. (1978). *Die klientenzentrierte Gesprächspsychotherapie.* Frankfurt: Fischer. (Amer. Orig. 1951).

Rogers, C. R. (1991). *Eine Theorie der Psychotherapie, der Persönlichkeit und der zwischenmenschlichen Beziehungen.* Köln: Gesellschaft für wissenschaftliche Gesprächspsychotherapie. (Amer. Orig. 1959).

Rogers, C. R. (2006). *Entwicklung der Persönlichkeit* (16. Aufl.). Stuttgart: Klett-Cotta. (Amer. Orig. 1961)

Rohracher, H. (1971). *Einführung in die Psychologie* (10. Aufl.). München: Urban & Schwarzenberg.

Röper, G., Hagen, C. v. & Noam, G. (Hrsg.) (2001). *Entwicklung und Risiko. Perspektiven einer Klinischen Entwicklungspsychologie.* Stuttgart: Kohlhammer.

Rosenstiel, L. v., Molt, W. & Rüttinger, B. (2005). *Organisationspsychologie* (9., vollst. überarb. u. erw. Aufl.). Stuttgart: Kohlhammer.

Rosenstiel, L. v. & Neumann, P. (1992). Psychologie in Marketing und Werbung. In D. Frey, C. Graf Hoyos & D. Stahlberg (Hrsg.). *Angewandte Psychologie. Ein Lehrbuch* (2. Aufl.) (S. 208–228). Weinheim: Beltz PVU.

Ross, L. & Nisbett, R. E. (1991). *The person and the situation.* New York: McGraw-Hill.

Rost, D. H. (2005). *Interpretation und Bewertung pädagogisch-psychologischer Studien*. Weinheim: Beltz.

Rost, D. H. (2006) (Hrsg.). *Handwörterbuch Pädagogische Psychologie* (3., überarb. u. erw. Aufl.). Weinheim: Beltz.

Rost, D. H., Buch, S. R. & Sparfeldt, J. R. (2007). Entwicklung von Hochbegabung. In M. Hasselhorn & W. Schneider (Hrsg.), *Handbuch der Entwicklungspsychologie* (S. 465–475). Göttingen: Hogrefe.

Rost, D. H. & Schilling, S. R. (2006). Pädagogische Verhaltensmodifikation. In D. H. Rost (Hrsg.), *Handwörterbuch Pädagogische Psychologie* (3., überarb. u. erw. Aufl.) (S. 548–559). Weinheim: Beltz.

Roth, W. (2007). *Einführung in die Psychologie C. G. Jungs*. Freiburg: Walter.

Rowe. D. (1997). *Genetik und Sozialisation. Die Grenzen der Erziehung*. Weinheim: Beltz.

Ruch, F. L. & Zimbardo, P. G. (1975). *Lehrbuch der Psychologie*. Berlin: Springer.

Sacks, O. (1990). *Der Mann, der seine Frau mit einem Hut verwechselte*. Reinbek: Rowohlt.

Salisch, M. v. (2002) (Hrsg.). *Emotionale Kompetenz entwickeln. Grundlagen in Kindheit und Jugend*. Stuttgart: Kohlhammer.

Sarris, V. & Reiß, S. (2005). *Kurzer Leitfaden der Experimentalpsychologie*. München: Pearson.

Saß, H., Wittchen, H.U. & Zaudig, M. (2003). *Diagnostisches und Statistisches Manual Psychischer Störungen. DSM-IV-TR*. Göttingen: Hogrefe.

Schade, J., & Engeln, A. (Hrsg.) (2008). *Fortschritte der Verkehrspsychologie*. Wiesbaden: Verlag für Sozialwissenschaften.

Schandry, R. (2006). *Biologische Psychologie. Lehrbuch*. (2. Aufl.). Weinheim: Beltz.

Schelp, T. & Kemmler, L. (1988). *Emotion und Psychotherapie. Ein kognitiver Beitrag zur Interpretation psychotherapeutischer Schulen*. Bern: Huber.

Schiepek, G. (1998). Systemtheorie. In S. Grubitzsch & K. Weber (Hrsg.), *Psychologische Grundbegriffe. Ein Handbuch* (S. 625–627). Reinbek: Rowohlt.

Schlag, B. (Hrsg.) (2004). *Verkehrspsychologie. Mobilität – Sicherheit – Fahrerassistenz*. Lengerich: Pabst.

Schlippe, A. v., & Schweitzer, J. (2007). *Lehrbuch der systemischen Therapie und Beratung* (10. Aufl.). Göttingen: Vandenhoeck & Ruprecht.

Schmidt-Denter, U. (2005). *Soziale Beziehungen im Lebenslauf. Lehrbuch der sozialen Entwicklung*. (4., vollst. überarb. Aufl.). Weinheim: Beltz.

Schneewind, K. A. (2008). *Familienpsychologie* (3., überarb. u. erw. Aufl.) Stuttgart: Kohlhammer.

Schneider, K. & Schmalt, H. D. (2000). *Motivation* (3., überarb. u. erw. Aufl.). Stuttgart: Kohlhammer.

Schneider, W. & Hasselhorn, M. (Hrsg.) (2008). *Handbuch der Pädagogischen Psychologie*. Göttingen: Hogrefe.

Schönpflug, W. (2004). *Geschichte und Systematik der Psychologie. Ein Lehrbuch für das Grundstudium*. (2., überarb. Aufl.). Weinheim: Beltz.

Schönpflug , W. (2006). *Einführung in die Psychologie*. Weinheim: Beltz.

Schönpflug, W. & Schönpflug, U. (1996). *Psychologie. Allgemeine Psychologie und ihre Verzweigungen in die Entwicklungs-, Persönlichkeits- und Sozialpsychologie* (4. Aufl.). Weinheim: Beltz.

Schorr, A. (2002). Behaviorismus und Neobehaviorismus, In H. E. Lück & R. Miller (Hrsg.), *Illustrierte Geschichte der Psychologie*. Band 1 (S. 113–117). Weinheim: Beltz.

Schorr, A. (Hrsg.) (2003). *Handwörterbuch der Angewandten Psychologie. Die Angewandte Psychologie in Schlüsselbegriffen*. Bonn: Deutscher Psychologen Verlag.

Schuler, H. (Hrsg.) (2004). *Lehrbuch Organisationspsychologie* (3., vollst. überarb. u. erg. Aufl.). Bern: Huber.

Schuler, H. (2006). Noten als Prädiktoren von Studien- und Berufserfolg. In D. H. Rost (Hrsg.), *Handwörterbuch Pädagogische Psychologie* (3., überarb. u. erw. Aufl.). Weinheim: Beltz.

Schuler, H. & Funke, U. (2004). Diagnose beruflicher Eignung und Leistung. In H. Schuler (Hrsg.), *Lehrbuch Organisationspsychologie* (3., vollst. überarb. u. erw. Aufl.) (S.291–319). Bern: Huber.

Schuler, H. & Sonntag, K. (Hrsg.) (2007). *Handbuch der Arbeits- und Organisationspsychologie*. Göttingen: Hogrefe.

Schulz von Thun, F. (2003). *Miteinander reden: Störungen und Klärungen. Psychologie der zwischenmenschlichen Kommunikation* (42. Aufl.). Reinbek: Rowohlt. (1. Aufl. 1981).

Schwarzer, R. (2000). *Streß, Angst und Handlungsregulation* (4. Aufl.). Stuttgart: Kohlhammer.

Schwarzer, R. (Hrsg.) (2004). *Gesundheitspsychologie. Ein Lehrbuch* (3., überarb. u. erw. Aufl.). Göttingen: Hogrefe.

Schwarzer, R., & Jerusalem, M. (2002). Das Konzept der Selbstwirksamkeit. *Zeitschrift für Pädagogik, 44. Beiheft: Selbstwirksamkeit und Motivationsprozesse in Bildungsinstitutionen*, 28–53.

Selg, H., Klapprott, J. & Kamenz, R. (1992). *Forschungsmethoden der Psychologie.* Stuttgart: Kohlhammer.

Siegler, R., DeLoache, J., & Eisenberg, N. (2005). *Entwicklungspsychologie im Kindes- und Jugendalter.* München: Spektrum.

Silbereisen, R. K. (1996). Jugendliche als Gestalter ihrer Entwicklung. In R. Schumann-Hengsteler & H. M. Trautner (Hrsg.), *Entwicklung im Jugendalter* (S. 1–18). Göttingen: Hogrefe.

Simon, F. B. & Stierlin, H. (2004). *Die Sprache der Familientherapie. Ein Vokabular* (6., überarb. u. erw. Aufl.). Stuttgart: Klett-Cotta.

Singer, W. (2002). *Der Beobachter im Gehirn. Essays zur Hirnforschung.* Frankfurt: Suhrkamp.

Six, B. & Six-Materna, I. (2006). Naive Theorien. In H. W. Bierhoff & D. Frey (Hrsg.), *Handbuch der Sozialpsychologie und Kommunikationspsychologie* (S. 322–329). Göttingen: Hogrefe.

Skinner, B. E. (1982a). *Jenseits von Freiheit und Würde.* Reinbek: Rowohlt.

Skinner, B. F. (1982b). *Wissenschaft und menschliches Verhalten.* München: Kindler. (Amer. Orig. 1953).

Sodian, B. (1998). Theorien der kognitiven Entwicklung. In H. Keller (Hrsg.), *Lehrbuch Entwicklungspsychologie* (S.147–169). Bern: Huber.

Sodian, B. (2002). Entwicklung begrifflichen Wissens. In R. Oerter & L. Montada (Hrsg.), *Entwicklungspsychologie* (5., vollst. überarb. Aufl.) (S. 443–448). Weinheim: Beltz.

Sodian, B. (2007). Entwicklung des Denkens. In M. Hasselhorn & W. Schneider (Hrsg.), *Handbuch der Entwicklungspsychologie* (S. 244–254). Göttingen: Hogrefe.

Solso, R. L. (2005). *Kognitive Psychologie.* Berlin: Springer.

Spada, H. (Hrsg.) (2005). *Lehrbuch Allgemeine Psychologie* (3., vollst. überarb. u. erw. Aufl.). Bern: Huber.

Stegbauer, C. (2001) *Grenzen virtueller Gemeinschaft. Strukturen internetbasierter Kommunikationsformen.* Opladen: Westdeutscher Verlag.

Stein, F. (2003). *Grundlagen der Polizeipsychologie.* Göttingen: Hogrefe.

Steiner, G. (2006). Lernen und Wissenserwerb. In A. Krapp & B. Weidenmann (Hrsg.), *Pädagogische Psychologie* (5., vollst. überarb. Aufl.) (S. 137–202). Weinheim: Beltz.

Steiner, G. (2007). *Lernen. Zwanzig Szenarien aus dem Alltag* (4., unveränd. Aufl.). Bern: Huber.

Stern, D. (2003). *Die Lebenserfahrung des Säuglings.* Stuttgart: Klett-Cotta.

Sternberg, R. (1998). *Erfolgsintelligenz.* München: Lichtenberg.

Strauß, B., Berger, U., Troschke v. J. & Brähler, E. (2004). *Lehrbuch der Medizinischen Psychologie und Medizinischen Soziologie.* Göttingen: Hogrefe.

Tajfel, H. & Turner, J. C. (1986). The social identity theory of intergroup behavior. In S. Worchel & W. G. Austin (Eds.), *Psychology of intergroup relations* (2nd ed.) (S. 7–24). Chicago: Nelson-Hall.

Tausch, R. & Tausch, A. M. (1998). *Erziehungspsychologie. Begegnung von Person zu Person* (11., korr. Aufl.). Göttingen: Hogrefe.

Tent, L. (2006). Schulreife und Schulfähigkeit. In D. H. Rost (Hrsg.), *Handwörterbuch Pädagogische Psychologie* (3., überarb. u. erw. Aufl.) (S. 647–657). Weinheim: Beltz.

Textor, M. R. (Hrsg.) (2002). *Das Buch der Familientherapie. Sechs Schulen in Theorie und Praxis* (6. Aufl.). Frankfurt: Klotz.

Thomä, H. & Kächele, H. (2006). *Psychoanalytische Therapie.* 2 Bde. (3., überarb. u. aktual. Aufl.). Berlin: Springer.

Thomae, H. & Feger, H. (1976). *Hauptströmungen der neueren Psychologie.* Wiesbaden: Akademische Verlagsgesellschaft.

Thomas, A. (1991). *Grundriss der Sozialpsychologie.* Band 1. Göttingen: Hogrefe.

Thyen, U. & Scriba, P.C. (2007). Ergebnisse des Kinder- und Jugendgesundheitssurveys. *Bundesgesundheitsblatt, 50,* Heft 5/6.

Tillmann, K. J. (2007). *Sozialisationstheorien. Eine Einführung in den Zusammenhang von Gesellschaft, Institution und*

Subjektwerdung (15. Aufl.). Reinbek: Rowohlt.

Trautner, H. M. (2003). *Allgemeine Entwicklungspsychologie* (2., überarb. u. erw. Aufl.). Stuttgart: Kohlhammer.

Traxel, W. (1974). *Grundlagen und Methoden der Psychologie* (2., völlig neubearb. u. erw. Aufl.). Bern: Huber.

Tücke, M. (2005). *Psychologie in der Schule – Psychologie für die Schule. Eine themenzentrierte Einführung in die Pädagogische Psychologie für (zukünftige) Lehrer* (4., überarb. u. erw. Aufl.). Münster: LIT.

Uexküll, T. v., Adler, R., Herrmann, J. M., Köhle, K., Schonecke, O. & Wesiak, W. (Hrsg.) (2002). *Psychosomatische Medizin* (6. Aufl.). München: Urban & Fischer.

Ulich, D. & Bösel, R. M. (2005). *Einführung in die Psychologie* (4., überarb. u. erw. Aufl.). Stuttgart: Kohlhammer.

Ulich, D. & Mayring, P. (2003). *Psychologie der Emotionen* (2., überarb. u. erw. Aufl.). Stuttgart: Kohlhammer.

Ulich, E. (2005). *Arbeitspsychologie* (6., überarb. u. erw. Aufl.). Stuttgart: Schäffer-Poeschel.

Ulich, E. (2007a). Arbeitsgestaltung. In H. Schuler & K. Sonntag (Hrsg.), *Handbuch der Arbeits- und Organisationspsychologie* (S. 165–174). Götinen: Hogrefe.

Ulich, E. (2007b). Gestaltung von Arbeitstätigkeiten. In H. Schuler (Hrsg.), *Lehrbuch der Organisationspsychologie* (S. 221–251). Bern: Huber.

Volbert, R. & Steller, M. (Hrsg.) (2008). *Handbuch der Rechtspsychologie.* Göttingen: Hogrefe.

Vollmoeller, W. (2005). Normalität und Krankheit. In F. Petermann & H. Reincker (Hrsg.), *Handbuch der Klinischen Psychologie und Psychotherapie* (S. 227–235). Göttingen: Hogrefe.

Wagner, U. (1994). *Eine sozialpsychologische Analyse von Intergruppenbeziehungen.* Göttingen: Hogrefe.

Walach, H. (2005). *Psychologie. Wissenschaftstheorie, philosophische Grundlagen und Geschichte. Ein Lehrbuch.* Stuttgart: Kohlhammer.

Walden, R. & Borrelbach, S. (2002). *Schulen der Zukunft. Gestaltungsvorschläge der Architekturpsychologie.* Heidelberg: Asanger.

Waller, H. (2006). *Gesundheitswissenschaft* (4., überarb. u. erw. Aufl.). Stuttgart: Kohlhammer.

Watson, J. B. (1913). Psychology as the behaviorist views it. *Psychological Review, 20*, 158–177.

Watson, J. B. & Rayner, R. (1920). Conditioned emotional reactions. *Journal of Experimental Psychology, 3*, 1–14.

Watzlawick, P., Beavin, J. & Jackson, D. D. (1969). *Menschliche Kommunikation.* Bern: Huber.

Weber, H. & Rammsayer, T. (Hrsg.) (2005). *Handbuch der Persönlichkeitspsychologie und Differentiellen Psychologie.* Göttingen: Hogrefe.

Weidenmann, B. (2006). Lernen mit Medien. In A. Krapp. & B. Weidenmann (Hrsg.), *Pädagogische Psychologie* (5., vollst. überarb. Aufl.) (S. 423–476). Weinheim: Beltz.

Weinert, A. B. (2004). *Organisations- und Personalpsychologie* (5., vollst. überarb. Aufl.). Weinheim: Beltz.

Weinert, F. E. & Helmke, A. (1997). *Entwicklung im Grundschulalter.* Weinheim: Beltz.

Wild, E. & Gerber, J. (2006). *Einführung in die Pädagogische Psychologie.* Opladen: Leske & Budrich.

Winterhoff-Spurk, P. (2002). *Organisationspsychologie. Eine Einführung.* Stuttgart: Kohlhammer.

Woolfolk, A. (2008). *Pädagogische Psychologie.* München: Pearson.

Wottawa, H. (2006). Evaluation. In A. Krapp & B. Weidenmann (Hrsg.), *Pädagogische Psychologie* (5., vollst. überarb. Aufl.) (S. 659–687). Weinheim: Beltz.

Wustmann, C. (2004). *Resilienz: Widerstandsfähigkeit von Kindern in Tageseinrichtungen fördern.* Berlin: Cornelsen.

Wydler, H., Kolip, P. & Abel, Th. (Hrsg.) (2006). *Salutogenese und Kohärenzgefühl. Grundlagen, Empirie und Praxis eines gesundheitswissenschaftlichen Konzeptes* (3. Aufl.). Weinheim: Juventa.

Ziesing, F. & Pfingsten, U. (2008). *Selbstveränderung. Verhaltenstherapie selbst erfahren* (Neuaufl.). Tübingen: dgvt-Verlag.

Zimbardo, P. G. & Gerrig, R. J. (2008). *Psychologie* (18., aktual. Aufl.). München: Pearson.

Namenregister

Sachregister